U0128120

鳳舞九天：
楚國風雲八百年　戰國卷

楊益　著

目　錄

CONTENTS

一

殺氣成雲，再無仁義寫春秋

1. 禮樂崩壞亂天下

　　西元前四八九年，楚昭王熊珍去世，其子熊章繼位，史稱楚惠王。熊珍英年早逝，享年不過三十多歲，熊章繼位時還是個孩子。幸虧他的幾個伯父、叔父，熊申（子西）、熊結（子期）、熊啟（子閭）都忠心耿耿，合力扶持小國君治理楚國。

　　楚惠王繼位之初，繼續其父楚昭王的政策，以安撫國內為主，爭霸天下為輔。

　　在春秋中後期，主要的強國是晉、楚、秦、齊，以及在春秋後期崛起的吳、越。中原地區數十個中小諸侯國中，最重要的有八個：魯國、鄭國、衛國、宋國、陳國、蔡國、曹國、許國。在很長時間裡，楚國爭霸的大致方略是：儘量穩住靠南方的陳國、蔡國、許國這三個小國；反復與晉國爭奪中原樞紐鄭國；對最不聽話的宋國，時常進行敲打；對於偏北的衛國、魯國、曹國，在有餘力時加以籠絡和爭取。

　　而楚昭王、楚惠王父子，基本放棄對鄭國、宋國的爭奪。許國被鄭國攻滅，楚昭王就把許國臣民搬遷到楚國境內，留存社稷。蔡國投靠吳國，楚國也不再計較。唯一還在爭的，只剩陳國。

　　此時東周的前半段——春秋時期已近尾聲，原有的分封制遭到嚴

重破壞，各地陷入極度混亂的諸侯爭霸時期。如果說過去一百多年裡，「晉楚爭霸」是天下主要的痛苦來源，那麼在楚國收縮爭霸意圖的情況下，北方諸國並未消停，反而烽煙另起，愈演愈烈。

北方諸侯之間有著矛盾，如齊晉矛盾、齊魯矛盾、鄭宋矛盾……各國內部也有矛盾，很多國家的大權落入卿大夫甚至家臣手中，掌權的卿大夫與國君之間，卿大夫彼此之間，相互爭鬥，禍亂不斷。

同時，新近崛起的吳王夫差一心想成為新的霸主，頻頻北上中原，鬧得比以前的楚國還要厲害。

西元前四八七年春天，宋國攻滅曹國，還把曹國末代君主斬首。中原八小國，至此只剩七國。緊跟著，吳國北上進攻魯國。到夏天，齊國又和魯國打了起來。

西元前四八六年春天，宋國和鄭國打得不可開交。本來齊國聯合吳國一起攻打魯國，可是後來魯國跟齊國講和，吳國大怒，反過來聯合魯國攻打齊國，逼得齊國人殺了齊悼公。夏天，晉國也來趁火打劫，進攻齊國。

西元前四八五年，齊國報復進攻魯國，魯國聯合吳國反攻齊國，大敗齊軍，繳獲八百輛兵車。

……

再往後，宋國發生桓魋之亂；衛國太子發動政變把自己父親轟出國，孔子的徒弟子路死在動亂中。齊國掌握大權的田成子（陳國公室

後裔）居然殺死國君齊簡公，從此以後，齊國大權完全落到田氏家族手中。姜子牙的後裔姜姓齊侯雖然之後還保留了一百年的君位，但卻徹底成了傀儡。

差點滅掉楚國的吳國，則更加囂張。吳王夫差比其父闔閭還霸氣。他大敗齊國之後，儼然以天下首領自居，強迫中原國家與吳國結盟。對不聽話的衛國、魯國、宋國等國，吳王夫差毫不客氣地加以圍困，甚至出兵威脅。

某種意義上說，吳王夫差這種短視而暴虐的表現，與楚國初期楚武王、楚文王等人的作風類似。不同的是，楚國後來在楚莊王、楚共王時代開始收斂，最終尋找到一個剛柔並濟的平衡點。而軍鋒更加犀利的吳國，卻已經來不及等到一位新的君主來改革了。

吳國並非完全沒有機會改良稱霸路線，比如伍子胥就屢次勸諫吳王夫差。然而吳王夫差卻殺死了忠心的伍子胥，另一位楚國叛臣伯嚭成為他最寵倖的大臣。遺憾的是，伯嚭儘管也是難得的人才，但更善於陰謀詭計，而缺少雄才大略。伯嚭當權，使得吳王夫差更加陷入窮兵黷武的狂躁狀態，為了追求個人享樂與個人威望，他綁著全國軍民不斷對外出擊。兵聖孫武也在這段時間離開了吳國。

近數十年來，吳國已經取代晉國成為楚國的主要威脅，吳國的內亂，對楚國來說當然是好消息。為此，楚惠王和他的叔伯們採取了兩套應對方案。

一方面，楚國有限度地與吳國進行爭霸戰，主要是與吳國爭奪陳

國。陳國如果投靠吳國，楚國就去攻打；如果陳國遭到吳國攻打，楚國就去救援。這種模式大致和過去的晉楚爭霸類似，但楚惠王君臣注意控制了戰爭規模和頻度。

例如，陳國在西元前四八六年投靠吳王夫差，楚國司馬熊結便率軍討伐。次年冬天，熊結再次攻打陳國，吳國的季扎帶兵救援陳國，對熊結說：「兩國的君主不修養德行，反而用武力爭奪諸侯，這樣下去百姓太遭罪了。要不咱別打了，撤退吧？」於是兩軍就各自撤退了。

這樣一來，楚國既保存了元氣，致力於國內發展，同時又對吳國構成一定威脅，遏制其全力爭霸中原的勢頭，但又不至於把吳國完全激怒，引發大規模戰爭，可謂三全其美。

另一方面，楚國繼續扶持越國，利用越國牽制吳國。在楚昭王後期，越王勾踐被吳王夫差擊敗而屈服。在楚惠王繼位的前幾年裡，越王勾踐繼續假裝臣服，低三下四地侍奉吳王夫差，甚至出兵配合吳國爭霸中原的戰爭。但這只是韜光養晦之計。在楚人范蠡、文種的謀劃下，越國養精蓄銳，實力逐漸提升。

西元前四八三年，越王勾踐趁著吳王夫差在黃池和晉定公爭霸之際，出兵攻打吳國，俘虜吳國的太子友、王孫彌庸、壽於姚等留守重臣。剛剛爭得霸權的吳王夫差，只好匆匆帶兵回國。越王勾踐見吳軍主力尚存，便與吳國講和。

自此，吳越戰端重開。楚國趁機渾水摸魚，在西元前四八〇年，

令尹熊申、司馬熊結帶兵攻打吳國。吳王夫差失去了名將孫武和賢臣伍子胥，又遭到楚國、越國兩大強國的夾擊，頓時顧此失彼，軍事防禦搖搖欲墜。

西元前四七九年，儒家創始人孔子去世。這位一心希冀恢復西周分封秩序的哲人，為實現政治理想奔波數十載，最終希望化成了泡影。這也象徵著更加動盪與殘酷的時代將要到來。

就在孔子去世的同一年，另一場劇烈的震盪，同樣籠罩在楚國君臣的頭頂。

2. 白公熊勝亂郢都

引發楚國內亂的是楚惠王熊章的堂兄熊勝。他是楚國前太子熊建的兒子。

楚惠王熊章的祖母伯嬴夫人是秦國的公主，原本是要嫁給當時的太子熊建的。結果奸臣費無極一番慫恿，楚平王熊棄疾將伯嬴收入後宮，生下楚昭王熊珍，也就是楚惠王的父親。同時太子熊建娶了齊國公主，生下熊勝。

所以，熊勝論輩分雖然是楚昭王的侄兒，楚惠王的堂兄，可他跟楚昭王幾乎同歲。

後來為了這父子倆搶老婆的醜聞，加上奸臣費無極的挑撥離間，熊建被迫逃離楚國，輾轉到了鄭國。鄭國國君對他挺好的，專門封了一塊地給他。熊建不愧是楚平王的兒子，野心勃勃，還想趁機勾結晉國，奪取鄭國。結果因為他太暴虐，得罪了封地的人民，陰謀詭計洩露，被鄭國人殺了。熊勝年幼喪父，在伍子胥的保護下逃到吳國，在這之後才有伍子胥率領吳軍攻占郢都的事。

這些都是幾十年前的陳年往事了。後來楚昭王趕走吳軍，吳王闔閭被越國所殺，吳王夫差又打敗越王勾踐。這些風雲變幻之際，熊勝

都老老實實待在吳國。

等到楚惠王繼位，令尹熊申覺得楚昭王英年早逝，楚惠王年幼，正需要宗室中的得力人才，同心協力來治理國家。熊勝的父親雖然叛逃，但那是奸臣費無極慫恿的。令尹熊申聽說熊勝得到伍子胥的教誨，才幹出眾，於是想召他回國，希望多一份助力。

這時候卻有一個人站出來反對。他叫沈諸梁，字子高，官封葉公，也就是成語「葉公好龍」的主人公。雖然在成語故事中這位葉公是被嘲諷的對象，而且他身材瘦小，走在外面一副要被衣服壓垮的樣子，但在政治上卻是個高手，曾向孔子學習過。

他皺著眉頭對熊申說：「令尹大人，我聽說熊勝既狡猾，又喜歡作亂，把他引進來，不是自找麻煩嘛？」

熊申道：「別光盯著缺點啊。我聽說熊勝為人誠信，說到的一定做到；又很勇敢，死都不怕，完全可以把他安置在邊境，讓他抵禦外敵入侵！」

葉公子高道：「什麼是誠信？能顧全仁愛才叫誠信，不管是非，說到一定做到，那叫蠻橫。什麼是勇敢？能遵循道義才叫勇敢，不論善惡，一心玩命，那叫莽撞。我聽說熊勝喜歡結交亡命之徒，恐怕他的野心不小。把他引進來，你一定會後悔的！」

熊申愣了一下，說：「他雖然有這麼多缺點，畢竟是我父王的孫子，是我的侄兒。我好好對待他，他還是可以為國家出力的吧。」於是他就把熊勝召了回來，讓他擔任楚國和吳國邊境的巢地（今安徽巢

湖市）大夫，號稱「白公」，因此史書上又把熊勝稱作「白公勝」。

葉公子高看白公勝回國了，心頭直打鼓。他跑回自己的封地葉地（今河南葉縣一帶），不再參與朝中大事。

白公勝到了巢地，勵精圖治，管理政務，訓練軍隊，幾年下來，將巢地打理得井井有條。令尹熊申看這個侄子這麼爭氣，不禁為自己的用人之明而得意。

到了西元前四七九年農曆六月，也就是孔子去世後兩個月，白公勝向熊申請求：「令尹大人，當初鄭國人殺害了我的父親，請您出兵攻打鄭國，為我父親報仇。」

當時，中原早已不是昔日「晉楚爭霸」的格局了。相反，東邊的宋國、魯國等頻頻遭受吳國的威脅，而鄭國因為偏西，反而遠離戰亂，晉國、楚國、吳國三家都沒有攻打它。

熊申心想，你父親被鄭國殺死，那是咎由自取，怪不得別人。楚國遵守道義，怎能擅自開戰呢？他好言安撫熊勝道：「楚國一切政事還沒步入正軌。但是鄭國這仇，我是不會忘記的。」

過了幾天，熊勝又一次請求攻打鄭國。熊申大約有些害怕這位咄咄逼人的侄兒，於是他答應了熊勝的請求。他想楚國除了和吳國爭奪陳國之外，也有些年沒與中原各國打仗了。不如就派支人馬去走一遭，無非耗點糧草，讓侄子出口悶氣。

然而，楚國軍隊還沒出動，晉國居然先南下攻打鄭國了。

鄭國保留著過去的傳統，晉國入侵鄭國，他們就派使者到楚國來求救，還準備了厚禮，送給令尹熊申等諸位當權者。

熊申琢磨了一下，鄭國主動來求援，正是北上中原的好機會。

於是，他答應了鄭國的請求，和鄭國結盟，並命令早已整裝待發的楚軍，北上救援鄭國。雖然這些楚軍原本是準備攻打鄭國的。

朝堂上，楚國大臣們一片歡呼。如今吳越對戰，北方諸國亂鬥，楚國扶危濟困，誰說不能重新恢復楚莊王的霸業呢！

一片喜氣洋洋中，只有一個人臉色鐵青。他就是白公勝。

目睹堂上喜笑顏開的鄭國使者，白公勝咬牙切齒道：「鄭國人既然在這裡，那麼仇人也就在不遠處了。」

說罷，白公勝轉身出了朝堂。他怒火填膺，腦子裡只想著報仇，一不留神，把手杖拿反了，手握杖尖，杖柄在地。走了沒幾步，手杖的尖兒滑出，戳到了他的下巴，他竟也沒有發覺。就這樣，他的下巴戳出了一個窟窿，鮮血一滴一滴地從傷口湧出，淅淅瀝瀝地灑了一路，而白公勝竟然毫無知覺。

回到家中，白公勝就開始霍霍磨劍。熊申的兒子熊平正好路過，不禁好奇地問：「堂兄，您為什麼親自磨劍呢？」白公勝說：「老弟啊，我熊勝真人不說假話。磨刀，是打算殺你父親熊申。」

熊平嚇壞了，跑回家報告父親。熊申還不肯相信，他說：「熊勝賢侄自幼失去父親，我對他就像鳥媽媽保護幼鳥一樣。等我死了，這

令尹的寶座還不是他繼承麼，他為什麼要害我？」

白公勝聽到熊申這麼說，仰天長嘯：「你真是狂妄得緊啊！不殺了你，我還有臉見人麼？」於是他和自己的心腹大將石乞商量起謀反的事。

正巧，此時吳國人入侵巢地，白公勝迎敵，大獲全勝。之後，白公勝向朝廷請求，讓軍隊到都城來敬獻戰利品。

楚惠王那時還年輕，對政事知之甚少。而令尹熊申，也想趁這事兒安撫侄兒一番，就同意了。白公勝的軍隊就這麼全副武裝地進入郢都。

西元前四七九年七月，白公勝發動叛亂。他帶領自己的親信軍隊，手持明晃晃的刀劍，把楚惠王和大臣們都給圍住了。

看著堂上目瞪口呆的楚國君臣，白公勝哈哈狂笑：「令尹閣下，叔父大人，您還把我當成小孩麼？」

面對囂張的侄兒，令尹熊申悔之莫及。他又羞又憤道：「我識人不明，害了楚國，害了大王啊！就算死去，我也沒臉見先王了！」他用袖子遮住臉，走向叛軍，立刻就被叛軍捅死了。渾身鮮血倒地咽氣的最後一刻，熊申還是緊緊捂住自己的臉。

熊申的弟弟司馬熊結（子期）比哥哥硬氣。他慨然道：「當初老夫憑借這一身勇力侍奉楚王，今天要善始善終！」他大喝一聲，從庭院裡拔出一棵樟樹當作武器，揮舞著朝叛軍沖去。連敲帶戳，一連殺

傷了好幾個叛軍，最終寡不敵眾，倒在血泊之中。

令尹子西和司馬子期都死了，白公勝又抓住了他倆的弟弟熊啟（子閭），逼迫他說：「叔父，您來當楚王吧。」熊啟冷冷一笑：「侄兒啊，你如果能尊奉楚王，安撫楚國，那我啥都聽你的。可你要是為了一己私利，禍亂楚國，那我絕不屈服。」白公勝急了，拔劍指著熊啟的心口，吼道：「當楚王就活命，不當楚王就死，你選哪樣？」熊啟怒目圓睜：「你這是侮辱我麼？我要想當楚王，十年前楚昭王就讓給我了！如今，你殺害了我的兩個哥哥，還想拿楚王的位置來討好我？你就是拿天子之位來討好我也沒用！果然是吳國蠻夷地區長大的，完全不懂得禮法道義！」就這樣白公勝把熊啟也殺了。

熊申、熊結、熊啟三兄弟，當初輔佐楚昭王熬過了吳師入郢的艱難歲月，又輔佐年幼的楚惠王渡過執政的最初幾年，轉眼間被白公勝殺死。楚惠王看著眼前這個滿手血腥的堂兄，簡直要嚇哭了。

幾個叔父都殺了，下一步要做什麼呢？白公勝感到一絲空虛。他的心腹石乞說：「一不做二不休，趕緊把府庫全燒了，把楚王殺了，徹底攪亂楚國，才能成就大事。」白公勝說：「不行啊，殺死君王不吉祥，燒掉府庫沒有積蓄，我們怎麼還能保有楚國呢？」石乞一聽，急得跳腳說：「主公！現在咱是造反，您還管將來？真要能造反成功，楚國都是您的，您還怕沒有積蓄，還怕不吉祥？」然而白公勝還是不肯。他吩咐士兵把楚惠王帶到高府中軟禁起來。

白公勝野心勃勃，蓄謀已久，一擊得手。然而他的這次叛亂在政治上卻是極不成熟的。可以說，叛亂的導火索僅僅是怨恨令尹熊申不

肯出兵伐鄭。雖然造反的行動細節頗有謀略，但在第一步得手後如何進行政治布局，他卻全無主見。

再考慮到白公勝曾待在吳國多年，他回楚國後發動叛亂，恰好在吳國陷入楚國、越國夾擊之時，而叛亂又以「擊退吳軍入侵」作為幌子。綜合看來，白公勝之亂，可能是吳國為了動搖楚國而安排的一次計謀。雖然此時伍子胥早已去世，但吳王夫差的太宰伯嚭，畢竟也是擅長陰謀的。

可憐的白公勝，做了他人的棋子而猶不自知，就這樣被自己的野心驅策，奔向害人害己的不歸之路。

3. 葉公子高平亂賊

　　白公勝佔領都城，殺死叔父熊申、熊結，控制楚王，達到了自己人生的巔峰時期，似乎成功就在眼前。如果換成數百年前蠻夷時代的楚國，到了這一步，白公勝確實也可以號令國內，接受效忠了。白公勝在吳國，曾親眼看見老師伍子胥輔佐公子光（闔閭）殺害吳王僚，奪取君位，他也想在楚國運用這種方式奪權。

　　然而此時的楚國，早已不再是過去那個一味動用暴力、服從暴力的國家了。相反，楚莊王等人推行的道德禮法，已然逐漸滲入楚人的靈魂。原有的血氣之勇，再加上道德的凝聚，逐漸鑄成一種寧折不屈的精神力量。這與吳國國情是完全不同的。

　　白公勝的叛亂，面對的敵人不光是郢城中的軍隊，還有成千上萬楚人心中的這種忠義精神。

　　白公勝其實也是擁有一定法統的。畢竟他是楚平王熊棄疾的孫子，他父親是前任太子，父子的逃亡是奸臣費無極陷害的結果，令人同情。然而，伴隨著楚昭王領導全國軍民反抗吳國入侵，恢復楚國，更主流的法統早已落到了楚昭王－楚惠王一系。尤其楚惠王和白公勝的三位叔父，都是為楚國立下大功的人，在軍民中有很高的威望。白

公勝殺害他們，實際上已經把自己擺在了大部分楚人的對立面。

這就使得他的叛亂成功的難度提升了數倍。

早在白公勝造反之前，他曾想說服一位「力敵五百人」的勇士熊宜僚加入，他帶著石乞去找熊宜僚，先聊文武之道，大家甚是高興。說到興頭上，白公勝吐露了真言，希望熊宜僚加入，共謀造反的大計。熊宜僚斷然拒絕。白公勝拔劍出來威脅：「我這麼機密的事都跟你說了，你不和我幹，我就殺了你！」熊宜僚面對明晃晃的寶劍，眼都不眨一下。對峙良久，白公勝無奈，歎息道：「好吧，看你也不會洩露我們的機密去討好令尹，那就當沒聽到吧。」

白公勝起兵殺了幾位叔父之後，又威逼宗室大臣屈盧說：「你若是不跟我幹，我就殺了你！」屈盧笑道：「你殺了自家的叔父，還想我幫你，做夢麼？我聽說懂得天命的人，見到利益也不為所動，面臨死亡也不為所懼；作為一位忠臣，為了履行職責，無論生存還是死亡，都應該坦然接受。我既懂得天命，又瞭解為臣之道，你還想威脅我？」白公勝見屈盧大義凜然，也把寶劍收回匣中，不再威逼。

還有一位叫莊善的大臣，聽說白公叛亂，他對自己的母親說：「母親，白公勝造反，聽說君王、令尹都遇難了。主憂臣辱，主辱臣死，我要去自殺殉國。」他母親大驚，流著淚說：「你拋棄自己的母親，去給君王殉難？」莊善道：「給君主當臣子的，既然吃了君主的俸祿，就不能光顧著自己的生命了。何況，我之所以能奉養母親，就是靠君王俸祿，如今怎能不報答呢？」他辭別母親，坐上馬車，往王宮駛去。快到宮門口時，莊善坐在車上，渾身發抖，好幾次癱倒在座

位上。他的隨從看他這個樣子，問：「您是害怕了麼？」莊善點頭：「是啊，我害怕。」隨從同情地說：「既然害怕，那就別殉國了，回去吧。」莊善嚴肅地說：「害怕死，這是我私人的情感；為國殉難，則是公義所在。君子怎能因私害公呢？」他咬緊牙關，讓隨從在宮門口停下車，然後拔劍自刎，以死殉國。

熊宜僚、屈廬、莊善這些人，對白公勝的叛亂，採取的是一種「消極不合作」的抵抗，似乎並沒能損害白公勝半分力量。然而，為了這種消極抵抗，他們連犧牲性命都在所不惜。這就是法統的力量。這些楚國人的態度，已經預兆了白公勝的失敗。

當然，白公勝畢竟是有軍隊的。要收拾他，還得靠另一個人。

這就是前面提到的葉公沈諸梁（子高）。

沈諸梁先前就曾勸告令尹熊申不要召回熊勝。待熊勝回國後，沈諸梁料定熊勝早晚要叛亂，先在自己的封地葉地做好了準備。等到確知白公勝起兵造反，殺害三位王叔之後，立刻率領北部的軍隊南下，進入了郢都。

到達郢都北門的時候，有個人從城內出來迎接。看見沈諸梁沒有戴頭盔，他很不滿意地道：「葉公大人，您為什麼不戴上頭盔？現在白公勝造反，全靠您平叛，全國人民像盼望父母一樣盼望著您。您托大不戴頭盔，萬一被隱藏的小賊射死，那楚國豈不是沒指望了？」

沈諸梁虛心納諫，立刻把頭盔戴上，繼續前進。

結果走了沒多遠，又另一個人來迎接，看沈諸梁戴著頭盔，也很不滿意地說：「葉公大人，您為什麼戴上頭盔？現在白公勝造反，全國人民指望在您的帶領下平定叛亂，只要您一句話，大家就能把白公勝那幫人殺了。現在您居然怕死戴著頭盔，讓父老鄉親們都看不清您的臉，這樣誰還敢安心？」

沈諸梁聽了兩人的勸告，拿不定主意，但他還是把頭盔又摘了下來，繼續前進。

這和「父子騎驢」的笑話有幾分類似，但沈諸梁的目的卻是爭取楚國的民心。他很清楚，民心才是平定叛亂的關鍵所在。

走了沒多遠，又碰見一位官員箴尹固，他率領部下準備去幫助白公勝。諸梁就說：「你可要想清楚。令尹子西、司馬子期，都是楚國的大功臣。要不是他們幾位，楚國早不知道成何模樣了。現在白公勝殺害子西、子期，是奸賊。你背離道德，跟隨奸賊，難道還想保全身家麼？」箴尹固聽了之後十分認同，就轉戈跟隨葉公。

像箴尹固這樣的官員還很多。郢都本來就駐紮了不少軍隊，他們大多數對於令尹子西、司馬子期等都是很尊敬的，也憤恨白公勝的叛亂行為。只是因為白公勝採取「斬首戰術」，一舉端掉整個朝廷，才使得這些士兵和低級官員群龍無首，沒法凝聚起來。如今有了葉公諸梁這根頂樑柱，整個郢都不滿白公勝的力量迅速聚集起來。

雪上加霜的是，白公勝還把手中的唯一一張牌——楚惠王給丟了。他把楚惠王軟禁在高府中，派心腹石乞守門，按理說萬無一失。

結果，還是被一位忠臣圉公陽在牆上打開了一個洞，他背上楚惠王逃到了昭王夫人那裡，再去和沈諸梁匯合。

這樣一來，白公勝陷入了絕境。他身邊只有自己從邊境帶來的軍隊，卻遭到了幾乎整個楚國的反對。先前他拒絕了石乞焚燒倉庫、殺死楚王的建議，現在沈諸梁佔領了倉庫，把裡面儲備的錢糧兵器都拿出來，分發給忠於楚國的人，很快組建了一支浩浩蕩蕩的大軍，兵精糧足，士氣高漲，向著白公勝包圍上來。

擔任先鋒的是一位叫申鳴的勇士。他帶領本部人馬，殺奔王宮。白公勝慌忙和石乞商量。石乞歎息道：「當初我叫您殺了楚王，燒了倉庫，您不聽，現在大勢已去。不過，申鳴是一位大孝子，我們可以把他父親抓來，逼迫他倒戈，或許還能反敗為勝。」白公勝就派人去把申鳴的父親抓來。

沒多久，申鳴的軍隊到了王宮門口。白公勝把申鳴父親押出來，用刀威脅著說：「申鳴，聽聞你是楚國第一流的勇士，也是天下聞名的孝子。你若願意和我共圖大業，我把楚國分一半給你。你若不跟隨我，你父親就必須死！」申鳴的父親也哭喊著：「兒啊，救救為父啊！」場面十分混亂。

兩軍陣前的申鳴看著哭喊的父親，心如刀割，淚流滿面。他強忍著悲痛，高呼道：「爹啊！當初的我，是您的孝子，可如今的我，是君王的忠臣！領了朝廷的俸祿，就要為楚國的安危盡忠。請原諒，孩兒不能再孝敬您老了！」他咬緊牙關，轉過頭下令：「擊鼓，全體進攻，殺掉叛賊白公勝！」

白公勝又驚又怒，長劍一揮，殺了申鳴的父親。申鳴的士兵人人悲憤，衝殺上來，兩軍在宮門外交鋒，只殺得血光沖天。正自鏖戰，後面葉公諸梁的大隊人馬包圍上來。叛軍人少，漸漸軍心潰散。

白公勝見勢不妙，慌忙逃走。幸虧他這些年養了不少死士，危難關頭，石乞率領死士們豁出性命，殺開一條血路，保護著白公勝逃出郢都，跑到了山上。等逃到山上後，白公勝左右也就只剩下幾個人了。

白公勝眼看這淒慘的情形，悲從中來。他從小跟著父親熊建和師傅伍子胥東奔西走，備受磨難，忍辱負重幾十年，回楚國後又秘密籌備了數年之久，如今一朝發難，原指望一舉得手，控制楚國。誰想短短半個多月，竟落得這般下場。他原本性子剛烈，左思右想，再也不能忍受，在山中自盡了。

白公勝身邊剩下的那幾個死士看主公自盡了，把白公勝的屍體秘密安葬起來。然後，有的直接自殺殉主，有的保護著白公勝的親屬們逃亡。白公勝的弟弟熊燕又逃回了吳國，白公勝的兒子們則逃亡秦國。有人認為，兩百年後秦國的「戰神」白起，就是白公勝的後裔。

葉公沈諸梁閃電般平息了白公勝之亂，成為楚國的大功臣。他迎回楚惠王，安葬了熊申、熊結、熊啟等死于叛亂中的高官。

對於叛亂中立功的人，當然要重賞。申鳴作為向叛軍反擊的急先鋒，葉公沈諸梁稟明楚惠王，給予其高官厚祿。申鳴卻淒然道：「我領了國君的俸祿，卻在國君遇難時躲避一邊，不能算忠臣；為了安定國家，害死了自己的父親，不能算孝子。忠孝難兩全，我若還活著享

受高官厚祿，哪還有臉見人呢？」說完就拔劍自殺了。

對於參與叛亂的白公勝一黨，自然要嚴厲追究。白公勝的弟弟、兒子都已逃出國，白公勝的心腹石乞卻被抓住。葉公沈諸梁審問他：「白公勝在哪裡？」石乞回答：「我家主公沒能奪取楚國，已經自殺殉難了。」葉公沈諸梁問：「那麼屍體在哪裡？」石乞回答：「我知道他屍體所藏的地方，但是白公臨死前不讓我說。」

葉公沈諸梁心想，一個叛亂頭目還挺忠誠的。他吩咐侍從燒起一大鍋開水，把石乞推到鍋邊，威脅道：「還不說，就把你活煮了！」石乞哈哈大笑道：「我跟隨白公勝圖謀大事，成功了就能位列上卿，失敗了就該被煮死，這本來就是應有的結果，我早有覺悟，你拿來威脅我有什麼用？」說罷，縱身一跳，自己跳到鍋裡被煮死了。

發生在西元前四七九年秋天的白公勝之亂，在某種意義上，可以認為是楚平王父子翻臉、伍子胥率領吳師入郢這一系列事件最後的餘波。經此一亂，儘管楚國喪失了熊申、熊結、熊啟等多位老一輩重臣，但變亂迅速平息，整體國力受損不大，反而清除了原太子熊建一系的隱患。楚國也由此重新回到正軌。由於重臣空缺，葉公沈諸梁暫時身兼令尹、司馬兩大要職。後來等到國家大事基本安定，沈諸梁再讓熊申的兒子熊甯做令尹，熊結的兒子熊寬做司馬。

在叛亂中，無論殉國死難的熊申、熊結、熊啟、莊善，還是寧死不屈，不與叛軍同流合污的熊宜僚、屈廬、申鳴，乃至白公勝的心腹石乞，都表現出輕生死、重信義的古風，令人敬佩。這場浩劫，透露出楚人性情中的種種光彩。

4. 滅陳敗巴顯威武

西元前四七九年，楚國平定了白公勝之亂，可以重新騰出手來對外擴張了。楚國繼續秉持楚昭王後期「有限度擴張」的準則，不打無準備之戰，步步為營。

懲罰的風暴，首先對準了陳國。陳國在「中原八國」中位置靠南，過去曾長期依附楚國。吳國崛起後，楚吳之間為爭奪陳國打了幾十年。基本上，陳國屬於楚國對外擴張的一個視窗。

然而在白公勝叛亂期間，陳國君主陳潘公利令智昏，居然主動入侵楚國，想趁機撈取好處。

西元前四七八年，楚惠王召集太師子谷和葉公沈諸梁，問道：「兩位先生，陳國竟敢趁亂入侵我國，寡人打算把它滅了，您二位看如何？」子谷和葉公沈諸梁點頭道：「滅吧。當年您伯祖父楚靈王就滅過陳國一次，後來您爺爺楚平王恢復了陳國。那次是楚靈王出師無名，惹人怨恨。現在，陳國自己招惹我們，正是師出有名。再說，現在晉國正跟齊國打仗，吳國又被越國纏住，陳國連個外援都找不到，滅他毫無問題。」

大家開始討論主帥人選。子谷說：「右領差車和左史老，他倆曾

輔佐令尹子西、司馬子期攻打陳國，可以派他們去。」諸梁說：「這兩個人都當過俘虜，只怕軍民鄙視他們，難以令行禁止。」子谷說：「您不能歧視俘虜啊。觀丁父做過鄀國俘虜，楚武王讓他擔任主將，打敗了州國、蓼國，降服了隨國、唐國，征服了各部蠻人。彭仲爽做過申國俘虜，文王讓他做令尹，治理申國、息國，降服陳國、蔡國，使我們楚國的勢力範圍到達了汝水。只要他們能夠勝任，做過俘虜有什麼關係？」諸梁說：「歷史上有優秀的俘虜，不等於所有的俘虜都優秀啊。我擔心這兩位，比起觀丁父和彭仲爽兩位，徒有他們卑賤的地位，卻沒有他們的才能品德。依我看，當年令尹子西（熊申）對陳國有遺憾，上天一定會保佑他的兒子。就讓子西的兒子公孫朝去吧。」

主帥人選就這麼定下來了，楚惠王派公孫朝帶兵進攻陳國。經歷過吳楚之戰的楚軍，又豈是陳國可以抵擋的？到七月初八，公孫朝就把陳國滅了。「中原八國」至此只剩下六國。

不過，陳國雖然滅亡，陳國的宗室田氏卻已經在齊國篡奪了大權，倒也算失之東隅，收之桑榆了。

滅陳之後，葉公二沈諸梁覺得國家基本恢復正軌，自己也該交權了。他先打算把令尹讓給楚惠王的兒子子良。大家為這事占卜，結果是「大吉大利，超出了期望！」葉公沈諸梁看到卜卦後，說：「以王子的尊貴身分，擔任令尹的職務，居然還要超出期望，這莫非是說要造反作亂麼？還是換個人吧。」

過了幾天，大家改占卜前任令尹熊申的兒子公孫寧（子國），結

果是「吉利」。諸梁就把令尹的職位讓給了公孫寧。此後，又把司馬職位讓給了前任司馬的兒子公孫寬。將國家大事交給楚惠王的這兩位堂兄後，葉公沈諸梁自己退休回了封地養老。

葉公沈諸梁，作為一位貌不出眾，還留下「葉公好龍」笑話的人物，大是大非面前能站穩腳跟，在危難關頭挺身而出平定叛亂捍衛楚國的穩定，事成之後，又急流勇退，絕不戀權。他的所作所為，既有利於國，又能明哲保身，是先秦時少有的大智大勇之人。當地人追思他的功績和謙退的品格，為他立祠紀念。

攻滅陳國後的第二年，也就是西元前四七七年春天，楚國西邊的鄰國巴國又打過來了。

巴國位於楚國上游，跟楚國既有長期友好的時期，也曾數次交戰。在春秋晚期，靠著楚國掃蕩江漢的勢頭，巴國也擴張了不少領土，當時它已經佔據湖北西部、重慶、四川東部、貴州北部等領土，成為一個二流大國。

這次巴軍入侵，來勢洶洶，一下子就打到了鄾地（今湖北襄陽一帶）。楚國派兵迎戰，在統帥的人選上，大臣們主張占卜。楚惠王說：「還占卜做什麼，令尹公孫寧不是很合適麼？寢尹和工尹都是先王留下來的舊臣，可以擔任副將。」出征的人事就這麼安排了。三月裡，公孫寧、吳由于（寢尹）、蘧固（工尹）在鄾地打敗了巴軍，巴人狼狽西撤。為了表彰公孫寧在這次戰役的功勞，楚惠王把析地作為公孫寧的封邑。

這次楚巴戰爭本身沒有特別之外，楚國本來就比巴國強大。但從主帥的人事安排上，可見年幼繼位的楚惠王，經過十餘年的磨煉，也日趨成熟。正如當時的人評價，賢明的君主可以知人善任，而不只是靠占卜。楚惠王借此，如他父親楚昭王一樣，駕馭楚國這艘大船，渡過更多的風浪。

又過了一年（西元前 476 年），楚國東邊再次燃起戰火。讓人跌破眼鏡的是，這回入侵的居然不是楚國的老對手吳國，而是正和吳國打得不可開交的越國。不過，越王勾踐並不是真想和楚國徹底撕破臉。他的這次入侵行動，僅僅是為了迷惑真正的敵人──吳王夫差而上演的障眼法。越軍僅僅是沿著長江進入楚國東部邊境，虛晃一槍，就收兵東撤。當然，不管是真打還是假打，來了總得應付，楚惠王派公子慶和司馬公孫寬頻兵追趕越軍。哪曉得，越軍坐船順流而下，跑得飛快，楚軍追之不及，只能目送他們揚長而去。

沒能追上騷擾的越軍，楚惠王可不能平白就這樣算了。就在這年秋天，他派大功臣葉公沈諸梁帶著軍隊進攻淮水一帶的東夷。東夷各邦在楚國最強盛的時候曾都歸附于楚國，後來隨著吳國的崛起和楚國的內亂，大部分又轉投向吳國。如今，吳國被越國打得灰頭土臉，越國也在全力對付吳國。吳越兩家都顧不上東夷，楚國則重新強力崛起。東夷各國很識趣，立馬再次倒轉陣營，和楚國結盟。

在這幾年裡，中原諸國繼續兵連禍結。齊國和晉國為了爭奪衛國大打出手，衛莊公死在自己臣下的手中。昔日中原的「道德楷模」宋國，也陷入不斷的內亂中。在這種大背景下，楚國北滅陳國，西退巴軍，東擊越國、東夷各邦，再度開始了穩紮穩打的新一輪擴張。

5. 強敵末路哀吳王

正當楚國逐漸恢復元氣之際，他們的對手吳國，卻陷入了絕境之中。

如前所述，越王勾踐在楚國人范蠡、文種的輔佐下，經過臥薪嘗膽，於西元前四八三年向吳國發動了第一次進攻。但當吳王夫差率領主力匆匆從黃池趕回時，越王勾踐已退兵。這一段時間，楚國對越國的行動，依然有所扶持。除了楚人范蠡、文種作為越王勾踐左右手之外，據《吳越春秋》記載，先前在吳師入郢戰爭中立下大功的老臣申包胥，也曾出使越國，為越王勾踐指點戰略。

西元前四七八年，越王勾踐再次大舉伐吳，在笠澤大破吳軍主力。此後越國在西元前四七六年入侵楚國東部，迷惑吳軍。吳王夫差果然上當，認為越國、楚國陷入戰爭，吳國可以趁機重整旗鼓。吳國公子慶忌（與吳王僚的兒子、夫差的堂兄弟慶忌非同一人）是唯一清醒的人，他屢次勸諫吳王夫差，又到楚國探聽消息，還試圖推動吳越和談。然而最終，這個忠臣被吳王夫差給除掉了。

西元前四七五年冬天，越王勾踐出動大軍進攻吳國。越軍對吳國展開了持續的圍攻，一個城一個城攻下來，一塊地一塊地吃進去。經

過長達兩年的戰爭，在西元前四七三年冬天，越國終於把吳國全部消滅了。吳王夫差自殺。

吳王夫差的心腹，楚國人伯嚭，被越王勾踐以「不忠」的罪名斬首示眾。伯嚭作為楚國的貴族，因為父親被楚平王殺害，在西元前五一五年逃亡到吳國，在吳國四十餘年，輔佐了闔閭、夫差兩代吳王。他和伍子胥、孫武配合，創造了「吳師入郢」的奇跡，給楚國造成了慘重的損失。而在夫差繼位後，他收受越王勾踐賄賂，縱虎歸山，繼而讒言害死楚國同胞伍子胥，最終導致吳國滅亡，從這一點來說，他卻又給楚國幫了大忙。最終，一個楚國叛臣，在吳國滅亡之際，被越王斬首，罪名是「不忠」，這其中充滿了嘲諷與無奈。

吳國作為春秋末期的東南強國，其歷史比楚國還長久。然而其真正崛起，則是從西元前五八五年左右，楚國叛臣巫臣以晉國使臣的名義，向吳國傳授先進文明開始，距離被滅也就一百餘年。

比較吳國和楚國的命運，頗為有趣。楚國先君是周文王的顧問鬻熊，吳國先君是周文王的伯父太伯。兩者都是華夏文明的支流，進入蠻荒之地，建立的國家，最初都較為落後，也都曾受到中原國家的歧視和排斥。後來，在部分引入中原文明後，文明之精神與野蠻之體魄結合，形成一股強勁的力量，都曾席捲中原，威震天下。

隨之，先進文明中奢靡、貪婪、虛榮等不利成分，又侵蝕著原本剛健樸實的民風，導致國勢下降，並最終敗於身邊新崛起的其他「蠻夷」國家。楚國有楚靈王的章華浮誇，有楚平王的父子搶美女，最終導致吳師入郢；吳國則是吳王夫差貪圖奢華，大興土木，並頻頻出兵

中原爭霸，最終被越王勾踐擊敗，身死國滅。

不同的是，楚國最終熬過了這一輪劫難，吳國卻滅亡了。原因何在？

這其中，一方面有歷史原因造成的差異。楚國的擴張比吳國要早得多，在楚國巔峰時期，已經佔據今天河南、湖北、湖南、陝西、江西、安徽等省的大部或一部，擁有數千里土地，兵強馬壯。而吳國起步晚，佔據的不過是今天江蘇和安徽的一部，大約數百里土地。據記載，吳王的軍隊在鼎盛時期，兵力約為十三萬人。為了支持這支軍隊，吳國已經是竭盡全力。而楚國的傾國兵力，則在二三十萬以上。吳師入郢中，楚國儘管損失了主力部隊，但各地的民眾依然足以編成新的大軍，吳國區區數萬人馬根本無法有效佔領和消化楚國數千里之地。相反，吳國在連續敗給越國後，士兵就一蹶不振，地盤也被越國用兩年時間完全吞併。

另一方面，也不可忽視文化的影響。

楚國從一個五十里小國，逐漸擴張的過程，也是一個逐漸接受中原文化，改造自身的過程。尤其當楚國對漢上諸姬出擊時，它是軍事上的征服者，同時也在學習被征服者的文明。楚國的這種擴張是自發的，逐步推動的，因此也給文化的消化吸收留出了足夠的時間。當楚成王遭到齊桓公、晉文公兩次打擊，被迫退守江漢，這種挫折實際上反而有助於楚國貴族的自省，楚莊王在位時期，從中原文明中吸取精髓，將楚國鍛造成一個標準的華夏國家。楚莊王之後的百餘年，楚國儘管也經歷了諸多波折動盪，但這種文化內核已經成型，甚至到春秋

末期，過去的「蠻夷」反而成為天下各主要國家中遵守禮法較為不錯的「模範」。

不得不說，這種改造對於楚國意義重大。數百年間通過簡單暴力的征服戰爭而捏合在一起的土地和民眾，現在有了精神上的凝聚力。無論是君與臣的關係，還是官與民的關係、國與人的關係，都得到了規範和強化。正是這種凝聚，使得在「吳師入郢」事件中，儘管楚國主力潰敗，國君逃亡，都城淪陷，依然能夠維繫文武軍民對朝廷的忠誠，萬眾一心，同仇敵愾，最終把吳軍驅趕出境。

同時，這種改造也讓楚國在天下諸侯面前，有了更加正當的名分——秦國派出的援軍無疑是楚國複國的重要外因。

相比之下，吳國崛起過於迅速。它的崛起實際上是晉楚爭霸的大背景下，晉國為了對抗楚國，而採取的「快速升級」手段的結果，給吳國注入先進的軍事、政治制度。其目的並非是讓吳國成長為一個強勁的華夏國家，而是想給楚國製造麻煩。

只不過，吳國後來因為楚國人才伍子胥、伯嚭，以及兵聖孫武等人的加入，在軍事方面又得到一次提升，從而具備了打敗楚國、齊國，威脅晉國的武力。然而，正如習武之人，內功根基沒有打好，就強行練習過於高深的絕技，雖然一時耀武揚威，最終卻容易走火入魔，傷人害己。

吳國最強大的數十年間，對內不能安撫民眾，鞏固佔有的領土，對外不能建立真正有力的同盟，和越國、齊國、楚國、晉國等諸強，

或兵戈相見，或爭強好勝。於是等到吳國遭遇越國突襲時，中原各國不是拍手稱快，就是幸災樂禍，竟無一國像當初秦國支援楚國一樣，來拉吳王夫差一把。晉國的權臣趙孟倒是稍微表示了一下歉疚，給自己減了膳食，但也僅僅是這種表面文章，沒什麼實質性幫助。

從吳楚兩國截然不同的命運，我們也可以看到，相對落後的國家，如果吸取更先進的文明，雖然會失去一些固有的東西，最終還是能提升內在力量的。就楚國而言，這不僅延長了楚國本身的國運，更為中華文明的擴展傳承，做出了巨大的貢獻。

6. 漁翁之利收淮泗

　　就在吳國滅亡前兩年，東周王朝的周敬王去世。中國歷史從春秋進入戰國。這意味著過去那一套分封制度下的禮法道德，逐漸被淘汰。戰爭更加頻繁和血腥，詭計權謀應用得更頻繁。

　　作為恪守春秋禮法的最後一個大國，楚國在這新的時代背景下，也進行著漸變的努力。

小貼士：春秋戰國之分

　　東周時期大致劃分為春秋、戰國前後兩個階段，但具體的劃分點，有各種不同的觀點。有人以周敬王去世、周元王繼位的西元前四七六年或前四七五年作為劃分點。有人以周貞定王繼位、《左傳》結束的西元前四六八年作為劃分點。有人以韓、趙、魏三家滅智分晉的西元前四五三年為劃分點。也有人以西元前四○三年，韓、趙、魏接受周天子冊封正式成為諸侯國作為戰國的開始。

　　越王勾踐攻滅吳國後，楚國除掉了東部的心腹大患。然而，除掉了吳國，又來一個越國。越王勾踐成為新的霸主。他率領大軍，北渡淮河，向周天子進貢。周天子賜給越王勾踐肉乾，並敕封他為「伯」

（霸主）。越王勾踐成為春秋末期最後一位霸主，並在「春秋五霸」兩個版本中的一個列名。

中原各國紛紛朝拜越王勾踐，越王勾踐也儼然以霸主自居。對上游的楚國，越王勾踐也打算稍微試探一下。他派出使者，要求楚國出動軍隊，配合越國一起攻打晉國。

楚惠王聽完越國使者的要求，問大臣們：「該怎麼辦？」

過去這麼多年，楚國和越國是有合作的，而晉國則是楚國的老對手。楚越聯合伐晉，本來不是壞事。然而越王勾踐明顯是把楚國當成了僕從國，如果真去了，楚國顏面盡失。可是要不聽吧，就得跟越王勾踐翻臉。這幾年楚國已經從白公之亂中恢復過來，並且攻滅了陳國。然而面對攻滅吳國，威震天下的越王勾踐，大家心頭都還有一些忐忑。

這時，有位大臣出來說道：「大王，這事沒什麼可怕的。越王勾踐為了滅吳報仇，把國力都拼得差不多了。現在他又要北上和齊國、晉國爭霸，擔心咱們順流而下打他的後路，所以才故意虛張聲勢，想嚇唬我們。」

楚惠王問：「那怎麼辦才好？」

那大臣道：「很簡單。他嚇唬我們，我們也嚇唬他。只要派出大隊人馬東下，越王勾踐就知道害怕了。到時候，咱們不但不用派兵幫他伐晉，還可以反過來佔領一部分吳國的領土。」

楚惠王大喜，依計而行，出動大軍，順江而下。

然而，越王勾踐並不是那麼容易嚇住的。他聽說楚國竟然派兵東下搶地盤，針鋒相對，也出兵迎戰。

楚越兩國再次交鋒。吳國滅亡前幾年，楚越兩國的首次交鋒，是越王勾踐為迷惑吳王夫差而「假打」的戰爭，如今卻是新老長江霸主的正式較量。

當然，楚越都是強國，兩家彼此還是很忌憚的，戰爭打得很克制。在這次戰爭中，幾年前困擾楚軍的問題又來了：楚軍位於上游，進攻的時候可以順水而下，痛快得很，可一旦遭遇失利，要逆水退回去就難了。而越軍位於下遊，雖然進攻速度受到限制，但是一旦戰場吃虧，可以迅速脫離。這樣，實際上越軍更容易保持水上的戰陣，而楚軍則更容易遭到損失。

正當楚惠王為此頭疼時，一位巨匠來到楚國助戰。

他叫公輸班，是魯國人，因此也有人叫他魯班。

那時候各國人才流動很頻繁。楚國地大人多，楚國人才出去的比進來的多，這位魯班卻是個例外。魯班到了楚國後，研發出一種適合水戰的工具，叫鉤拒（又叫鉤強）。簡單說來，就是一大型的鉤子。既可以鉤住敵人的船隻，也可以把敵人的船隻推開。

這樣，水上兩軍戰船交鋒，楚軍佔據上風時，如果越軍要順流逃走，楚軍只需用鉤子鉤住越軍戰船，不讓他們逃走，進而把他們拉

近，就可大肆砍殺。而楚軍吃虧時，越軍戰船如果逼近，楚軍又可以用鉤子把越軍戰船推開，使之無法靠近楚軍戰船。

更厲害的是，魯班還專門製造了水戰的長桿兵器，兵器的桿大致和鉤子長度一樣。這樣，楚軍用鉤子可以和越軍船隻保持一定距離，然後用特製的長兵器遠遠地戳越軍。越軍事先不知道楚軍鉤子有多長，打起來很吃虧。

這樣一來，依靠魯班的「高科技兵器」，楚軍節節制勝，數次打敗越軍。

越王勾踐輸了幾陣，還想調集主力，和楚軍決一死戰。他的大臣文種勸道：「大王，咱們為了滅吳，已經消耗不少，真要和楚國大戰一場，也沒有勝算。不如跟楚國講和。」

越王勾踐比起被他整死的吳王夫差，最大的優點就是懂得進退。他也估摸著，越國本土實力有限，不能四處開戰，吳王夫差就是前車之鑒。由此，勾踐和楚國講和，還把原本屬於吳國西邊的（今安徽部分）土地割讓給了楚國。楚越之間恢復和平。

此後，越王勾踐繼續「有限制稱霸」戰略。他插手邾國、魯國的內政，解決邾國和魯國的疆土糾紛，還出兵參與齊晉之間爭奪衛國的戰爭。但同時，越王勾踐不似吳王夫差那樣囂張。他除了和楚國保持和平，還歸還了宋國、魯國部分領土。

至於輔佐越王勾踐稱霸的兩位楚國功臣，范蠡早早急流勇退，帶著美女西施做生意去了。文種則最終被越王勾踐猜忌，被迫自殺。

數年後（約西元前 465 年），越王勾踐病故。臨死之前，越王勾踐囑咐兒子：「老夫憑藉咱們越國這個小地方，依靠和楚國的配合，才能打敗了吳王，稱霸江淮，讓齊國、晉國都和咱們結盟。可是從古至今霸主的後人往往難以長久維持霸業，你們以後一定要謹慎啊！」

越王勾踐死後，他的子孫們遵循了遺囑，沒有到中原去窮兵黷武，而是安守著自家的江東之地。

過去的數十年間，長江下游的吳越兩國異軍突起，對中原各國形成強烈壓迫。如今伴隨著越王勾踐的去世，這種壓迫消失了。

中原各國並沒能因此穩定下來，相反繼續亂鬥不休。昔日北方諸侯的兩強齊國和晉國持續對戰，連累其他國家。齊國的實權早已落入了陳國分支的田氏家族手中，晉國的六家卿大夫——智氏、范氏、中行氏、韓氏、趙氏、魏氏也完全架空了晉君，還彼此爭權奪利。西元前四五八年，智氏、韓氏、魏氏、趙氏四家出兵滅亡了范氏、中行氏，更進一步攻打晉出公，嚇得晉出公逃亡齊國，客死他鄉。西元前四五三年，趙氏、韓氏、魏氏三家又合力滅亡了最強大的智氏，三分晉國的領土。

齊國被篡，晉國分崩，吳國滅亡，越國保守，西邊的秦國也不曾參與中原戰事，這就使得朝政穩定的楚國迎來了又一輪擴張的黃金時機。此時的楚國，養精蓄銳多年，國力充足，軍隊龐大，政治尚且穩定，更有魯班製作的大批軍器，正蓄勢待發。

楚國擴張的主要方向是淮河北岸的地區，即今安徽北部、河南東

南部、江蘇北部。這些地方在吳國稱霸時，曾為吳國所佔據，吳被越滅後，越國主要保持淮南及長江兩岸之地，對於淮北則鞭長莫及。楚惠王趁機節節逼近，經過約二十年，淮北地區幾乎全部被楚國囊括。楚國的勢力，直達今天山東省的泗水流域。

這個過程中，楚國又吞併了不少邦國、部族。其中比較有名的就是蔡國。它作為「中原八國」中靠南的國家，長期依附楚國，後來又投奔吳國，最後在西元前四四七年被楚國吞併。

中原八國，至此還剩下魯、宋、鄭、衛、許五國。

另一個受害者是杞國。杞國國君是夏朝王室的後裔，地位一度非常尊貴，然而國力極為弱小，西周初年封在河南杞縣一帶，後來連續遭到周圍宋國、淮夷、徐國的攻打，無法立足，只好逃到山東新泰一帶。此後又數次因為戰亂東遷，最後搬遷到今山東省濰坊市一帶。西元前四四五年，楚國攻滅杞國。

在春秋、戰國交替時期的大混戰中，楚國撿了大便宜，成為當時實力最強大的國家。

7. 宗師鬥法止兵戈

　　戰國相比春秋的一大特色，就是各國不再講求仁義道德，攻城掠地成為戰爭的目的，血流成河成為戰爭的常態。楚惠王和他的大臣們發現，在這種形勢下，地方廣人多、兵力強盛的楚國，再度找到了用武之地。

　　西元前五世紀中葉，在滅亡蔡國、杞國之後，楚惠王雄心萬丈。他盯上了另一個重要的中原國家——宋國。

　　宋國是周朝諸侯中爵位最尊貴的一國。春秋數百年中，宋國長期被視為遵守禮法的道德楷模。在晉楚爭霸的百餘年中，宋國多數時候堅定地擁護晉國，反對楚國，可謂是楚國爭霸進程中的肉中刺、眼中釘。

　　然而時過境遷。昔日虎踞北方，與楚國互爭雄長的晉國，大權已經被韓、趙、魏三家瓜分，韓、趙、魏三家各自忙於鞏固政權，完全無法壓制楚國。而宋國本身，也陷入了公室爭權的內亂。

　　此消彼長之間，楚國對宋國的優勢，遠遠勝於春秋中後期。因此，楚惠王決意調集大軍，一舉攻克宋國。

除了雄厚的國力、強大的兵力之外，楚國還擁有一位超級外援，就是前面提到的公輸班（魯班）。他製造的水戰武器鉤拒，已經讓楚軍在對越國的戰爭中，初步品嘗到「先進軍事科技」的甜頭。如今，公輸班依託強大的楚國，讓自己的軍事發明得到更大的應用。在楚惠王的支持下，公輸班帶領楚國的工匠們，製造了大批攻城器械，包括升級版的雲梯、飛樓、衝車，等等，這些器械可以大大增強對城池的攻擊力。

先秦時代，攻城戰一向是傷亡最大、最讓人談虎色變的戰爭模式。所謂居高臨下，勢如破竹，站在高聳的城頭，即使是臨時徵集的民夫，只要把石頭、開水倒下來，也能讓身經百戰的士兵傷亡慘重。

弱國抵抗強國，堅固的城池簡直是定海神針。打得過就打，打不過就躲進城裡，強國也得掂量掂量。早在一個半世紀前，楚國最偉大的君主，楚惠王的高祖父楚莊王，便曾數次吃過弱國守城的苦頭。西元前五九七年楚國圍攻鄭國都城，用了整整三個月才打破僵局；西元前五九五年到前五九四年楚國圍攻宋國的都城，圍困整整八個月，都沒能迫使宋國投降。

等到春秋末期、戰國初期，隨著戰爭的殘酷性增大，攻城更是成為統帥的夢魘。《孫子兵法》中便說，上兵伐謀，次則伐交，再次是戰場獲勝，而下策中的下策是攻城。為了攻克一座城池，首先要花費大量時間修築土山、地道等工事，此後士兵攀爬登城，承受敵人的攻擊，攻城時先做好傷亡三分之一，而敵人城池巋然不動的心理準備吧！

如今，有了公輸班設計製造的大批先進攻城器械，對於楚國而言，也就有了超級無敵大殺器。你出來打，我不懼，你躲進城裡，我用攻城器械進攻！

　　看著軍工坊裡飛揚的木屑，還有那一排排新造好的器械，別說公輸班心中充滿自豪感，楚惠王也心潮澎湃，就連楚國那些大臣將軍們，一個個都摩拳擦掌，恨不得立刻殺奔宋國，讓宋國人守城，好展現一下大楚國先進的軍事武器。

　　就在此時，一個不速之客光臨楚國。

　　他是春秋國時期一大流派的宗師，名叫墨翟，又被人稱為墨子。

　　據說，墨翟本是一位儒家子弟，是孔子的學生。然而追隨孔子多年後，他發現諸侯征戰日趨激烈，下層百姓深受其害，依靠儒家的辦法，恢複西周時的禮儀文化，根本不能阻止諸侯和權臣的野心，也無法拯救千萬生靈。經過深刻反思，墨翟叛出儒家，自創一派，稱為墨家。

　　相對於彬彬有禮，頗具貴族氣質的儒家，墨家幾乎是相反的典型。在生活上，墨家主張「節用」，拋棄那些華而不實的繁文縟節，摒棄奢侈浮華的生活，人人努力生產，粗衣淡食。在政治上，墨家主張「兼愛」「非攻」，不分階層貧富，人人平等相敬相愛，停止自相殘殺的戰爭。同時，墨家主張「尚賢」，天下的君主應該由民眾選舉而來，而這樣的君主應該被賦予巨大的權力，不服從的人可以直接處死。

墨家不但有著激烈的代表下層的政治主張，也有著很強的組織和行動能力。墨家建立了統一的組織，遍佈各諸侯國，其首領稱為「鉅子」。墨家的信徒，不乏文韜武略之輩，有的在一些諸侯國擔任高官，自己粗茶淡飯，而把獲得的俸祿積攢下來，提供給墨家組織作為經費。墨家有不少勇武之士，對於他們心中認為的正義之舉，墨家信徒敢於冒巨大的危險踐行，甚至蹈死不悔。而對不義之徒，哪怕貴為君侯將相，墨家也敢於白刃鋤奸。

墨家這樣一個來自草根階層的組織，在春秋末期、戰國初期具有相當大的影響力。而地域廣大的楚國，算得上是墨家成長壯大的良好土壤。現在，楚惠王準備攻打宋國，這在墨家看來，無疑是恃強淩弱、荼毒生靈的不義戰爭。而且，宋國還是墨翟的祖國。

因此，身為首任鉅子的墨翟，風塵僕僕，從齊國南下楚國，想要制止這一場戰爭。一路奔波不停，花了十天十夜，就從齊國跑到了楚國。

依靠墨家廣泛的情報網，墨翟對於楚國的情況掌握得八九不離十，也知道楚惠王攻宋，很大原因在於公輸班製造的工程機器。因此，他到達楚國後，先去拜訪了老朋友公輸班。

公輸班如今身為楚國的首席「工程師」，自然有他的氣派，卻也不敢輕視墨翟。他恭敬地迎接墨翟，問道：「老兄，你千里迢迢來楚國，找我有什麼事兒啊？」

墨翟回答：「北方有個人得罪了我，聽說你現在是楚王身邊的紅

人，所以想請你幫忙把那傢伙殺了。」

公輸班一聽怒了，心想好歹我也是楚國首席工匠，你把我當殺手啊。他哼了一聲，不說話。

墨翟又道：「這樣吧，你殺了他，我送你十金作為酬謝。」

公輸班心想，區區十金對我算什麼呢？他義正詞嚴地回答：「我魯班是個講原則的人，恪守道義，絕不會殺害無辜的人，哪怕他得罪了你。」

墨翟點一點頭，對公輸班行了個大禮，起身又道：「說得好啊，老兄。你不肯殺害無辜的人，可是我在北方，卻聽說你為楚王造了雲梯車，準備攻打宋國。宋國又有什麼罪孽呢？楚國地域寬廣，多的是土地，相對缺少的是人民。現在你讓楚王發動戰爭，就算能奪得一些宋國的土地，卻要犧牲不少民眾。這樣為了爭奪原本過剩的地盤，卻殺傷原本缺少的人口，叫不智。就算你的雲梯能夠減少楚軍的傷亡，卻傷害了原本沒有罪的宋國人，這叫不仁。如果你說這不是你的意思，而是楚王的命令，那麼你身為楚國的首席工匠，楚王給你高官厚祿，你明知攻打宋國不妥當，卻不去向楚王進諫，這叫不忠。如果你說你已經進諫了，楚王沒聽，這叫不強。你說你恪守道義，不肯幫我殺一個仇人，卻願意幫助楚王殺害大批宋國人，這叫不知類。」

公輸班聽了墨子這一大堆話，趕緊拜道：「老兄，我服了。」

墨翟道：「既然你認輸了，那就別攻打宋國了。」

公輸班為難地說：「不好辦啊，我已經給楚王報告了，出兵不出兵，不是我能做主的啊。」

墨翟笑笑：「那麼，讓我去和楚王說吧。」

於是公輸班安排墨翟與楚惠王見面。楚惠王久仰墨翟大名，也是客氣得很。墨翟卻不那麼客氣，直言道：

「有那麼一個人。他自己家裡有高大華麗的車馬，卻想佔有鄰居的小破車；他自己有錦繡的華服，卻想偷竊鄰居的粗布衣服；他自己家裡有吃不完的肥肉粳米，卻想偷竊鄰居的酒糟米糠。大王您說，這人算什麼？」

楚惠王回答：「這個人一定是得了盜竊病。」

墨翟道：「對啊。現在楚國有五千里的土地，宋國領土勉勉強強算五百里，這差距就跟華麗車馬和小破車一樣。楚國的雲夢澤充滿犀牛、麋鹿等野獸，江漢之中更有魚蝦、龜鱉、鱷魚等水生物，物產富甲天下，而宋國的貧瘠土地上連野雞、兔子、狐狸都很少，這差距就像肥肉粳米和酒糟米糠一樣，楚國有高大的松樹、梓樹、黃櫸木、楠木、樟樹，等等，而宋國連多餘的木材都找不到，這差距就像錦繡華服與粗布衣服一樣。大王您說，宋國已經很窮了，你還要出兵攻打宋國，這不就跟前面說的那個得了盜竊病的人一樣嗎？我說啊，您攻打宋國，不符合道義，一定會得不償失的。」

楚惠王聽墨翟這麼說，連連點頭：「說得好，說得好，先生您說得太好了。真感謝您的教誨！」

墨翟道：「既然如此，那大王可以不攻打宋國了吧？」

楚惠王歎了口氣說：「雖然我也知道攻打宋國不太道義，但是，公輸班先生辛辛苦苦給我造了雲梯車等攻城器械，要是就此息兵，豈不是讓他的這一番心血全部白費，這有點對不起他啊。還是先打打看吧。」

墨翟心想，攻宋一事，臣子推給君王，君王推給臣子，說一千道一萬，楚國倚仗的是雲梯。

他淡淡一笑：「既然如此，請公輸班先生來吧。我請大王看看這攻城器械到底有多大威力，免得您一直記掛著這件事。」

楚惠王非常好奇，請來了公輸班。墨翟道：「老兄，大王已經同意不攻打宋國，卻心疼你造的雲梯。咱們來給大王演示一下吧。」

說著，墨翟解下自己的腰帶，放在地上當作城牆，又拿出許多小木片，當作攻城和防守的器械。兩位先秦的軍工巨匠，就在楚國朝堂上進行了微縮的兵棋推演。

公輸班調動自己的木片，發動全線猛攻，卻被墨翟巧妙化解，無功而返。公輸班更換手段，從側翼迂回，又被墨翟抓住弱點，一舉挫敗。就這樣，公輸班一連變換了九種攻城手段，都被墨翟擋住。公輸班自己的木片已經用光了，而墨翟手邊的木片還有剩餘。

末了，公輸班歎息一聲，站起身來。墨翟也跟著站起身來，一言不發地看著眼前這位老友和對手。楚惠王和大臣們也都明白，看來這

場兵棋推演，是墨翟贏了。那麼，即使真的用雲梯車去攻打宋國，只怕也未必能占到多少便宜。

公輸班畢竟是一代巨匠，就這麼在眾目睽睽之下輸了，總是有點丟臉。他苦笑一聲，對墨翟道：「這次推演我輸了，不過，我知道該怎麼對付你，只是我不說。」

墨翟微微一笑：「我也知道你打算怎麼對付我，我也不說。」

楚惠王看這兩位師傅打著謎語，有點摸不著頭腦：「公輸先生，您還是說說你的計策吧。」

公輸班搖搖頭：「不說，我是個講義氣的人。」

楚惠王更莫名其妙了。卻聽墨翟笑道：「大王別急，我告訴你。公輸班他的計策，無非就是在這裡把我殺了。他認為殺了我，就沒人知道防禦的手段，他的雲梯車就可以大展神威，攻克宋國了。可惜他打錯了算盤，我來之前，早就安排墨家弟子禽滑釐等三百人，帶著我發明的防守器械，在宋國城牆上佈置，專門等著楚國大軍。你就算殺了我，也沒法奪取宋國。」

楚惠王聽了，讚歎道：「墨子先生，您太厲害了。就衝您這能耐，我不再攻打宋國了。」

公輸班也感慨地說：「墨子啊，你來之前，我一心要攻取宋國。如今，要是不符合道義，就算把宋國給我，我也不要了！」

墨子欣慰地說：「這樣才是明君賢臣啊。公輸兄，你的匠才可稱

天下無雙，然而真正的巧，是要能為天下人謀利的。聽說你花費大力氣用木頭和竹子做了一隻假鳥，能在天上飛，可是我只需要片刻時間，用三寸的木頭做個車軸，就能承擔上千斤的重量，這才是真正有用的東西。你說先前一心想得到宋國，如今要是不符合道義，就算把宋國給你，你也不要。那麼我要告訴你，實際上我已經把宋國給你了。如果貴君臣能繼續堅持道義，我還會把整個天下都給你！」

以上就是「墨子衛宋」事件，見於《墨子》、《戰國策》、《尸子》等書，其發生的時間，在西元前四四〇年左右。這個故事的主角是墨子，這個故事既展示了他非凡的軍事工程技術，更宣揚了「兼愛」「非攻」的精神。在故事的結尾，墨子告訴楚惠王和公輸班：你不想奪取宋國，那你就已經得到了宋國；你能堅持道義，那麼你還能得到天下，這既是作為民間政治團體的墨家組織發出的豪邁宣言，也表明了墨家思想與儒家的仁義、道家的自然，在骨子裡的相似。

不過另一方面，故事中最沒有存在感的楚惠王，也展現了自己的風采。以楚國之強，對付宋國，其實就算沒有公輸班的器械，也無非多一些傷亡。像楚莊王時代那樣圍困宋國一年半載，斷絕城內糧草。墨子能用器械抵擋雲梯，卻不能讓宋國人肚子不餓，最終宋國還是要投降的。

但是在聽取了墨子的一番話後，楚惠王兩次表示「善哉」，決然停止攻宋計畫。作為君王的這份收放心，其實頗為難得。雖則從軍事上而言，攻宋與否，不至於對楚國的國運產生劇烈的影響。然而從政治思想角度來看，一位控制戰爭激烈程度，不窮兵黷武的楚王，能保

證國家的平穩運行。

楚莊王在宋國即將絕糧的關頭，退兵三十里，簽下「我無爾虞，爾無我詐」的平等盟約，看似自損威風，卻為楚國奠定了道德基礎。如今，楚惠王沿襲高祖的風範，停止攻宋的舉動，正是恪守同樣的準則。

雖然，時過境遷，在講求弱肉強食的戰國初期，這樣的行動未必能收獲好報。然而，道德信仰終究是值得尊重的。即使在越來越血腥和冷酷的戰國，楚人依舊盡力恪守著傳統禮法。

8. 墨家入楚難用事

墨子進入楚國，說服楚惠王和公輸班停止攻宋。事實上，在戰國早期留存不多的史料裡，楚國與墨家的關係非同尋常。楚惠王與墨子，也發生了多次互動。

墨家雖然是民間組織，但他們並不排斥在各國為官。相反，墨家組織會專門安排一些人才去各國當官，爭取掌握大權，推行墨家的政治方略。一旦該國的方針與墨家理念背道而馳，這些墨家的官員寧可辭職，也不同流合污。此外，他們的俸祿也都會節省下來，作為墨家組織的經費。這其中，地大物博，而政治又相對穩定的楚國，也就成為墨家門人的優先擇業處。

墨翟的一位得意門生耕柱子，曾經被墨翟以「響鼓更要重錘，快馬更要加鞭」的理由狠狠批評過，他就在楚國為官。後來墨翟的另外幾個徒弟到楚國去辦事，根據慣例，到耕柱子那裡落腳。結果耕柱子對這幾位師弟很是平淡，給他們吃的不過是粗糧，招待他們也不熱情。這幾個墨家弟子頗為不滿，回去就跟墨子說：「先生，耕柱子在楚國，對墨家沒什麼好處啊。我們幾個去辦事，他給我們吃粗糧，招待也很一般。」墨子卻道：「憑這一點就否定耕柱子，太草率了。」之後墨子到楚國去，耕柱子專門派人送了十金過來，並捎話說：「這

裡有我節省下來的十金，給先生用作經費。」墨子很欣慰道：「果然，不能隨便否定一個人啊。」

這故事很簡單，道理也很純樸。墨家本來就提倡省吃儉用，墨子的幾個徒弟，指望到楚國大吃大喝，可見思想方面還需要進步。相反，耕柱子不把錢花在招待宴請上，而積蓄下來給師傅辦大事，這才是堅持了墨家的原則。

至於說，墨翟在見到公輸班後，假裝要送十金給公輸班，請公輸班幫忙殺人。這十金是否就是耕柱子提供的十金，就不得而知了。

此外，墨家主張節儉，反對鋪張的禮儀，墨家子弟向來穿著粗布短衣，一副苦行僧的模樣。可是據《淮南子》記載，墨翟去見楚惠王的時候，卻穿著華麗的衣服，甚至還安排了隨行的吹笙樂隊。這當然不是說墨翟改變了自己的初衷和志向，只是入鄉隨俗，為了更好與楚惠王交談而在形式上做一些讓步而已。

墨翟在阻止了楚惠王攻打宋國之後，還想進一步讓楚惠王採納墨家的思想。畢竟，楚惠王在當時天下人心中，也算一個比較溫良的君主了。墨翟把自己的一些主張寫在書中，獻給了楚惠王。

楚惠王認認真真讀了書，覺得講得好像有些道理，卻又有些不符合自己的心意。歸根結底，楚惠王畢竟身為一國世襲之君，他對墨翟主張貴賤平等、權力在民等思想，當然不能接受。這無關才略和道德，純粹是所屬的階級立場決定的。因此，他藉口自己年老，派大臣穆賀去接見墨翟。

墨翟也不沮喪，他對穆賀娓娓道來，把墨家的思想又講述了一遍。穆賀聽得頻頻點頭。可是，他也知道楚惠王的心思，於是對墨翟道：「先生，您說的話確實非常有道理。可是我們的君王，是天下的大王啊。而您的地位有些卑賤。大王可能不會施行您的想法了。」

墨翟一點不生氣。他說：「要不要施行我的想法，主要看想法本身是不是可行，與我卑賤還是高貴無關。比如醫生用的藥，不過是草根樹皮一類，天子吃了，能夠治癒疾病，難道會因為它是草根就不吃？再比如貧困的農民，收割了莊稼交給國家，君王用來釀酒、做飯，不但自己吃，還用來祭祀上蒼和祖先，難道會因為是農民種出來的，就不享用了？既然卑賤的草根和農夫都能對君王有所幫助，那為什麼還要計較人的地位？商朝的開國天子成湯，要去見伊尹時，讓彭氏之子來駕車。彭氏之子路上問商湯現在要去哪，商湯回答要拜訪伊尹。彭氏之子就說：『伊尹是個地位很卑賤的人，您想要見他，下道命令召他來就可以了，何以親自拜訪？』商湯回答：『這你就不懂了。比如說有一種良藥，如果喝了它，耳朵能聽得更加清楚，眼睛能看到更加清晰，那麼我當然一定要喝了它。伊尹先生雖然地位卑賤，他的才能和思想對於我們商國來說，就如同名醫和良藥一樣，我怎能不尊敬他呢？你不讓我去恭敬地見伊尹，是想擾亂商國吧。』最後，商湯請伊尹擔任宰相，而不再讓彭氏之子駕車了。」

墨翟本人的辯才是很出色的，然而單憑滔滔辯舌，終究不能改變一個國家的政治體制。

到春秋末期、戰國初期，曾經的「蠻夷」楚國，反而成為諸侯中

對西周禮法遵循得最好的一個，以至於連孔子都曾想跑到楚國去實現自己的理想。

而楚國遵循的西周禮法，其中很重要的一點，就是尊卑有序。金字塔形的社會等級層次中，每一個階層都相對固定。不但國君，就連大夫、家臣，都是世襲為主，出身卑賤的人，要想在這種層級中獲得提升，難度很大。

這也是墨翟終究不能得到楚惠王重用的原因之一。

楚國的這種社會結構階層相對穩定，可以讓每個階層形成熟練的家族傳統，尤其使手握大權的精英權貴階層與國家同心同德，利害相關。理論上，如果每個階層都能恪守本位，上行下效，不生非分之想，也能做到上下和諧。這也是以孔子為代表的儒家學者們夢寐以求的理想社會。

遺憾的是，現實是殘酷的。隨著時代變遷，諸侯國之間競爭更加殘酷。這時候，上下有序的分封制，一方面讓處在社會底層的人才得不到施展才華的空間，另一方面讓高層權貴故步自封，最終導致國力削弱。

這樣的危險，對於楚國而言，已經並不遙遠了。

9. 道德天下楚惠王

　　儘管楚惠王無法擺脫君主的立場局限，拒絕了墨翟的施政方針，然而從道德品質來說，他是春秋末期、戰國初期少有的寬仁君主。在史料寥寥的戰國初期，他和他的臣子們，留下好些有趣的故事。

　　例如，楚惠王時有位大臣魯陽文子，是楚國鎮守魯陽地區（今河南省平頂山市魯山縣）的縣公。他是楚平王的孫子，前任司馬熊結（子期）的兒子，也是楚惠王的堂兄弟。

　　關於此人，《淮南子》還有個很玄乎的記載，說他後來帶兵和韓國軍隊打仗時，剛剛占到上風，太陽卻要落山了。魯陽文子不願意就此休戰，就對著天空使勁揮舞自己的戈。結果太陽居然晃晃悠悠的往東退回去九十里！依靠這一退一進的時間差，魯陽文子打敗了韓軍。

　　這條記載當然是不可信的，然而這個典故卻被文人多次引用，連後來的李白都在詩作《日出行》中寫了「魯陽何德，駐影揮戈」。

　　另一則記載要實在得多，說一開始楚惠王準備封給這位堂兄弟的，不是魯陽，而是梁地（大致在今天河南省的開封一帶），魯陽文子拒絕了。他說：「梁地位於咱楚國的北部邊疆，地勢又很險要。我擔心我的子孫後人，靠著這塊地盤產生貳心，甚至造反作亂。」

楚惠王道：「那你好好教導子孫忠君愛國，別造反就可以了，哪有因為這個原因就拒絕封地的？」

魯陽文子道：「這事兒很難啊。一般來說，侍奉君主，如果君臣之間能夠和諧相處，那是最好的。一旦君臣出現矛盾，大臣就擔心遭到君主的逼迫，而君主則擔心大臣出現二心。就我自己來說，我可以保證，即使和君主發生矛盾，也不會在乎君主的逼迫，不會產生不軌之心。但等我死了，又怎能保證我的兒孫們中不出幾個渾小子呢？如果後人真造反作亂，最後滿門抄斬，我不但毀了一世英名，而且到時候連祭祀的酒飯都吃不到了，那豈不淒慘？」

楚惠王讚歎道：「你真是個仁人君子啊！既能為子孫後代規劃，也能顧及楚國的利益。我當然要尊重你自己的選擇！」就改封他在魯陽，這才有了魯陽文子的稱號。

這則記載中蘊含的信息量是很大的，為我們描繪出戰國初期楚國政治生態的特色。

首先，經過楚惠王數十年的擴張，楚國勢力確實得到極大拓展，尤其在北方已經推進到了黃河南岸，中原大部分地區都處在楚國的勢力範圍之內。

其次，到了戰國初年，楚國依然堅持採用西周的分封制度，把重要地區分封給國君的兄弟子侄，而且分封之後就成為世襲領地，父傳子，子傳孫，國家對封地控制力反而較弱。這可以視為楚國在「恪守中原禮法」方面的成效，同時也有點啼笑皆非。二百餘年前，是楚國

最早打破分封制度的窠臼，攻滅權國後設立了中國歷史上第一個縣，增強中央朝廷對國家資源的控制力。然而等到春秋末期、戰國初期，分封制度已然逐漸衰敗，楚國反而把設縣的制度搞得越來越分封化，並堅持「用人唯親」的原則。

第三，梁地位於北疆，地勢險要，正是楚國的邊境重鎮。楚惠王安排魯陽文子鎮守那裡，除了施惠宗親，肯定也想靠著魯陽文子的才能，為楚國鎮守邊陲。而魯陽文子僅僅以「擔心子孫後人造反」的理由就拒絕這種任命，換了魯陽做封地，卻不曾為楚惠王提出更合適的解決方法。這歸根結底，還是把家族的安穩放在了楚國的國防需要之上。而面對這樣的態度，楚惠王的反應居然是「讚賞」，還認為魯陽文子兼顧了家族和楚國利益。這也可以看出，在分封制度下，君臣都把維繫這種體系本身的穩定，視為壓倒一切的根本目標。只要分封秩序不變，其他一切都可以讓道。楚惠王和魯陽文子，稱得上是楚國的明君賢臣，他們的這種思維，恰好說明了為什麼分封制度會走向崩潰。

另一個事件則給楚惠王增色不少。說的是楚惠王吃涼拌蔬菜時，發現蔬菜裡有一隻螞蟥（水蛭）。楚惠王閉著眼睛，忍著噁心，把螞蟥一口吞了下去。接著，他就病倒了，肚子疼痛，吃不下飯。

令尹看國王這樣，趕緊來探問：「大王，您上午還好好地，怎麼突然病得這麼嚴重了？」

楚惠王呻吟著說：「我今天吃涼拌蔬菜時，吞下了一條螞蟥。」

令尹瞪大眼睛：「既然知道有螞蟥，您還吞，為什麼？」

楚惠王道：「不然怎麼辦啊？我要是把這條螞蟥挑出來，等於坐實了宮裡的廚師和負責膳食的官員都犯了嚴重錯誤。按照我國法律，他們都要被處死，這叫我怎麼忍心啊？要是不處死他們吧，這又變成了我徇情枉法。做國王的隨便破壞法律，那國家也危險了。所以想來想去，只好由我把螞蟥吞下去，免得這件事情暴露，左右為難。」

令尹聽了，感動得熱淚盈眶，起身下拜道：「大王，您難道不會把螞蟥藏在袖子裡悄悄扔掉嗎，非得吞下去嗎？不過，為臣聽說天道會保佑有德之人。大王您為了不破壞法律，不殺死廚師，居然自己把螞蟥吞下去了，這樣的仁慈道德，老天爺也會保佑您的，您的疾病不會長久！」

果然，當天夜裡，楚惠王來了一陣猛烈的上吐下瀉，那條螞蟥就排出體外了。此外，楚惠王原本患有嚴重的心腹淤塞積塊的毛病，已經很長時間了，結果這一番上吐下瀉之後，也自然痊癒。小小一條螞蟥，就這麼讓楚惠王因禍得福。

這篇記載見於《繹史》。撇開其中「善有善報」「天佑道德」的說法，單說這吞食螞蟥治癒疾病，東漢王充《論衡》認為是楚惠王腹部有瘀血阻塞，吞下螞蟥吸血後起到了清淤的效果；從現代醫學角度來說，螞蟥唾液中含有的天然水蛭素確實具備抗凝血的作用，可以清除血管中的血塊。另外，螞蟥唾液中的一種成分還能幫助人體免疫系統抑制和消滅腫瘤細胞，達到抗癌的效果。當然，也可能只是吞下螞蟥後引起的上吐下瀉，直接給楚惠王的消化道來了個「大掃除」，

從而消除了積食、便秘等疾病。

從這件事來看，楚惠王確實是個不錯的君主，就是思維模式稍微有點僵化。

不管吞吃螞蟥的仁德行為是否得到了上天的庇護，總之楚惠王福壽雙全。他幼年繼位，前後當了五十八年的楚王，直到西元前四三二年才去世。他不但是楚國八百年來歷代君主中在位最長者，甚至放到整個中國數千年歷史中，其在位時間也是屈指可數。

楚惠王在位的半個多世紀中，楚國克服了白公勝之亂，成為天下領土最遼闊、兵力最強大、政局最穩定的超級強國，滅國數十，拓地千里。楚惠王臨終之前，回顧一生，當無愧昭王、莊王、成王諸位祖先。

然而此時的楚國，強盛的外表下，隱匿了巨大的風險。這一切，很快就在楚惠王的子孫身上體現了。

小貼士：楚惠王送曾侯乙的編鐘

一九七八年，湖北隨州市區西約兩公里的擂鼓墩發掘出一座墓葬，出土了一萬五千多件珍貴文物。其中最著名的是「曾侯乙編鐘」，包括六十五件青銅編鐘。其中有一件被稱為「楚王熊章鑄鐘」，高九十二點五釐米，重一三四點八千克，為蟠龍形褪式鈕。上面鑄的銘文是：「隹（惟）王五十又六祀，返自西陽，楚王熊章，作曾侯乙宗彝，奠之於西陽，其永持用享」。這表明，楚惠王

熊章製作了給曾侯乙的這件宗廟祭器。這是曾侯乙墓葬最重要的年代論據。據考證，「曾侯」就是「隨侯」，也就是隨國的姬姓諸侯，長期與楚國友好。楚惠王的父親楚昭王在逃避吳軍入侵時曾得到隨國的保護，楚惠王贈送編鐘給隨侯姬乙是這種友誼延續的見證。

二

痼疾當消，變法必自血中出

1. 道法自然潤三江

西元前四三二年，楚惠王熊章去世，其子熊中繼位，史稱楚簡王。

楚惠王在位期間正是中國從春秋向戰國轉換的過渡時期，而楚簡王從繼位開始，便面臨著戰國時期的混亂局面。各國經過近百年的戰亂，基本已經完成了新一輪的權力重組。

諸侯國中變化最大的是晉國。這個楚國二百年的爭霸對手，已經名存實亡。雖然還佔據山西、河北的廣闊土地，然而其國君權力完全遭到架空，大權落入韓氏、趙氏、魏氏三家卿族手中。

與楚簡王幾乎同時的晉國君主是晉幽公姬柳（西元前 434 至西元前 416 年在位）。這位晉幽公就是個傀儡，晉國千里河山，晉幽公能夠掌控的只有絳、曲沃之地[1]，其餘的城池全部被韓、趙、魏三家瓜分。到後來，韓、趙、魏三家連表面的君臣之禮也不講了。他們不但不按照臣子的禮儀，向晉幽公朝貢覲見，反過來還要晉幽公朝見他們。

1　原晉國國都及附近。韓、趙、魏三家分晉後，曲沃屬魏。今屬山西。

這也正說明，分封制已經完全崩塌。

目睹這種混亂，百姓茫然無所適從，有識之士則紛紛尋求著重建秩序的方法。於是，產生了各種思想流派，出現了百家爭鳴的局面。

楚國這個地大物博的國家，也成為各派學子們施展才華的舞臺。

就連一心希望恢復西周禮儀的儒家，也把楚國當作最後的淨土。

早在商朝末年，楚國先祖鬻熊作為周文王的參謀，其言行中便包含有部分早期儒家思想的元素（也有部分道家思想的元素）；孔子的精神導師周公，也曾到新建立不久的楚國躲避政治風波。從楚莊王起，楚國有意識地引入中原文明，遵循禮法，使得楚國成為春秋末期社會政治秩序崩潰下的保留地。

儒學創始人孔子，儘管長期活躍在北方，其門下的七十二名賢弟子，也絕大部分都是北方人士。但是孔子在晚年發現北方各諸侯國皆動亂不息，反而是楚國遵循分封禮儀，於是孔子在楚昭王末期，曾試圖在楚國實現自己的夢想。

孔子死後，把《易經》傳給了自己的徒弟商瞿（魯國人，字子木）。商瞿則把《易經》傳給楚國人子弘。此後，子弘又把《易經》傳給江東人矯子庸疵。由此勾勒出一條《易經》傳送的路線，從華夏文明核心的魯國到一度處在落後邊緣的楚國，再到更加「邊荒」的江東地區。楚國人子弘在其中起到承上啟下的作用，可見整個華夏文明在傳輸擴展中，楚國的歷史價值。

除了儒家，墨家在楚國也頗有發展。

儘管吸納了不少儒家的政治與文化內涵，並受到墨家思想的滲透，但楚國並沒有完全將自己變成中原諸侯國的複製品。相反，他們有自己獨特的文化——道家文化。

道家，與儒家同樣強調和諧。不同之處在於，儒家主張嚴格的禮法制度，通過每個階層對相應禮法的嚴格遵守，來達到人與人的和諧共榮。而道家則主張盡可能減少不必要的桎梏與拘束，清靜無為，順其自然以達到和諧。

道家又稱「黃老之術」，尊奉的兩位始祖，一是上古的軒轅黃帝，二是先秦的老子。

軒轅黃帝所處的時代，尚未建立國家制度，加上人口稀少，其政治機制比三代（夏商周）要粗疏得多。雖然傳說中黃帝制定了許多治理國家的規範，但具體到執行上，依然只能憑藉「順其自然」的法門，君主和官吏最多稍加協調。

軒轅黃帝的後裔很多，基本夏商周王室和先秦諸侯大都可以算其後裔。但在這其中，大約是最終搬遷到荊楚之地的祝融氏後裔，其所處的環境和黃帝當年所處的情形更加接近。楚國創立之初，周邊部族林立；即使在逐漸強大之後，江漢千里，依然地廣人稀。楚國的統治方式，自然與人口密集、城邑遍佈的中原有很大區別。

孔子曾對葉公子高說過，楚國地域廣大，但都城狹窄，老百姓很容易離心，對君主不親近，所以治國的重點在於讓近處的民眾滿意，

從而讓遠處的民眾歸附。這是孔子站在儒家的角度，對楚國這種現狀提出的有針對性的措施，但在道家看來，或許這種離散本身就是一種自然的狀態，何必一定要像中原國家一樣呢？

道家的創始人是先秦時期的老子（老聃、李耳），據《史記》記載，老子是楚國苦縣人。苦縣位於今天河南省鹿邑一帶，屬於中原南部，並非當時楚國的中心，而是楚國向中原擴張後兼併的土地。老子曾長期在洛陽擔任周朝的圖書管理員，並在那裡和孔子進行了親切的交談，使得孔子驚呼「老子就像龍一樣，深不可測！」

此後，老子騎著青牛，西出函谷關，出關前著《道德經》。不過，函谷關以西是當時文化更加落後的秦國，再往西、往北則是西戎等少數民族的征戰之地，老子就算想隱居修行，也不會跑到那麼兇險的地方。因此，很大地可能他只是在秦國遊歷了一圈，此後還是回到了故鄉，所謂小隱隱於市。楚國當時戰亂較少，政局安定，白公勝之亂也只在郢都周圍發生，並沒有形成晉國六卿那種全國範圍的內戰，確實更適合老子的清修靜養。

除了老子外，楚國還有幾位道家代表人物。比如楚國先祖鬻熊，他的政治思想中既包含儒家元素，也包含道家元素，被道家奉為先聖。他的著作《鬻子》被《漢書》列為道家著作。

再如與孔子同時代的，還有一位老萊子，也是道家人物。他是土生土長的荊楚人士，生於荊門一帶。老萊子頗為高壽，生於楚康王時代，最後享壽百餘年。楚昭王末期，孔子前來會見楚昭王時，曾經遇見了老萊子的徒弟。老萊子的徒弟回去告訴師傅，有這麼個人，長得

如此模樣，這般氣質，不知道是誰。老萊子當即判斷，這一定就是著名的孔子。他把孔子請來，探討了一番治國的道理，要求孔子拋棄矜持與智慧，去除功利名譽之心。另據記載，老萊子還曾教導過孔子的孫子子思。

楚國白公勝之亂時，老萊子逃離都城，隱居紀南城北百餘里的蒙山，「葭牆蓬室，木床蓍席，衣薀食藪，墾山播護」。後來楚惠王欲請老萊子入朝為官，被老萊子謝絕。此外，老萊子還是中國歷史上「二十四孝」故事的主人公之一，為了讓年邁的父母高興，他故意穿著彩衣，模仿嬰兒，引父母發笑，從而留下「彩衣娛親」的典故。老萊子曾留下著作十五篇，今已散佚。

再比如，孔子到楚國時，在孔子車前唱歌「鳳兮鳳兮，何德之衰」的那位狂人接輿，也是位頗有道家風範的隱士。

道家的政治主張中，「小國寡民」「雞犬之聲相聞，老死不相往來」，與楚國的狀態當然不符。事實上楚國非但不是小國，反而是戰國初期的大國，擁有上百萬平方公里的土地，人口數百萬。然而，老子這種理想化的模式，卻可以看作是對楚國大舉擴張前，整個長江流域文明生態的表述。楚國數百年的擴張，雖然把周邊零散的小國聚合成了一個龐然大物，但楚地「地廣人稀」依然如故，楚國也不可能把分散的居民全部聚中起來。

在這種狀態下，道家無為而治、對內少生事不擾民、對外停止戰爭等主張，便在一定程度上有利於楚國民力的保存和休養，也抑制了君王與權貴的野心，避免他們把千百萬楚人帶入戰亂的漩渦。春秋末

期、戰國初期的大環境是戰亂加劇，諸侯國之間的戰爭與諸侯國內部爭權奪利的現象接連不斷，形成惡性循環，無論普通百姓，還是大部分在上位的君臣，面對這種局面都難免困惑。而道家治國的觀念，正反映了尚保持一些純樸理念的先秦士民，對這種殘酷演變的反思和抗拒。

這也足以解釋，為何老子、老萊子、接輿等楚地道家名人，在這段時間紛紛湧現。孔子試圖恢復西周禮法來遏制戰亂，而道家先哲們則認為，西周禮法背後蘊含的權位之謀，本身就是促成戰亂的根源。要太平盛世，唯有清心寡欲，順其自然。

無論以楚惠王、楚簡王為代表的楚國君主們是否請教了道家門人，但楚國在戰國時期的很長一段時間裡，其政治風格確實帶有道家的烙印。這也是楚國經歷過原有的唯武是尊的「蠻夷」文化，和楚莊王引入的帶有儒家特色的中原文化之後，結合楚國實際情況，走出的一條道路。

2. 無為而治楚簡王

　　楚簡王熊中在歷史上，是個存在感非常弱的君主。他在位二十多年，然而關於他的記載卻非常少。這一方面歸結為史料的匱乏，由於秦始皇焚書坑儒，燒毀了各國史書，楚國作為秦國的勁敵，其史書自然更是非燒不可。另一方面，也因為楚簡王選擇接近道家思想的治國方略，面對混戰的局勢，他選擇減少戰爭，避免災禍。

　　楚簡王的父親楚惠王在位五十七年，西元前四三二年，楚惠王去世時大概已經年逾七旬，因此楚簡王繼位時也不年輕了。楚惠王在位期間，楚國大肆擴張，將半個中原納入囊中。楚簡王一開始，也想要繼續其父的偉大事業。就在楚簡王繼位後的第一年，也就是西元前四三一年，他出兵北伐，攻滅了莒國。

　　莒國，是東夷的一個子爵國家，位於今山東省莒縣一帶，爵位雖然不高，卻是東夷國家中比較強大的一支，也是當時山東僅次於齊國、魯國的第三大國，實力超過「中原八國」中的曹國和許國，曾多次插手齊國、魯國之間的紛爭。在晉國召集聯軍圍攻齊國的一次戰爭中，莒國甚至出動了「車千乘」，也就是數萬人的龐大軍隊。春秋後期開始，莒國遭到齊國、魯國的輪番蹂躪，國力已大不如前。西元前四三一年的莒國，當然無法抵抗強大的楚國，最終莒國納入了楚國的

疆土。

滅亡莒國之後，楚簡王想要繼續揮戈擴張，這時候有一個叫田贊的人，可能是墨家或儒家的門人，前來向楚簡王陳說道理。

當初墨翟見楚惠王時，為了迎合楚惠王，改變自己的習慣，穿得很光鮮。而田贊這次卻反其道而行之，故意穿得破破爛爛覲見楚王。

楚簡王見田贊這副模樣，驚奇道：「先生您的衣服怎麼這麼糟糕啊？」田贊道：「大王覺得我的衣服難看嗎？這世界上還有更糟糕的衣服呢！」楚簡王好奇地問道：「還能有比您這身更糟糕的？是在您這身衣服上再剪幾個窟窿嗎？我看那也差不多啊。」

田贊回答：「不是。比我這身衣服更糟糕的，是鎧甲。」

楚簡王更奇怪了：「我楚國物產豐富，楚國鎧甲天下聞名，不但有裝備精良的皮甲，甚至還有少數青銅鎧甲。你居然說楚國的鎧甲比你這身衣服糟糕，你是在故意說反話吧？」

田贊當即侃侃而談：「大王有所不知，我來給您講講道理吧。大家都知道冬天寒冷，夏天炎熱，衣服穿在身上就是為了禦寒避暑的。而所有衣服中，最糟糕的就是鎧甲。我的衣服破爛，因為我比較貧窮，所以穿著破爛衣服，但也勉強可以遮風擋雨。而大王您是萬乘之國的君主，富貴無敵，卻喜歡讓您的民眾穿上鎧甲。這是為了道義麼？鎧甲用於戰爭，沒什麼光榮啊。這是為了得到實惠麼？您考慮攻打他國，他國也會考慮攻打楚國，這樣大家都處於危險之中，有什麼好處呢？所以無論從哪方面來說，大王都不該叫民眾穿著鎧甲啊。」

田贊這番話，對於楚簡王到底產生了多大影響，難以評估。事實情況是，根據現有史書記載，此後近二十年，楚簡王沒有對外發動戰爭。在春秋中期曾經屢次威脅中原，甚至一年中數次出兵對外的楚國，變成了一頭酣睡的猛虎，這事確實有些反常。

除了在繼位初期滅掉莒國外，楚簡王還有一個舉措就是撤銷許國。許國是周朝罕見的最低一等爵位——男爵，也是「中原八國」之一，它長期依附楚國，卻受到鄭國的威脅，一度被滅。後來楚國扶持許國的殘餘力量，在楚國國境內重新建國。戰國初年，許國最終被滅。許國是得罪楚王而被強行撤銷，還是君主死後無直系後裔繼位，從而國祚廢除，現在不得而知。不管如何，許國被滅，標誌著昔日楚國在中原南部的三大依附國——陳、蔡、許悉數不存。而春秋時的「中原八國」，也只剩下鄭、宋、衛、魯四國。由於許國早就是楚國羽翼庇護下的勢力，類似流亡政府，因此對楚國而言，兼併許國也算不得擴張，只不過是對境內的勢力加以重組而已。

西元前五世紀後半葉，是戰國初期的新一輪洗牌。楚國原本握著一手好牌，它既然不肯對外擴張，那麼自然有新的勢力出來頂替。

這個新的勢力，就是魏國。

諸侯中原本能和楚國抗衡的晉國，此刻已經名存實亡，幾乎全部領土被韓、趙、魏三家卿族瓜分。不過在楚簡王在位時期，韓氏、趙氏、魏氏在名義上尚未成為正式的諸侯國。以地盤、人口而論，魏氏大概也就相當於晉國的三分之一強，無法和楚國相提並論。

然而戰亂時代，一個國家實力的強弱，不只取決於其統治下的領土大小和人口多少。另一個重要因素，是君主對領土內的資源能進行多高效率的動員。早在楚惠王末期，魏氏就換上了一位雄才偉略之主魏斯，史稱魏文侯（前445年至前396年）。

　　在魏文侯的率領下，地處中原的魏國，開始了一輪狂飆突進。

　　魏文侯恭敬地師事儒家賢人子夏、田子方、段干幹木等人，任用李悝、翟璜為相，樂羊、吳起為將，實行變法。這些人，多數都是中小貴族或平民士人。魏文侯重用他們使他們掌握大權，打破了春秋時期權貴世家主導的政治結構，使得人才流動更加暢通。

　　這也標誌著，以強權尋求利益，成為比「維繫既有權益穩定」更加迫切的需求。魏文侯、李悝這一派的政治思路，被稱為「法家」。法家主張頒布周全嚴格的法律，要求上到權貴公卿，下到平民百姓全部都要嚴格遵守，違反者以嚴刑加以懲戒。借此，魏文侯把全國的人力、物力、財力最大程度的動員起來，對內富國強兵，對外保國爭霸。

　　顯然，魏文侯的法家治國，與楚簡王的道家治國，是截然不同的兩個極端。前者剛，後者柔，前者層層約束，後者順其自然。對普通民眾而言，當然是後者更加有利。然而在爭霸一途上，卻是前者更為實用。

　　楚簡王在位的二十多年裡，眼睜睜地看著魏國逐步擴張。魏國推行精耕細作原則，用平糴法平衡糧價，使得豐年農民有所收益，災年

不至於饑荒無助。李悝著《法經》六篇，魏文侯帶頭遵守，上到貴族官員，下到平民百姓，無人違背。魏文侯利用魏國處在中原的地理優勢，鼓勵四方貿易，獲利頗多。

在魏文侯和李悝的推動下，領土比楚國狹小得多的魏國，國力日益提升。魏文侯聯合韓國、趙國，形成「三晉合力」的局面，開始擴張。擴張的目標，是西邊的秦國。

西元前四一九年，魏國西渡黃河，在少梁（今陝西韓城西南）築城，與秦軍爆發了激烈的衝突。秦國也是春秋四大強國之一，當初曾與晉國交鋒數次。如今在變法後的魏軍面前，秦軍節節敗退。尤其是魏文侯任用了名將吳起之後，秦軍更是一敗塗地。西元前四一三年，吳起直撲秦國鄭地（在陝西華縣，非鄭國）。鄭地是渭河平原的咽喉，若被魏軍佔領，秦國將有滅國之虞。

面對魏軍咄咄逼人的陣勢，秦簡公大為驚怖，趕緊向楚國求援。

秦楚兩國，數代聯姻。楚簡王的曾祖母伯嬴，就是秦簡公的曾祖姑母，兩人算得上是遠房表兄弟。更別說在百年前的吳師入郢戰爭中，秦國出動五百輛兵車，幫助楚簡王的祖父楚昭王複國。此時秦國有難，楚國豈能坐視不管？

於是楚簡王派兵北上伐魏，攻打上洛（在今陝西省商洛市一帶）。東邊的齊宣公也參與了出兵伐魏。

楚簡王對於戰爭的嚴酷性可能估計不足。他或許認為，有楚國、齊國這兩路人馬牽制，魏軍就該知難而退了。春秋時代的許多戰爭，

不都是如此麼？位於中原的一個區區魏國，同時和三大強國交鋒，魏文侯有那麼大的膽子？

誰知道，法家統治下的魏國，算的根本不是這筆賬。法家的戰爭，是總體戰爭，權衡計較的是利弊得失。楚軍在南面的擾襲，對魏國來說根本就是隔靴搔癢。魏文侯對齊軍、楚軍的襲擊，只是聊作應付，而集中主力，繼續在西線與秦國決戰。魏國太子魏擊（即後來的魏武侯）率領大軍渡過黃河，佔領秦國重鎮繁龐（今陝西韓城東南），此後更與吳起配合，陸續攻占秦國臨晉（今陝西大荔東南）、王城（今陝西大荔）、元裡（今陝西澄城南）、洛陰（今陝西大荔西南）、合陽（今陝西合陽東南）、陰晉（今陝西華縣東）等城。數年之間，魏國完全吞併了秦國的「河西地區」，領土得到大幅度擴張。相反，秦國丟失東部大片領土，與中原的交通被魏國切斷，國力遭到嚴重削弱。秦國國內也陷入了恐慌。

秦國在領土遠小於自己的魏國面前，遭遇了比過去與晉國交鋒時還要嚴重的損失。

這一戰，用法家思想治國的魏文侯威震天下，把奉行道家治國、與民休養的楚簡王看得目瞪口呆。不知道是不是外界爭戰稱霸的環境變化讓他憂思過度，幾乎就在魏國盡取秦國河西之地的同時，楚簡王熊中於西元前四〇八年去世，其子熊當繼位。

站在「千秋留名」的角度，楚簡王熊中無疑是個失敗的君主。他不曾開疆拓土，沒有與強敵交戰的記錄，在史書上只留下寥寥的幾筆。非但比不上楚武王、楚文王、楚成王、楚莊王、楚共王等攻城掠

地、會盟諸侯的雄主，甚至連窮兵黷武、稱霸身死的楚靈王，亮相機會也比他要多許多。

即使站在楚國發展的立場上，楚國在戰國初期息兵休養，未必是個好的選擇。楚簡王奉行的舊有體制，讓楚國空有龐大的身量，卻無法進一步謀取利益，坐看魏文侯成為中原霸主，錯過了進一步擴張的時機。

然而，對於楚國的千百萬而言，數年的和平能免除征戰沙場的血淚，千里輸送的苦役，也是值得的。百年的爭戰格局，足以讓後世歷史學家研究，而民眾關心的，或許是眼前的安寧。在這一點上，楚簡王「無為之治」、與民休息，可以說是深得道家精髓了。

3. 聲王遇盜遭橫禍

公關前四〇八年，楚簡王熊中去世，他的兒子熊當繼位，史稱楚聲王。

如果說奉行道家治國、清靜無為的楚簡王，其歷史存在感很弱，那麼楚聲王的存在感，大約比他父親要稍微強那麼一點點。遺憾的是，這完全是負面的存在感。

為什麼呢？首先是熊當在位時間非常短，只有短短六七年。

楚國歷任君王，在位時間長短不一，長的可達四五十年，短的也有十餘年。那些在位時間稍短的，有的死於變亂，有的是被同族弒殺或逼死。

唯有楚聲王熊當，死得非常蹊蹺。史書記載「盜殺楚聲王」，也就是說，楚聲王是被盜賊所殺。除此之外，現存的史書中就再也沒有其他記錄。

至於具體的這盜賊是什麼來歷，有多少人，楚聲王是在什麼場合被殺，盜賊是深入宮中行刺，還是半途臨時起意，一概沒有記載。

先秦時代，社會治安當然比不上現代，也比不上唐宋以後封建制

度成熟時期，那時候確實存在一些很厲害的盜賊團夥。比如著名的盜蹠，據傳為魯國大夫展禽（柳下惠）的弟弟，是魯孝公之子姬展的後人。盜跖「從卒九千人，橫行天下，侵暴諸侯，穴室樞戶，驅人牛馬，取人婦女」，確實威風得很。

春秋戰國時期被盜賊殺掉的君主也不止楚聲王一個。比如前面提到的晉國的窩囊君主晉幽公，他就是因為貪淫好色，為了偷香竊玉，居然在夜裡偷偷跑出城和有夫之婦約會，結果在野外遇到盜賊，不幸被殺。

然而晉幽公當時早已是韓、趙、魏三家的傀儡。這種政治木偶，平日裡窮極無聊，只得靠酒色解悶，最終死於自己的荒唐，情有可原。

而堂堂楚聲王，當時依然是名副其實的江漢至尊，身邊必然不缺精兵猛將的護衛。當年伍子胥帶領吳軍攻入郢都，楚聲王的曾祖父楚昭王倉皇逃難，在雲夢澤遭遇盜賊，在左右忠臣的護衛下得以脫險。而楚聲王在位時期，楚國太平盛世，又沒有外敵入侵，哪來的盜賊這麼大膽，竟然把楚聲王都殺掉了呢？

因此，有人猜測所謂的「盜殺楚聲王」，其實是一起政治謀殺。而幕後的主使，可能是楚國那些手握大權，割據一方的封君。這是有一定道理的。

楚聲王繼位之初，恰逢魏文侯叱吒風雲，威震天下。對內，魏文侯成為三晉的領袖，並從趙國手中獲得了戰略位置十分重要的智地

（今山西省永濟市）。西元前四〇六年，魏軍在樂羊的率領下攻破中山國，解趙國之圍。同時，魏軍擊敗鄭國的盟友宋國，使韓國得以侵佔鄭國領土，魏國也趁機把勢力拓展到黃河南岸。西元前四〇五年，魏國更聯合韓國、趙國，與齊國開戰，斬殺齊軍三萬，迫使齊國權臣田和求和，魏國因此又獲得了大片土地。

在戰國之初，「三晉」擴張勢頭迅猛，魏國更是霸氣無雙。到西元前四〇三年，周威烈王正式冊封韓、趙、魏三家為諸侯國。這樣，實際已經獨立了數十年的「三晉」，在程式上也完全立國。

而可憐的晉國，至此徹底土崩瓦解，連名義上對河北、山西等大片領土的統治權都喪失了。昔日據地千里，雄兵數十萬的晉國，只剩下一個光杆晉君和微不足道的土地，且晉君的封地還被韓趙魏三家遷來遷去，又折騰了數十年，晉國終於徹底滅亡。

「三晉」的強勢，讓楚聲王及其父親楚簡王憂心忡忡。目睹晉國的下場，楚聲王意識到，再繼續以道家的思路治國，雖然能讓民眾得到休養，但恐怕很難在這血腥殘酷的環境中生存下來。要對抗「三晉」，楚國唯一的出路，是效仿「三晉」，變法圖強。

魏文侯之所以能夠快速崛起，與他採取的政策密不可分。魏文侯提拔重要官員，從來不看出身，只看能力。比如，變法的李悝，帶兵的吳起、樂羊、西門豹，都是平民出身，另一位大臣翟璜甚至是戎狄出身。為了讓這些平民英才能夠發揮才幹，魏文侯不可避免地對昔日獨霸大權的貴族階層進行了抑制。

魏文侯所支持的李悝變法，主要包括四個方面。在人事上，廢除分封制下的權貴世襲制度，根據能力選拔官吏，取消舊貴族的世襲俸祿。在經濟上，廢除傳統的井田制，鼓勵老百姓墾荒，允許土地私有買賣，同時丈量國境內所有土地，制定稅收政策，把土地從權貴的私有物變成國家持有的資源。在司法上，頒布《法經》，對於國家法令、政府職能、官員的升遷、獎懲，軍功的獎勵都進行了規定。在軍事上，建立「武卒」制，對軍隊的士兵進行考核，並根據士兵的優劣特長，重新編排隊伍。

　　魏文侯支持的變法，削弱了舊有權貴階層的權力。這樣的改革，自然會引起權貴的反抗。不過，魏國是一個新興的政權，三分晉室的過程，原本就在顛覆舊有的機制，魏文侯手下的權貴們，根基相對較淺，很多人進取心也較強。加上魏文侯本人的鐵腕手段，變法的推進較順利。

　　然而楚國卻不一樣。楚國立國已經數百年，即使從楚武王開始大規模擴張算起，也已經有三百年。在這數百年裡，楚國形成了一個勢力強大、盤根錯節的權貴階層，僅史書記載的封君就有數十人。他們佔據著自己封地，佔有封地上的全部人口、出產和其他資源，憑藉政治特權擔任高官，把握朝政，統率軍隊。父死子繼，兄終弟及。

　　雖然權貴們之間的爭鬥並不少，但站在整個階層利益的角度，誰要改變這舊有的一切，就是在動他們的蛋糕！

　　哪怕你是楚王，他們也要和你玩命！

因此，就在韓、趙、魏三家正式獲得諸侯身分後的第二年，即西元前四〇二年，楚聲王熊當遭到「盜賊」襲擊而斃命。這件撲朔迷離的血案，也許有著諸多不為人知的內幕。

楚聲王到底是一位有想法的改革家，還是一個胡作非為、得罪國人的昏君，史書上完全看不出來。但不管他是什麼，他的遇刺，昭示著楚國已經走到了歷史的岔路口。昔日縱橫江漢的強國，面臨著關鍵的選擇。

4.「三晉」南犯悼王驚

西元前四〇二年，楚聲王熊當被「盜賊」殺死，其子熊疑繼位，史稱楚悼王。

楚聲王在位時間短，熊疑登基的時候年齡應該不算太大。在他繼位之初，楚國的格局從表面上看還很平和。畢竟擁有廣闊的土地和數百萬人口，在過去數十年中，也較少捲入中原戰事。看起來，繼續保持著這種溫吞吞的國運，也沒什麼壞處。

然而，這只是楚悼王的一廂情願。

戰國與春秋最大的區別，就在於功利代替了禮儀。各國之間的戰爭，不再是爭取道義上的是非，或者名義上的盟主，而是實實在在的攻城略地，吞併土地。強者勝，弱者敗；勝者得地，敗者失地；勝者愈強，敗者愈弱。

最終，常勝者存，常敗者亡。

春秋時期打了敗仗，只要退回本土，或者認個錯，結個盟，大家就可以繼續做好朋友。這種模式的戰爭，一去不復回了。

楚國儘管家大業大，可是一下子被捲到殘酷的爭鬥中，有些不適

應。相反，早已在磨礪中發展壯大的魏文侯，一點也不會客氣。在楚簡王、楚聲王時代，魏文侯已經西敗秦，東敗齊，北平中山，整個黃河北岸，都被魏軍主宰。接下來魏國的目標，順理成章的就是楚國了。

過去，晉國和楚國曾經為爭奪中原八國的依附，拉鋸爭戰百年之久。如今，八國還剩宋、衛、鄭、魯四國。其餘國家的領土，大部分都被楚國佔領。

隔著滔滔黃河，魏文侯微笑不語。

不過，要攻打楚國，顯然不能冒進。魏文侯把跳板選在了鄭國。

鄭國，曾經是春秋初期的小霸王，後來又成為晉楚長期拉鋸中原的爭奪點。楚惠王崛起後，鄭國理所當然採取親近楚國的策略。然而「三晉」中最南端的韓國，則對臨近的鄭國虎視眈眈，數次入侵，並在西元前四二三年殺死了鄭國君主鄭幽公。

這時候鄭國還有點春秋強國的風骨，而楚國也對這個依附國進行了一定的增援。鄭國在鄭繻公的領導下，連連反擊韓國。

西元前四〇〇年，韓、鄭再度開仗。鄭國得到楚國支持，越戰越勇，包圍了韓國的重鎮陽翟。

然而，這正是魏文侯精心安排的圈套。

就在大家的目光都被中原西部的鄭、韓之戰吸引時，魏文侯率領魏、韓、趙三晉聯軍主力，渡過黃河，討伐楚國。

楚國部署在黃河南岸的軍隊，在三晉軍隊的打擊下，基本沒有還手之力。三晉聯軍一路打到乘丘（今山東省兗州西北），才收兵。楚國在山東西北部的領土，不少被魏軍佔領。

鄭國眼見三晉聯軍如此兇猛，連楚國都吃了虧，自然趕緊從陽翟退兵。

這一棒子把楚悼王打懵了。畢竟，從楚惠王後期算起，楚國已經有數十年不曾遭到強敵入侵。從來只有楚國偶爾出兵攻打他國，比如在秦國與魏國交戰的時候，跑到陝西南部聲援自家的姻親。

他做夢也想不到，區區一個魏國，竟敢打上門來。

而且楚國還吃了敗仗！

鬱悶之下，楚悼王憤然道：「好個魏侯，你要戰，便戰！」

然而，楚國此刻依然沿用春秋舊制，大片國土掌握在封君手中，常備軍的數量也有限。而三晉在首次伐楚中，調動的兵力遠遠超過楚悼王的預估。為此，楚悼王只能趕緊擴充軍隊，臨陣磨槍。

魏文侯借此機會，繼續向中原擴張。鄭國面對三晉的壓力，再也招架不住。鄭國丞相駟子陽改變陣營，親近三晉，背離楚國。

楚悼王看在眼裡，氣在心上。西元前三九八年，楚軍浩浩蕩蕩地北上，包圍了鄭國。畢竟楚國的威風還是很大的。鄭國人殺掉親晉背楚的丞相駟子陽，表示願意重新依附楚國。

楚悼王很滿意，他並沒有割占鄭國的土地，就這樣班師回朝。

然而三晉距離鄭國更近。楚國剛走，三晉的兵鋒又來了。

西元前三九六年，駟子陽的黨羽殺害親楚的鄭繻公，立鄭繻公的弟弟為君，即鄭康公。到西元前三九四年，韓國更是吞併了鄭國的重鎮負黍（在今河南省登封西南）。

楚悼王認為三晉太囂張！他在次年出兵，北伐韓國。楚國身大力不虧，而韓國是三晉中最弱小的一個。楚軍經過激戰，從韓國手中搶了負黍。

就在同時，魏文侯趁機伐鄭，奪取了不少地盤。鄭國遭到連續攻擊，已經毫無還手之力。

至此，楚國和三晉已經斷斷續續打了六七年。互有勝敗，勉強可以說不相上下。

然而這只是試探，背後醞釀著更大的風暴。

西元前三九一年，魏文侯再度率領三晉聯軍南下，與楚軍在大梁（今河南開封一帶）、榆關（今河南中牟一帶）展開大戰。

如果說九年前三晉伐楚，楚悼王措手不及，吃了個啞巴虧，那麼此次，楚悼王調集傾國之兵，北上迎戰，可謂是嚴陣以待，全力以赴。

他要讓三晉看看，到底誰才是諸侯之雄，誰才能稱霸天下！

戰爭結果，讓楚悼王大感意外。

在三晉軍隊的衝擊下，楚軍大敗虧輸，潰不成軍。更可怕的是，韓趙魏軍隊在取得戰場優勢後，並沒有像春秋慣例一樣點到為止，反而如同當年進入郢都的吳軍一樣，繼續追亡逐北，殺得楚軍一路丟盔棄甲、血流成河。

楚悼王教訓三晉的雄心，消散無餘。非但如此，眼看三晉軍得勢不讓人，揮兵南下，只怕整個楚國都要淪喪了！

危急關頭，楚悼王只好向秦國求救。二十餘年前，秦國被三晉打得兵敗時，楚簡王仗義出兵，增援秦國。如今眼看三晉囂張，秦惠公自然投桃報李，出兵攻打韓國的宜陽，牽制三晉軍隊的後方。這一招果然奏效。秦國一口氣攻占了韓國的六座城池，三晉怕秦國坐收漁利，於是停止南下攻楚，收兵自守本境。

西元前三九一年的這次晉楚大戰，楚國雖然依靠秦國的救援，避免了更大的損失，然而中原北部的土地喪失殆盡。相反，魏國趁機在中原地區大肆侵吞楚國的土地。魏軍佔領的大梁城，更是成為魏國後期的國都。

就在同一年（西元前 391 年），齊國的實際執政者田和，把齊國名義上的君主齊康公遷到了海島，只留下一個城池的供奉作為這位傀儡君主的開銷。周朝開國第一功臣姜子牙、春秋第一霸主齊桓公的後裔，就這樣遭到了流放的命運。

又過了兩年，即西元前三八九年，在濁澤（今山西運城）舉行了

一次諸侯會議。這次會議參與者並不多。山西屬於魏國勢力範圍，所以東道主是魏文侯。主要的參與者有齊國執政者田和，楚國作為大國也被邀請參加，另一個參與國是衛國。

會議的主題是：田和希望能夠成為真正意義上的諸侯。

魏文侯很痛快地答應了。畢竟，十多年前，魏國也是用類似方法成為諸侯國的。

隨後，魏文侯向周天子轉達了這個要求。站在分封禮法的角度，這是大逆不道，田氏在齊國幹出的犯上之事數不勝數，更別說兩年前還把齊國的君主轟到島上。

然而周天子既惹不起齊國田和，也惹不起魏文侯。於是，周天了同意了魏文侯和田和的請求。

田和被正式封為諸侯，史稱田齊。而被轟到海島上的齊康公，不但地位完全被取代，連僅剩的一個食邑也被收回。可憐的齊康公甚至淪落到自己在土坡上挖坑為灶的地步。沒過幾年，齊康公就在困窘中一命嗚呼。創立數百年的齊國，就此徹底易主。

史書並沒有記載楚悼王對田氏代齊的態度。楚國雖然參與了濁澤的會議，但其言論不明。只是，楚軍新敗，並沒有力量反對魏文侯，他也同樣不敢得罪執掌齊國的田氏，免得再樹強敵。

作為當初春秋爭霸的老對手，楚悼王對姬姓晉國、姜姓齊國這兩個老牌強國的下場，一定會唏噓不已。但此時他沒有時間傷春悲秋，

他必須面對一個更現實的問題。

面對魏國的咄咄進逼，楚國接連吃虧。歸根結底，是陳舊的制度，使得楚國強大的資源無法轉化為力量。

楚悼王深切地感受到，想要圖強，唯有變法。可是，怎樣變法呢？他需要得力的臣下。

數百年來，楚國的大權被高門貴族們瓜分，寒門儘管出了不少人才，但受制於門閥，難以出頭。因此，大批楚國中下層人才寧可背井離鄉，一展豪情。

門閥之中，當然也有不少傑出之士。然而他們既然身為貴族子弟，理所當然以維護本階層的權益為基本出發點。與他們商量變法，無異於與虎謀皮。

究竟依靠何人？楚悼王陷入迷惘。

西元前三八七年，楚國迎來了轉機。

這一年，北方霸主魏文侯去世。不久，魏文侯麾下的一名大將逃亡楚國。他就是吳起。接下來，他將給楚國帶來巨大的變化。

5. 才高德薄用吳起

吳起，衛國人。在歷史上，他是與孫武並稱的軍事家。有趣的是，吳起最初學習的是儒家思想，曾先後拜曾子和卜商為師。到楚國之後，吳起又是一位法家的改革家。這麼看，吳起兼具儒家、法家、兵家的思想。在先秦百家爭鳴的時代，「跨界」人才比比皆是，但能如吳起一般在兵家、法家兩道皆登峰造極的，則屈指可數。

然而吳起的個人品行，並不那麼高尚。他最初拜曾子為師，曾子和孔子一樣是魯國人，因此吳起也就在魯國做官。學習儒術的同時，吳起熟讀兵書，經常談論行軍打仗的戰術，與魯國的一幫「軍迷」也混得很熟。

後來齊國進攻魯國，魯君聽說吳起善於帶兵，想要用他當將軍。可是調查發現，吳起的妻子是齊國人。魯君心中猶疑，齊國是吳起的老丈人家，誰知道吳起會不會真心幫助魯國啊。

吳起也聽到這個流言。他二話不說，就把自己的妻子給殺了。這下，整個魯國都震驚了。魯國國君道：「好，好，吳起把自己的夫人都殺了，他一定不會私通齊國了。」

吳起踩著自己妻子的鮮血，成為魯國的將軍。他帶兵很有一套，

把魯軍訓練得人人勇悍，個個精銳。上陣之後，調兵遣將，打起齊軍無還手之力。沒多久，長期欺負魯國的齊軍，被吳起殺得落荒而逃。

吳起雖然打了勝仗，然而他殺妻求榮的行為，在有禮儀之邦稱號的魯國，引起了一些人的反感。有些人開始添油加醋地抨擊起吳起的私德。

他們編排說，吳起小時候不學好，到處求官碰壁，把原本富有千金的家產都敗光了。因為遭到老鄉們的嘲笑諷刺，吳起一怒之下，竟然殺了三十多個嘲諷他的老鄉，然後離開衛國出來闖蕩，拜曾子為師。

他們又說，吳起臨別前曾經發誓，如果不當上大官，絕不回衛國。所以在曾子門下時，吳起母親病故，他也沒有回衛國送葬。吳起的老師曾子因此把吳起趕出門下。至於為了當將軍，不惜殺害自己的妻子，這更是板上釘釘的鐵證。

最後他們對魯君說：吳起為人心眼多，又殘忍。他能殺自己的妻子，難道還會對魯國忠誠麼？再說，魯國是小國，就算任用吳起打了勝仗，也會成為其他大國針對的對象。魯國和衛國是兄弟之國，魯國用吳起，衛國也會不高興的。

這幫人所說之事，有的當然是無稽之談，但吳起的個人品行確實也頗有問題。最終魯君罷免了吳起。吳起也覺得自己有大才，如果放到小國中，是沒法充分發揮的。他轉而到了新興的霸主魏國，投奔魏文侯。

魏文侯問大臣李克：「吳起是怎樣的人啊？」李克回答：「吳起又貪婪又好色，個人品行不端。但是若論打仗的本領，這個人怕是比齊國名將司馬穰苴還要厲害！」魏文侯一聽大喜：「能打仗就好！」於是任命吳起為大將。

吳起到了魏國，果然如魚得水。他善於打仗，也善於帶兵。除了嚴格訓練士兵、強化軍紀外，還很懂得收買人心。吳起身為大將，和士兵們穿一樣的衣服，吃一樣的飯，睡覺不用席子，出行不坐車，和士兵同甘共苦。這種態度，讓士兵們感動不已。他們把吳起看作千年難有的好將軍，對吳起尊若神明，不僅令行禁止，而且打起仗來拼盡全力。

某次一個年輕士兵身上有個瘡化膿了，發出陣陣惡臭。吳起看見了，居然親自趴下去，為這個士兵吮吸膿瘡！這個士兵被主將如此對待，當即熱淚盈眶，泣不成聲。而士兵的母親聽說了，則號啕大哭說：「以前我家孩子他爹傷口化膿，吳將軍也是這麼給他吮吸的，於是我家孩子他爹上陣拼命衝鋒，最後死在戰場上。現在吳將軍又如此對待我的孩子，我怕我的孩子也死在戰場上！」

從今人的眼光看，吳起這種手法有些用力過猛，甚至到了「下作」的程度。然而換個角度，至少吳起能勘破階層的高低貴賤，對這些地位較低的士兵採取恩義籠絡而非一味地威壓的手段。這個境界，已經勝過很多舊貴族了。

這種手段也取得了顯著的效果。吳起在魏國二十餘年，基本所向披靡。最慘的是西邊的秦國，被吳起帶領的魏軍接連碾壓，潰不成

軍，整個河西地區全部淪喪。吳起擔任河西太守，改革軍制，訓練精兵，修築城池，為魏國的強盛立下了汗馬功勞。

西元前三八七年魏文侯去世，其子魏武侯繼位。最初，吳起依然受到重用，奉命在東邊攻打齊國，又一次大獲全勝。

然而吳起終究是一位雄心勃勃的軍政大家。將軍和太守的功績，他已經立過了，自然需要尋求進一步的提升。他希望能擔任魏國的相國，全面掌握大權。誰知魏武侯卻任用了田文（與後世的孟嘗君田文是兩個人）。

這下吳起不服氣了。他對田文說：「我想和你比比，誰的功勞大，怎麼樣？」田文說：「好啊，比比吧。」吳起說：「率領三軍，使得士兵們願意為國犧牲，敵國不敢圖謀入侵，我和你誰強？」田文道：「你強。」吳起又說：「管理百官，安撫人民，充實倉庫，我和你誰強？」田文說：「你強。」吳起又說：「鎮守河西要地，使得秦兵不敢進犯，韓國和趙國都心甘情願地依附，我和你誰強？」田文說：「你強。」吳起道：「對啊，既然這三件事你都不如我，那你憑什麼做相國呢？」

田文微微一笑：「你說的這些，都是具體的事務。可是現在，咱們的君主還很年輕，剛剛繼位，國內人心不定，大臣和老百姓都缺乏忠誠。這種情況下，要讓臣民們迅速建立對君主和朝廷的信心，這事應該交給你，還是交給我？」吳起聽到這個回答，沉默了好久，低聲道：「應該交給你。」田文點頭道：「這就是為什麼我能做相國的原因。」

現存的史書典籍對田文的記載很少，也沒說他具體採取了哪些措施，來增強臣民對君主的忠誠度。但吳起本人也承認田文的話有理。由此推測，田文應該是那種德高望重，能夠凝聚人心的標杆。

這從反面也說明了吳起的短板：儘管他在軍事上才華橫溢，但德行方面有所欠缺，氣量不夠大，不能很好地與各色人等打交道，缺乏大家氣場。他要大展宏圖，背後需要一位元強有力的支持者，幫助他擋住明槍暗箭，使他能夠放開手腳，實現想法。在魯國，他沒有這種支持者，於是一旦立功，反而遭到讒言陷害。在魏國，過去英明神武的魏文侯就是他的支持者。然而繼位的魏武侯，恐怕難以再給他同樣地支持了。

田文當丞相後不久就去世了，繼任的丞相是公叔痤。公叔痤也是一位能臣，頗有識人之明，然而卻把自身的權勢看得比國家大運更重要。對於功勞蓋世的吳起，公叔痤非常忌憚，一心要除掉吳起。他用了門客的計策，針對吳起貪好功名的弱點，設下了連環圈套。

他先對魏武侯說：「主公，吳起才高志大，而我們魏國的領土較小，又挨著強大的秦國，只怕廟小容不下大神，吳起會不甘心留在這裡啊。」魏武侯道：「不會吧，吳起先前跟著我父親魏文侯幹了二十年呢？」公叔痤道：「這樣吧，您可以試一試。過幾天把吳起招來，許配一個公主給他。如果他願意安心在咱們魏國，肯定會接受。若是他懷有二心，多半就要推辭了。」魏武侯同意了。

公叔痤見完魏武侯後，又邀請吳起去他家做客。公叔痤自己的妻子也是一位魏國公主。到了家中，公叔痤暗中吩咐妻子，故意對自己

聲色俱厲，就像對僕人一樣。而公叔痤則裝得跟個孫子一樣，點頭哈腰，畏畏縮縮。

果然，吳起看得目瞪口呆，心想這魏國駙馬真是不好當啊！過了兩天，魏武侯招吳起進宮，假意要把公主許配給吳起。吳起心頭立刻浮現出前兩天公叔痤的狼狽相。他本是個心高氣傲的人，心想我當初為了當魯國將軍，連自家的妻子都殺了。如今如果娶了公主，還不被欺凌致死啊。他趕緊謙遜推辭，表示自己地位低下，實在不配娶魏國公主。

魏武侯的臉色立刻變了，心想公叔痤說得果然沒錯，這吳起心懷異志，多半不肯為咱魏國忠心效力！吳起也不是傻瓜，一看主公變了臉色，心想大事不好，這下在魏國再也待不下去了。出了朝堂，他立刻打算更換門庭。

換到哪家呢？當時天下的強國，無非魏國、秦國、齊國、楚國、越國。魏國他剛剛離開，秦國、齊國，他都曾經與之打過仗，自己雙手沾滿了齊、秦士兵的鮮血。越國又太偏遠。這麼思來想去，只有楚國最合適。楚國國土面積最大，資源最豐富，同時制度陳舊，恰好是我大展宏圖的寶地！

西元前三八七年末，吳起來到楚國。

楚悼王久聞吳起的大名，對於他數次大敗秦軍，攻城掠地的軍功，還有在西河太守任上的政績都敬仰不已。看到吳起來了，楚悼王大喜：終於能找到一個人，幫我分擔這沉重的壓力，把大楚國拉出泥

潭！

　　君臣相逢，風雲際會。一場轟轟烈烈的變革開始了。

小貼士：吳起奔楚時間分歧

　　先秦的各種記載，在一些事情上有所分歧。據《史記》記載，吳起在魏武王七年（約西元前 381 年）還曾率領魏軍攻打齊國，之後才逃到楚國。而按《資治通鑑》，吳起在西元前三八七年就逃到了楚國。考慮到楚悼王和吳起都死於西元前三八一年，如果說吳起這一年才離魏至楚變法，時間上過於倉促。因此《資治通鑑》的記載較為合理。

6. 變法圖強揚楚旌

　　西元前三八七年，吳起到達楚國。楚悼王先任命他為宛地（今河南南陽地區）太守。宛地是楚國在春秋前期突破漢江之後奪取的北進根據地，北臨鄭、韓兩國，東接陳、蔡之地，算得上是楚國西北重鎮。從此事可見，楚悼王的用人也並非「一錘子買賣」。他先讓吳起擔任宛地太守，就是進行改革試點，看看吳起這位「大廚」，到了楚國，到底能不能做出豐盛的宴席？

　　結果，吳起的「試用期」交出了一份圓滿答卷。他在宛地，一邊組織建設，選拔能員幹吏，提高行政機構效率；一邊清查田畝賦稅，鼓勵開荒，訓練軍隊。宛地的經濟、軍事實力很快得到了提升，面目煥然一新。

　　楚悼王笑了：我沒有看錯，吳起確實是能夠改變楚國命運的人。

　　一年之後，也就是大約西元前三八六年末或三八五年初，楚悼王任命吳起擔任楚國的令尹（宰相），全面推行改革。

　　吳起得到楚悼王的信任，胸中豪情萬丈，氣沖霄漢。他放開手腳，開始了迅疾的改革。

在吳起看來，龐大的楚國，毛病非常多，必須從頭到腳好好清理整頓一番。

這其中，一部分是楚國本身存在的客觀缺陷。楚國的基本情況跟魏國正好相反。魏國土地狹小，人口密集，楚國地方太大，大片地區人煙稀薄，土地無法充分開發，資源得不到有效的利用。

而另一部分則是體制問題。魏國是新興國家，臣民本身積極性就很高，重在有效的管控，楚國則是老牌國家，暮氣沉沉，數百年積累的門閥權貴分散著國家力量，把持官爵權位，使國家政令難以暢達，下層人才無法上升。他們中的許多人，既不能站在國家高度看問題，也喪失了先輩的進取心和責任心，崇尚奢侈享受，大部分財富被這些封君的糜爛生活消耗。要想改變楚國大而弱的現狀，必須動用強力，剷除障礙。

吳起的改革，主要分為幾個方面。

首先，從政治上，明確法令，以法令來強化楚王和中央的權力。

楚國過去沿用西周禮法，刑不上大夫。如今吳起頒布更嚴厲的律法，大臣貴族也不能倖免，以此加強國家對貴族的約束。

其次，從國家結構上，削弱封君力量。

楚國早期曾在吞併的土地設縣，然而後來縣也變成了世襲封地，只向縣君負責，不直接聽楚王調遣。遍布楚國的數十位封君，各自佔有大片領土，不但阻斷了中央對這些土地和人口的直接利用，而且封

君貴族們憑藉這些力量，還對王權形成嚴重的挑戰和制約。所謂「上逼君而下虐民」，國家即使想實行大範圍的變革，這些封君們不配合，也就是空中樓閣。總不能改革光在國家直屬的那些地盤上進行吧？封君憑藉直屬領土，起兵造反的例子也比比皆是，失敗的有若敖氏、白公勝，成功的則有楚平王逼死楚靈王之亂等。而且，封君們一旦受封，只要不犯大錯，封地就能世世代代傳承下去；而對於新晉的功臣，楚王又必須另外劃出地盤分封。這樣一來，中央的地盤越來越小，封君的實力越來越強。當年一統天下的周王室，其實就這麼衰落的。

針對此，吳起改革封爵制度，規定對於立下大功的封君，他的封地和爵祿，都只能保持子孫三代，一代比一代降等。到了三代之後，就要把封地和爵祿都收回。這樣，封君們不能再憑藉世襲的領土分散國家力量，而國家直屬的資源也得到大幅度提升。

第三，從行政上，改革人事結構。

西周、春秋時，高官大都被貴族把持，出身中下層的平民很難找到進身之階，而且從俸祿上，貴族出身的官員的待遇也比中下層平民出身的官員要好得多。所謂經濟基礎決定上層建築，俸祿高低直接帶來了官員本身地位的不平等。同時楚國地大人多，多年來積累了不少冗官。

吳起裁汰了「不急之官」，提拔有真才實幹和工作經驗的人擔任要職，制定相對公平合理的俸祿制度，這樣精簡機構，提高效率，整頓吏治，也免除了貴族官員們「天然含著金鑰匙」的特權。同時，節

省下來的大筆俸祿，為國家的其他開支提供了支援。

第四，從經濟上，鼓勵生產，開墾荒地，制定合理的賦稅制度，增加國家收入。

第五，整頓軍隊。吳起既是法家，又是兵家。他深知，春秋時代的「文雅戰爭」已經成為歷史，戰國特色是弱肉強食，優勝劣汰。國家要立足，離不開一支新的強大軍隊。他將各方面「壓榨」出來的錢糧，投入到招募士兵之中。對招募來的士兵，吳起拿出自己作為軍事家的特長，以更有效的體制進行管理，嚴加訓練。很快，楚國擁有了一支煥然一新的軍隊。不但數量龐大，而且戰鬥力有了質的提升。

除此之外，吳起還採取了手段安排楚國的公室貴族：他把楚國那些與王室比較疏遠的公室貴族，分派到較為邊緣荒涼的地區，主要是今天的江西、湖南等處。這樣，一方面減少了這幫人與中央爭奪核心地區人口、資源的風險，另一方面還利用這幫人，加強了楚國對邊疆的控制，使這些邊緣地區得到了更好的發展，可謂一箭雙雕。

經過吳起變法，楚國的國力、軍力有了很大的提高。史書上對於這幾年楚軍的戰績沒有詳細的記載，只有一句概述：於是南平百越；北並陳蔡，卻三晉；西伐秦。諸侯患楚之強。

這裡的百越大致指的是中國長江流域以南及東南沿海地區。在楚悼王時，浙江、福建一帶的越國還比較強大，楚越兩國可能有交戰，但不會爆發大規模戰爭。楚悼王南平百越，應該主要就是指對湖南、江西南部等地的開發。這些地區處於楚國核心區域的南面，居住著彪

悍的部族。吳起訓練後的精銳楚軍，南下步步推進，擊敗這些部族自然沒有太大問題。而在軍事上獲勝後，再將倒楣的楚國公族支流「流放」過去進行南部大開發，穩定楚國在當地的統治。對於被逼著去的楚國公族，這事兒當然不太美好。然而從短期來看，此舉增強了楚國的影響力；從長遠來看，更把華夏文明進一步傳播到中國南部地區。

小貼士：湖南梅山楚墓

湖南中部的梅山地區已經發現的楚墓，戰國早期的只有四十多座，而楚悼王之後則達到二百多座，從中可見吳起變法確實對楚國江南地區的發展起到了直接推動。

北並陳蔡、卻三晉，是吳起變法最重要的軍事成就。在吳起變法之前，如日中天的三晉（主要是魏國）對楚國步步緊逼，短短十年間，兩次擊敗楚軍，將今山東西部、河南東部的廣大中原領土盡數佔領，使楚國陷入危機。而在吳起變法後，三晉對楚國的攻勢停止了。相反，楚國北上反攻，將三晉佔領的陳蔡地區（今河南東南部）重新奪回。楚國的反彈，還間接激化了三晉的內部矛盾，尤其是趙魏矛盾。在西元前三八二年至西元前三八一年，齊國、魏國合兵攻打趙國，趙國向楚悼王求救。楚悼王出兵北上，大破魏兵。趙軍乘機攻占魏國棘蒲（今山東省魏縣南）、黃城（今河南省內黃以西）等地。戰國初期氣勢洶洶的魏國，遭到了嚴重挫折，楚國則揚眉吐氣，一洗先前兩次敗於三晉的恥辱。同時，此戰使得原本連枝同氣的韓趙魏三晉完全分離，趙國此後長期與楚國保持友好。過去十餘年三晉對楚國的強大壓力隨之消散。

至於西伐秦國，史書未有正面記載，我們可以做出推測。就在吳起剛開始擔任令尹不久的西元前三八五年，秦國發生了一次政變。滯留魏國三十餘年的秦公子嬴連，在魏武侯支持下潛回秦國，殺死了年僅四歲的秦君嬴出子及其母后，奪取君位，史稱秦獻公。

從輩分上說，秦獻公嬴連是嬴出子的堂兄。當初嬴連的父親秦靈公去世，秦靈公的叔父，也就是嬴出子的祖父秦簡公趁機奪位，嬴連被迫出逃魏國。如今嬴連捲土重來，殺死堂弟和堂嬸娘奪位，在他看來也不過是拿回屬於自己的東西。秦國的文武官員和軍民，很多也支持秦獻公。

然而對楚悼王來說，秦國本是楚國的好兄弟、好親家，大家一起對付魏國。當初他祖父楚簡王曾經增援過被魏國打得無還手之力的秦簡公（沒錯，就是被他現在的令尹的吳起打得一蹶不振），幾年前楚國遭遇三晉大兵壓境時，又是秦簡公之子、出子之父秦惠公出兵攻打韓國，解了楚國的困難。兩家是鮮血凝成的友誼啊！如今嬴連，竟敢勾結魏國，殺害了秦簡公的孫子、秦惠公的兒子，楚國若不能為親戚報仇，豈能消氣！

因此，楚悼王派遣軍隊，西征秦國，也就不足為怪了。剛剛奪得君位的秦獻公，自然不是楚國對手，只能求和。秦軍只要守住關中險要之地，楚軍也不易強攻而入。加上秦獻公為了國內的人心，登基後並不採取親魏政策。這樣一來，楚悼王慢慢消了氣，也就停止了對秦國的施壓。

總之，在吳起的改革下，楚國部分掙脫了陳舊體制的桎梏，其龐

大的潛力得到發揮，再度成為天下最有力量的強國之一。這一切，既要歸功於吳起本人出色的軍政才略，也要歸功於楚國既有的基礎「體量」。同時，楚悼王對吳起的大力支持，也是不可或缺的。

7. 萬箭穿身殉君王

　　吳起西元前三八七年入楚，約西元前三八六年末或前三八五年初擔任令尹，短短數年之間，使得楚國聲威大震，可謂成效斐然。然而在斐然成效的背後，則是怨聲載道，暗流隱隱。上到權貴，下到黎民，都對吳起心懷不滿。

　　道理很簡單，吳起變法，改革了既有的機制。而既有機制存在多年，必有其原本的合理性所在。改革根本不可能做到面面俱到，總是有利有弊，有破有立。而在利弊中，長遠利弊、短期利弊、國家利弊、個人利弊，以及不同階層的利弊，又都各有不同。一般人不會站在所謂歷史高度去綜合評價，更關注的是自己眼前的得失。而對眼前的得失，又容易將所得看作「理所當然」，將所失看作「豈有此理」。因此，改革中利益受損者固然會氣急敗壞，改革中有得有失者也會偏重於失而輕忽於得。甚至改革中的受益群體，也可能嫌棄受益的代價太大，或者受益不能滿足期望值，從而怒氣衝天。

　　具體到楚國的局勢，權貴階層對吳起的不滿，完全可以理解。吳起改革，動的就是他們的乳酪，取消他們的特權，削弱他們的力量。他們對吳起的仇恨，是所謂「階級仇恨」，不共戴天。更別說那些被直接剝奪了封地，甚至被發配到邊緣地區拓荒的公族，恨不得生吃吳

起的肉。

而下層軍民呢，也並不買吳起的好。吳起全面改革，走的是嚴刑峻法、富國強兵的路子。相對於過去楚國奉行的儒道相容、較為鬆散的管理狀態而言，普通下層民眾看不到什麼立竿見影的好處，反而會立刻感到「法律太嚴厲了」「徵兵更多了，訓練好辛苦啊」「過去偷偷開墾的自留地，現在都要交稅了」這些實實在在的損失。他們並不理解吳起的改革，到底要折騰出什麼結果？

真正在改革中得到好處的，一是楚國這個國家，是以楚王室為代表的這個政治實體，它因為吳起改革而大幅度提升了在戰國時的競爭力。雖則這實際上也讓楚國的貴族、官員、民眾都得到了好處，可這種好處卻並不是那麼直接的。

另一群受益者，是吳起改革後得到重用的那部分出身中下層的官員，他們獲得了職位和權力，實現了人生價值。但這部分人，顯然在楚國是少數。

因此很自然的，吳起被推到了千夫所指的風口上。

《說苑》記載，吳起最初被楚悼王任命為宛地太守時，經過息地，拜訪了楚國公室的大臣屈宜臼。吳起向屈宜臼請教治國的建議，屈宜臼卻一言不發。一年後，吳起被任命為令尹，再次經過息地，拜訪屈宜臼道：「當初我請教先生，您不肯教導我。現在大王讓我擔任令尹，您能指點我麼？」屈宜臼問：「您打算怎麼做？」吳起回答：「我準備讓楚國官員的爵位和俸祿更加公平，削弱那些太多的，彌補

那些不足的，然後精練軍隊，等待時機爭霸天下。」

屈宜臼搖頭道：「我聽說善於治理國家的人，不會改變舊有傳統和慣例。你要改變楚國官員的爵祿，損有餘以補不足，這就是在變更傳統。至於軍隊本是兇器，爭霸也是不道德的事，你想擴張軍隊去爭霸，這是違背道義的，一定不會有好下場。當初你在魯國帶兵，不應該打贏齊國，你卻打贏了，給魯國惹來後患；後來在魏國帶兵，不應該打贏秦國，你也打贏了，給魏國帶來後患，簡直就是個禍害。」

從這段對話可以看出，屈宜臼站在儒家、道家的政治立場，對吳起的變法是堅決反對的，而且把楚悼王謀求變革強國，也視為逆天之舉。屈宜臼在楚國公室中，還算是比較平和修德之輩，他都這樣看，那麼吳起承受的壓力，可想而知。

對這些，吳起當然不會不明白。在魯國，在魏國，他兩次被迫流亡，這經歷已經足以教會他人心的可畏。

然而吳起一往無前。他追求的，不只是個人榮華富貴，而是發揮才能，建功立業，打造出一個強盛的楚國。人生百年，誰無一死？大丈夫要死，就死得轟轟烈烈，而非庸庸碌碌！

楚悼王也全力地支持吳起，他對於屈宜臼等人的觀點嗤之以鼻。儒道之術不是不好，然而現在戰國爭雄，血沃中原。再抱殘守缺，追求那種恬淡和自然，只能等著被別人吞併！

只有站在一個君王的高度上，並經歷了祖父與父親時代的艱辛，他才理解楚國的痼疾已經到了何等嚴重的程度，他才願意拿出王者的

全部力量，明吳起掃清障礙，推行變法。

正是在這一君一臣的通力合作下，吳起變法才能取得如此顯著的進展。

然而，天不假人壽。西元前三八一年，就在楚軍大破魏軍之際，楚悼王熊疑得病而亡。

楚悼王在位二十餘年，初期承受了三晉崛起的壓力，後期果斷任用吳起變法。雖然他本人的形象，大半籠罩在吳起的陰影之下，然而對於楚國扭轉戰國前期的頹勢，楚悼王功莫大焉。

隨著楚悼王之死，吳起失去了最重要的支持者。

此時楚國朝野，大批權貴對吳起虎視眈眈。他們中，倒也不全是純粹因私人權益受損而產生報復之念。還有一部分權貴，真心認為吳起是禍國殃民的奸臣，蠱惑君王，改變祖宗之法，倒行逆施，大家理應為國除奸！

吳起深知局勢險惡，自己隨時有生命危險。然而他不打算逃亡國外。姑且不論能否逃走，單說他這一走，等於坐實了畏罪潛逃的口實，那些仇視改革的貴族，便可趁機得勢。如此一來，自己畢生心血，數年辛苦所奠定的楚國改革，也就化為泡影。

此時吳起年紀已然不輕。若是拋棄楚國的事業，到哪裡再尋找一塊土地，實現個人理想呢？

於是，他決定用生命來捍衛自己的理念。

打定主意後，吳起進入楚國王宮。

楚國貴族們得到消息，召集了大批家兵衛隊，蜂擁而出，殺奔王宮。

吳起聽到喧嘩聲和兵器碰撞聲，冷冷一笑，拔腿就走。後面，楚國貴族帶領家兵衛隊，喊著追趕。

片刻，吳起跑到了停放楚悼王遺體的地方。他的最後一任主公靜靜地臥在榻上，已然冰冷。

吳起眼角有些濕潤。大王，這就是我們共同的事業。我會守護它到最後的。

他轉過身來，厲聲喝道：「賊子，大王剛死，你們就敢造反麼？」

吳起畢竟統率過千軍萬馬，凜凜之威，讓楚國貴族們膽戰心驚。他們趕緊下令：「放箭，射死這個奸臣！」

伴隨著颼颼的風聲，亂箭雨點一樣射來，吳起頓時成了「刺蝟」，身上插滿了射來的亂箭。他流血的嘴角卻露出了一絲冷笑，忍住痛朝貴族們大叫：「今天叫你們見識下我吳起的計謀吧！」

說完，就倒在楚悼王的遺體旁斷氣了。

推行變法，促進楚國強盛的一君一臣，就此同奔黃泉。

吳起在楚悼王靈堂前的一番舉動，確實是他精心安排的計策。按

照楚國法律，用兵器損壞國君遺體的人，都要處以「誅滅三族」的重刑。貴族們為了殺吳起，不慎傷到了楚悼王的遺體，於是在楚悼王之子楚肅王繼位後，他們被全部抓起來滿門抄斬。

還有一說，楚國貴族們射殺吳起時，非常注意分寸，並沒有直接傷到楚悼王的遺體。但吳起在中箭之後，忍痛拔出自己身上的幾支箭，插到了楚悼王的遺體上。這樣一來，那些貴族們只好為這不白之冤付出血的代價。

總之，吳起臨終安排，用自己的生命為代價，誅滅了反對變法的大批楚國貴族。既有直接參與射殺吳起的貴族，也有被他們牽連到的同黨，一共有七十多家慘遭滅族。那位曾當面教訓吳起的屈宜臼，倒是不在其中。史書還記載了他在以後歲月中的一些言論。

8. 變法得失說秦楚

對吳起變法的評價，過去的主流觀點是「遭到了貴族的反攻倒算，因此失敗了」，認為楚國的改革從此半途而廢。

同時，吳起變法還經常和秦國在幾十年後的商鞅變法比較，認為兩者一個失敗，一個成功，所以百年後秦國吞併楚國，統一天下。

> **小貼士：吳起和商鞅**
>
> 商鞅和吳起一樣，都是衛國人。吳起從魏國逃到楚國，商鞅也從魏國逃到秦國。吳起從魏國逃亡，是受到當時剛剛掌權的公叔痤陷害；而商鞅在魏國，長期在公叔痤的門下，公叔痤深知其才能，卻為了自身的權位，遲遲不舉薦商鞅，直到重病臨終前才向魏王推薦商鞅，並告之魏王商鞅才華絕倫，如果不能重用，就應該除掉，免得危害魏國。結果魏君看不起商鞅，認為公叔痤是臨終的胡言亂語，商鞅這才得以逃脫。可見，公叔痤本身把個人地位放在國家利益之上，打擊、雪藏人才，是造成魏國衰敗的重要原因之一。

其實，把吳起變法簡單定義為「失敗」稍顯粗暴。吳起雖然死

了，但他以自己的死，換來了七十多家貴族的覆滅，可謂成功。楚悼王和吳起死後，繼位的楚肅王誅殺了大批貴族，也不會完全推翻吳起已有的變法成績。這其中，固然少不了一些倒退和妥協，但改革的成果，至少部分保留下來了。楚國的國力，確實得到了大幅度的提升。

司馬遷評價說，吳起能夠告訴魏武侯「形勢不如德行」的道理，自己在楚國的變法卻是刻薄少恩，所以自取滅亡。現代也有人認為，吳起變法的手段過於粗暴，威嚴有餘而恩惠不足，既得罪了楚國貴族，也沒能得到民眾支持。

這種評價當然有其道理，但我們同時必須看到，面對楚國勢力龐大的貴族群體，要想短期內獲得成效，採取鐵腕手段本身就是必要的。吳起變法得以推行的真正憑仗是楚悼王，只要楚悼王在，他根本不用懷柔手段；而楚悼王如果去世，他即使懷柔也無濟於事。吳起是一位兵家，大開大合，以目標為導向本來就是兵家的特色。今人即使站在事後諸葛亮的角度，也沒法量身定做一套更合理的改革方案。

楚國吳起變法不如秦國商鞅變法徹底，除了商鞅變法本身時間靠後，能夠部分吸取吳起變法經驗教訓之外，一個很重要的原因是變法的週期長短。商鞅得到了秦孝公的全力支持，正如吳起得到楚悼王的全力支持一樣。區別在於，商鞅在西元前三五九年開始變法，秦孝公到西元前三三八年才去世，給了商鞅整整二十一年時間。這一代人的時間，不但足夠形成完善的法規制度、培養社會遵規守法的習慣，而且足以彰顯變法的各項成就，並把成就轉換成各階層官民看得見的收益。秦國民眾最初對商鞅的新法怨聲載道，逐漸習慣後，反過來稱頌

新法的便利。而吳起在西元前三八七年入楚，前三八五年左右開始全面變法，到前三八一年楚悼王就去世，這中間只有五六年時間，實在太短了，吳起還來不及完善制度、轉變人心。如果再多給楚悼王十年二十年的壽命，吳起變法或許還能得到更好的結果。

此外，這和秦國、楚國兩地的風情民俗也有關係。秦和楚在最初，都是不容於中原諸侯圈子的「蠻夷」。然而楚國從春秋中期楚莊王開始，已然逐漸華夏化，到春秋末期甚至成為僅存的捍衛西周禮法的諸侯標杆。楚國地域廣大，水土豐茂，物產豐富，人民生活安樂。數百年間，除了吳師入郢之外，楚國大部分地區未曾被戰亂波及。長期的安寧，孕育出楚國相對寬鬆悠閒的氣氛和儒道並舉的政治文化傳統。這種情況下，吳起的法家政治，理所當然會遭到楚國權貴與民眾的一致抵制。

相反，秦國位於西北，土地較為貧瘠，西部、北部的戎人不時入侵，東邊的晉國常年威逼，可以說秦人數百年來始終都處在枕戈待旦的危機之中。戰國初年又被魏國壓得喘不過氣來，這種情況下，秦國無論是權貴還是軍民，風險意識都相當強。對於商鞅的法家制度，在一開始雖然抵制反對，一旦嘗到「變法增強力量」的甜頭，逐漸就會理解國家這樣做的好處。所以，商鞅雖然依舊成為大家仇恨的對象，但商鞅的新法，卻慢慢被接受了。這就是秦國變法能夠更徹底、更完備的原因。

另一方面，如果站在文明發展的更高角度來看，也不能說楚國變法就完全比秦國變法差。商鞅變法確實通過嚴刑峻法，把整個大秦打

造成了一台耕戰機器，使得秦國軍力突飛猛進，為一個世紀後秦掃蕩六國，一統天下奠定了基礎。然而這種「軍國主義」特色濃厚的打造，也使得秦國在原本的剛健勇猛之外缺少彈性，缺乏包容。所以，秦國在掃平六國之後，並不能獲得六國的人心。秦始皇以「焚書坑儒」作為強行消除反抗的手段，反而致使他死後天下烽煙不絕，義軍四起，統一的秦王朝迅速走向滅亡。

反觀楚國，楚國吳起變法中的種種反復，以及變法的不徹底性，既可以說是阻礙了楚國全面提升國力，使楚國無法取得爭霸的勝利，同時也為楚國保留了多種類型的文化元素。畢竟，西周到春秋的分封貴族制度，在政治上阻礙進步的同時，也有其璀璨的文化價值與魅力。楚地已有的道家和儒家文化，在降低法家效率的同時，也稀釋了法家固有的尖銳和冷酷。在秦朝之後的兩漢，「內儒外法」逐漸成為理想化的政治模式，道家的「無為之治」也多次被奉為休養生息至理。

多元化、包容性的文明，才具有更強的生命力，儘管它未必能在鐵血的角逐中取得勝利。從歷史的長遠發展來看，儒法道三家融合的風格，比單純法家的一味剛猛，更具有可持續發展性。

中國歷史上偉大的改革家，多數難以善終。商鞅變法促成了秦國最終統一，商鞅本人卻在此前百年就作法自斃，慘遭車裂。此後宋朝的王安石眾叛親離，被後世貶為亂國之臣，張居正在死後被褫奪封爵，抄沒家產，許多子孫被逼死。

身為撼動乾坤的變革者，歷史的弄潮兒，他們既然選擇了這條

路，自當有「雖千萬人吾往矣」的勇氣與百折不回的執著。無論生前甘苦，還是身後榮辱，都不再是他們關注的第一目標。吳起生前能輔佐楚悼王，變法數年，減除楚國諸多弊政，死後還能以自己的生命作餌抄斬七十多家貴族，既報自身的血仇，更為新法的繼續履行掃清障礙，想必也能含笑九泉。

三

楚風大振，三分天下有其一

1. 承前啟後楚肅王

西元前三八一年，楚悼王熊疑去世，其子熊臧繼位，史稱楚肅王。

這位楚肅王，也是歷史存在感比較弱的一位楚王。他最著名的事蹟，是在登基之後，命令自己的令尹，把那些在他父親葬禮上參與圍攻吳起、射中父親屍體的大貴族全部抓起來滿門抄斬，一共滅了七十多家。而這件事，史書中也主要歸功於吳起的神機妙算。楚肅王似乎只是和他父親的屍體一樣，做了吳起的復仇工具而已。

然而真實情況並沒有那麼簡單。從主觀方面來說，楚肅王誅滅這些貴族的目的，並非僅僅是「懲罰損傷先王屍體的罪犯」，否則絕不至於滅絕七十多家；從客觀方面來說，這次大規模抄家滅門，最大的意義也並非「為吳起報仇」。

新君登基後的這次行動，其實是楚國「改革派」和「守舊派」的鬥爭。楚悼王在位時，因為悼王全力支持吳起改革，這種鬥爭限於朝廷上的合法爭論；而在悼王死後，楚肅王的政治立場，無疑是和他父親以及吳起保持一致的。這從他在吳起死後，新任命一位令尹，並由這位令尹來殲滅貴族門閥，即可見一斑。

守舊一派率先動用了赤裸裸的暴力，被新上臺的楚肅王還以顏色。於是這一個回合，又是改革派贏了。

楚肅王這次屠殺的意義非常之大，它實際上宣告了楚國不會完全倒退回西周分封制度中去。吳起變法的成果即使遭到一些扭曲和妥協，但還是得到了一部分保留。

當然，如此大規模的暴力鬥爭，也沒法輕易分出勝負，七十多家貴族，還有其同盟軍和支持者，絕不會束手待斃。這其中，必然充滿了權謀和武力的對抗、掙扎。

據記載，戰國時期組織性最強的墨家也參加了楚國的內部鬥爭，而且站在守舊派一邊。這確實有點諷刺，先秦諸子百家中最親民、走底層路線最徹底的墨家，居然反對變法，維護腐朽落後的分封制度。這實在因為在主張「兼愛非攻」的墨家看來，主張強兵爭雄的法家，是比儒家更危險的狂人。

小貼士：孟勝死義

楚悼王時，墨家的第三任鉅子孟勝（前兩任分別是墨翟和禽滑釐）正在楚國，他是楚國貴族陽城君（也有人說就是前面提到的魯陽文君）的好友。楚悼王死時，陽城君離開封地去郢城殺吳起，臨走前請孟勝代替他主管封地，並當面分開一塊玉符，約定王符符合了才交接。殺了吳起之後，陽城君和其他貴族一樣，遭到楚肅王的通緝。他比較機靈，逃跑出國了。

楚肅王派軍隊來收回陽城君的封地。孟勝說道：「陽城君臨走時託付我照管封地，約定見了玉符才交割，現在楚王的人並沒有玉符，我不能讓他們奪走封地，寧可拼死也要擋住他們。」孟勝的弟子徐弱說：「您這樣一死，對陽城君沒有任何好處，反而還讓咱們墨家有被滅的風險，不太好吧。」孟勝說：「你錯了。我和陽城君，亦師亦友，同時又有君臣之義。如果我貪生怕死，失去信義，那世人也不會把墨家作為明師義友和忠臣了。我之所以要拼死，正是為了恪守墨家的道義，從而發揚墨家的事業。我會把鉅子的職位讓給田襄子，他也是個賢人，有他在，何愁墨家事業呢？」

徐弱聽了道：「既然這樣，我願為老師先死。」於是徐弱當先，孟勝隨後，一起為保衛陽城君的封地，跟楚肅王的軍隊拼命，最終戰死，墨家子弟共有一八三人隨之而死。另外有兩個人被孟勝派出國面見田襄子，把鉅子的職位傳給田襄子。那兩人傳到信之後，就準備回楚國。田襄子趕緊道：「現在我是鉅子了，我命令你們不許死！」但這兩個墨家弟子還是堅持回去拼死。

楚國貴族圍攻吳起，以及楚肅王剿滅反對變法的貴族，雖然沒有大規模內戰的記載，但對楚國的政局，依舊傷筋動骨。同時，戰國時代的紛爭也開始愈演愈烈。就在楚悼王繼位的次年即西元前三八〇年，一場大規模的戰爭，竟然把戰國七雄全部牽扯進來。

戰爭是秦國和魏國發動的。魏文侯時代，曾率韓、趙、魏三國數

次圍攻秦國。但後來秦獻公在魏武侯支持下奪位，秦魏結成聯盟，最後決定選擇韓國作為攻擊目標。韓國向齊國求救，而齊國只是口稱會出兵支援，實際上按兵不動。韓國被秦國、魏國打得無力還擊，只好又向楚國、趙國求救。楚魏本是宿敵，趙魏又是新仇，而秦獻公殺害秦惠公之子，勾結魏國，也被楚國看作叛徒。因此楚國、趙國出兵增援韓國。五國展開了一場混戰。

這時候，齊國自以為得計，趁五國打得不可開交之際，北上襲擊燕國。至此，戰國七雄全部捲入。然而齊國這種赤裸裸的漁利企圖被大家看穿，讓五國都非常憤怒。他們停下戰爭，韓、趙、魏三國反而組成臨時的聯軍，一起攻打出爾反爾的齊國。這麼稀裡糊塗打下去，最後誰也沒有占到大便宜，於是雙方草草休兵。

此次大戰之後，楚肅王安心整頓國內，暫時不再參合諸侯混戰。然而你不去打別人，別人要來打你。西元前三七七年，成都平原的蜀國強大起來，聯合巴人一起東進，佔領楚國的茲方（在今湖北松滋，一說湖北房縣），逼得楚肅王修築城關來防備蜀軍的進一步入侵。西元前三七一年，魏武侯更是率軍南下，奪取楚國的重鎮魯陽（今河南魯山縣）。

同時，中原的兼併也愈演愈烈，老牌諸侯們個個難逃敗局。西元前三七九年，已喪失地位的齊康公死，姜姓齊國徹底滅亡；西元前三七六年，韓、趙、魏三家把晉靖公廢為「家人」，其最後的一點領土全部被瓜分，姬姓的晉國徹底滅亡；西元前三七五年，韓國攻滅鄭國，鄭國在春秋時代被晉國、楚國兩個超級大國攻打了近百次，不曾

滅亡，如今卻被戰國七雄中最弱小的韓國吞併，而春秋時代的「中原八國」也僅剩下衛國、宋國、魯國。

就在形勢一團混亂之中，楚肅王走完了自己短暫的人生。西元前三七〇年，楚肅王熊疑去世，他在位僅十年。由於沒有兒子，他的弟弟熊良夫繼位。

楚肅王的父親楚悼王任用吳起變法，在數年中大幅度提升了楚國的國力；但楚悼王死後，守舊貴族集團對吳起的反攻倒算，以及之後楚肅王對守舊集團的圍剿，這兩次大規模內鬥，不可避免給楚國帶來了短暫的創傷。

楚肅王在史書上的記載平淡無奇，然而他在父親去世後短時間內的果斷殺伐，保證了楚國改革成果不至於完全被摧毀。此後楚肅王在位十餘年，他的退守，更多是在清除內患，部分保留改革的成果。楚肅王的歷史使命，就是恢復創傷，休養生息。

從後面的歷史發展趨勢看，楚肅王的統治，使得新舊兩種體制在楚國實現了某種程度的妥協和融合。一方面，貴族政治依舊存在，封君權益依然龐大；但另一方面，楚國的國力確實增強了，人才流動較之過去有所改進，軍隊的戰鬥力也有所增強，國內上到君臣，下到軍民，對法令也更加尊重。

如果將戰國時的楚國比作一棵樹，那麼楚悼王和吳起培植出了新苗，楚肅王則為這新苗遮風擋雨，呵護其成長。平淡背後，是實力的積累。

2. 三強聯手破魏國

西元前三七〇年，楚肅王熊疑去世，其弟熊良夫繼位，史稱楚宣王。

楚宣王即位之初，戰國七雄中，南楚、東齊、西秦、中魏並列四強，北方的燕、趙和中原的韓國相對較弱。除了這七雄，在北方還有中山國，在東南有越國，在西南有巴國、蜀國，中原八國中則剩下宋國、魯國、衛國。這些國家之外，淮水、泗水流域還有十多個小國。另外洛陽周圍的一二百里土地，原先是周天子的王畿，可是早在西元前四四〇年左右，周朝這最後的直屬領土被周考王封給了自己的弟弟，建立所謂的「周公國」。換句話說，周天子現在已經連一丁點土地都沒有了，只能寄住在周公國的領土上。這就是天下大致的局勢。

一開始，楚宣王繼續實行哥哥楚肅王的政策，對內休養生息，對外靜觀其變，不參與諸侯爭霸。這種「龜縮」戰略，楚宣王一執行就是十多年。

但楚宣王並非一直「龜縮」，他放棄與中原各國的征戰，轉而在西邊逐漸擴張。西邊的老鄰居巴國、蜀國，當初在楚肅王時期一度入侵楚國。一旦楚國全力以赴，巴國、蜀國哪裡抵擋得住？宣王在位不

到十年，楚軍步步西進，佔領了今天的漢中（陝西省南部）、黔中（重慶東南部、貴州北部）、巴（重慶北部、四川東北部）等地。曾經在西部稱雄的巴國，就此一蹶不振。

十多年裡，戰國局勢繼續風起雲湧，整體來看，對楚國還是利好居多。

首先是楚國近數十年的強有力的對手魏國，在西元前三七一年魏武侯死後，發生諸公子爭位的內亂，魏國差點被韓、趙兩國瓜分。敵人的壞消息就是我們的好消息，對楚國而言，這減少了來自北面的直接威脅。

第二個好消息是，秦國和魏國反目成仇。當初，秦獻公在魏武侯的支持下回國，發動政變奪權，秦魏一家親，使得楚國頓感壓力巨大。可是秦魏兩個國家終究是有血海深仇的，秦獻公並不甘心受制於魏國，看到魏國內亂，他也就另打了主意。西元前三六六年，秦國在洛陽擊敗韓國、魏國聯軍；西元前三六四年，在石門擊敗韓、趙、魏聯軍；西元前三六二年，更在少梁擊敗魏軍，俘虜了魏國丞相公孫痤。這三仗打下來，不但魏國實力進一步受到重創，而且敵人的敵人就是朋友，秦國和楚國再度有了和好的可能性。就在秦魏少梁之戰的五年後，也就是西元前三五七年，楚宣王派大臣前往秦國，為自己的兒子熊商（也就是後來的楚威王）迎娶秦國公主。這標志著秦楚兩國世代聯姻的同盟關係再度確立。

另一方面，東邊的齊威王倒是一副勵精圖治的架勢，齊國力量增長很快。這一段時間，齊、楚兩國基本還是和睦的。齊國的強大，至

少在短期無害於楚國，甚至還可以幫助楚國牽制魏國。

西邊的秦孝公則在晚些時候開始任用商鞅進行變法，變法的不少措施與楚國的吳起變法相似。這也談不上對楚國造成威脅。雖然在數十年後，秦楚兩家反目。

僅就《資治通鑑》的記載，從西元前三六九年到西元前三五五年，即楚宣王登基之後的前十五年裡，戰國七雄之間就發生了九次大規模戰爭，其中魏國參戰七次，韓國五次，趙國四次，齊國二次，秦國四次。甚至周天子也不能倖免。在西元前三六七年，韓國和趙國策劃了周公國的一次內部衝突，導致本身就是彈丸之地的周公國，又進一步分裂成西周、東周兩個小公國。

唯有北邊的燕國和南邊的楚國，沒有參加一次戰爭。作為地方偏僻而又弱小的燕國，這種保守毫不奇怪。而實力強大的楚國能如此沉得住氣，楚宣王的隱忍之心，也堪稱一流。

十五年的和平，使楚國完全撫平了內部爭鬥帶來的創傷，國力進一步增強，軍隊養精蓄銳。楚宣王並不是一味地閉關自守。他只是在等待著好的時機。

很快，時機來了。

楚國的老對手魏國，這些年由魏惠王統治。魏惠王繼續著祖父魏文侯、父親魏武侯的作風，四處作戰。可惜，此刻的魏國早已不復戰國初年之勇。根據《資治通鑑》記載，十五年中戰國七雄的九次戰爭，魏國參加了七次，對手包括秦國、齊國、韓國、趙國和宋國，其

中五戰吃了敗仗。換句話說，當初威風八面的魏國，現在不但敗多勝少，而且幾乎把周邊的國家都得罪了。然而魏惠王並不反省。他新近得了一員大將，據說兵法天下無敵。魏惠王決心憑藉這員當世名將，繼續攻城掠地，實現那漸行漸遠的霸主之夢。

這員名將大家都比較熟悉，叫龐涓。

西元前三五四年，魏惠王命龐涓率領大軍伐趙，包圍了趙國國都邯鄲。趙國君主趙成侯慌忙向楚國求救。

楚國自從西元前三八〇年參與救援韓國以後，已經二十多年未曾出境作戰。這一次，打還是不打？楚宣王召集群臣商議。

楚國令尹昭奚恤說：「我看，咱們還是繼續堅持自保原則，沒必要救援趙國，讓魏國和趙國拼吧。咱們回絕趙國，讓魏國也知道楚國不會參與，這樣他們兩家就只能兩敗俱傷了。」

大司馬景舍（字子發）道：「令尹大人錯了。魏國實力遠在趙國之上，現在之所以還沒打敗趙國，就是擔心我們楚國插手。要是咱們明說不救趙國，那趙國哪裡還能擋住魏軍，而且真等魏國把趙國打得快滅了，趙國看咱楚國見死不救，說不定一怒之下投降魏國，和魏國聯合來進攻咱楚國，那不是反而引火焚身麼？」

楚宣王問：「那你說怎麼好呢？」

景舍道：「最好的辦法，是大王您大張旗鼓宣佈救趙，卻只派出少數部隊襲擾魏國邊境。這樣，趙國聽說有援軍，就會信心十足地堅

守，而魏國看我們出兵少，也會放心大膽調集重兵攻趙。等到魏國真把趙國打得狠了，我們再聯合齊國、秦國一起出動，您說魏國能擋得住麼？」

楚宣王大喜：「妙計，既然如此，那就你來辦吧。」於是楚宣王派景舍帶領少數軍隊，北上救趙。

此後事態的進展，完全和景舍預料的一樣。趙成侯自恃有楚國救援，拼命堅守；魏惠王和龐涓認為楚國只是虛張聲勢，於是源源不斷從國內調集重兵，圍攻趙國。趙成侯看楚國救兵雷聲大雨點小，又向秦國求救。可秦孝公和商鞅也權衡利弊，只派出部隊，趁機攻打魏國西境，佔領了少梁城（今陝西韓城南）。此舉讓秦國得利，讓魏國受害，但對於趙魏戰爭的核心邯鄲，卻沒有多大影響，龐涓反而更加瘋狂地猛攻趙國。

到西元前三五三年初，龐涓居然把趙國國都邯鄲都給打了下來。趙成侯只能守住其餘的城池，他一面拼命請求楚國、秦國的幫助，一面又向齊國求救。

齊威王派大將田忌率軍救援趙國，還有衛國和宋國兩個小國也跟隨著維護正義。田忌的軍師就是龐涓的師兄孫臏，當初孫臏被龐涓陷害，落下殘疾，他採用「圍魏救趙」之計，避開魏軍雲集的趙國戰區，直搗魏國空虛的腹地，然後埋伏在魏軍回國的必經之地桂陵。等龐涓氣喘吁吁帶著魏軍從趙國班師救援本土時，在桂陵遭到齊軍伏擊，魏軍被打得一敗塗地，傷亡慘重。

這一戰史稱「桂陵之戰」，齊軍大敗魏軍，齊威王霸業初成，孫臏的兵法更是名揚天下。然而最大的贏家，其實是秦國和楚國。秦國趁魏軍圍困邯鄲無處分心之際奪取了少梁城，而楚國則把魏國睢水、濊水之間的領地（大致相當於今天蘇北、皖北、豫東南交界處）納入囊中，不費吹灰之力削弱了最強大的敵手。從中亦可看出，楚宣王時代的國策，已經有點「因勢導利」、「道法並用」的味道了。

　　得勝歸來後，楚宣王大喜，要賞賜景舍。景舍謙虛地說：「這次我軍經過激烈戰鬥才得勝，功勞主要在於士兵們，他們奮力殺敵。我作為主將，不應該佔有士兵們的功勞。」他堅決地把賞賜推辭掉了。

　　不可一世的魏國在桂陵大敗，一度陷入到「牆倒眾人推」的局面，秦國大臣商鞅趁機起兵伐魏，奪取了魏國的固陽。魏國不得不暫時休兵。魏惠王派大臣江乙出使楚國求和。這位江乙能言善道，在他的三寸不爛之舌的遊說下，楚宣王同意與魏國講和，還派景舍出使魏國，與魏國結盟。江乙則從此留在楚國當官。他平生最大的樂趣，就是和楚國令尹昭奚恤鬥嘴爭寵。

　　魏國和楚國達成和平協議之後，又聯合韓國，擊敗進攻包圍魏國襄陵的齊、宋、衛聯軍。這時，楚國大將景舍出面調停，促成了各國休戰。魏國把邯鄲還給趙國，魏國與趙國重新結盟，後來又跟秦國講和。

　　在楚國的主持下，天下歸於短暫的和平，數年之間沒有大的戰亂。秦國繼續進行商鞅變法，韓國的韓昭侯則任用申不害進行變法。

3. 唇槍舌劍爭楚廷

　　楚宣王在位時間長達三十年，但因為戰國前期史料大總部分被秦始皇焚毀，軍國大事記錄得不太多。倒是《資治通鑑》《戰國策》中記錄了不少楚宣王時期君臣之間的言論。本節咱們就聊聊楚宣王和他幾位大臣的故事。

　　第一位大臣就是令尹昭奚恤。昭奚恤在魏趙之戰中，給出了「坐觀成敗」的錯誤戰略。但整體來說，他還是一位挺不錯的令尹。在他的治理下，楚國長期休養生息，國力繼續增強，兵力日益強大。到楚宣王後期，北方的各國都非常害怕楚國，對這位楚國令尹也畏之如虎。

小貼士：昭奚恤斷案

　　楚國郢都有個人犯了官司，三年還沒判決，心裡很著急。正好他的朋友中，有一位認識令尹昭奚恤的，這個人就請朋友去昭奚恤那裡打聽消息。那位朋友見到昭奚恤，故意說：「那某某的案子該判了吧，他的一處住宅充公，我想買下來，請您幫幫忙。」昭奚恤說：「他應該是無罪的，所以這宅子不會充公，你沒法買。」那位朋友就準備告辭。昭奚恤猛然喝道：「站住！我和你誠意說

話，你為何替那嫌犯套我的話，太狡猾了！」那朋友還裝傻：「沒有啊，沒有套您的話。」昭奚恤道：「我說那人無罪，宅子不會充公，你臉上不但沒有失望，反而暗帶喜色，這還不是套我的話麼！」還有一次，郢都的倉庫被人縱火燒了，抓不到犯人。昭奚恤就派人把販賣茅草的商販全部抓起來詢問，果然找到了犯人。

楚宣王問群臣：「聽說北方諸侯都怕昭奚恤，是這麼回事麼？」這時，那位入楚做官的魏國人江乙站出來，給楚宣王講了一個故事，就是著名的「狐假虎威」的故事，然後說：「大王您就是那只老虎，昭奚恤就是那只狐狸，諸侯們怕的其實不是昭奚恤，是大王您啊！」

魏國人江乙在楚國做官做得風生水起，可他最大的愛好好像就是不斷地給令尹昭奚恤抹黑。他剛到楚國的時候就問楚宣王：「我聽說，楚國民風淳樸，從來不隱瞞人的好處，也不說人的壞處，是這樣麼？」楚宣王美滋滋地說：「是啊。」江乙拍手道：「這樣好危險啊。要是有人幹出以子殺父，以臣弒君的惡事，而大家都不說，大王您豈不被蒙蔽了麼？當初白公勝之亂，不就是因為大家都只說好話，不說壞話，才釀成的麼？」楚宣王恍然大悟道：「你說的有道理，我應該聽取兩方面意見。」江乙下拜道：「大王，有您這話，我的罪也可以免除了。」楚宣王問：「什麼意思啊？」江乙說：「大王您看，令尹昭奚恤地位尊貴，權力很大，您要問別人他幹了什麼壞事，左右肯定都是異口同聲地說沒有，這不和那時候一樣嗎？現在我要來說說他的壞話，您可別怪我啊。」

江乙雖然這樣詆毀昭奚恤，楚宣王倒也沒有偏聽偏信，把這些都轉達給了昭奚恤。昭奚恤很傷心，對楚宣王道：「我成天為楚國忠心辦事，結果魏國間諜這麼離間咱們的君臣之義，我實在很害怕啊。我倒不是怕魏國間諜，可這傢伙公然離間咱們，我們的君臣之義，在外人眼中如此經不起考驗嗎？這樣想來，恐怕要不了多久，我就要被大王治罪了吧？」楚宣王忙安慰他：「你別傷心，我心裡全明白呢。」

楚宣王雖然安慰了昭奚恤，倒也沒有把江乙治罪。賢君不塞人之口嘛。於是江乙繼續很歡快地攻擊昭奚恤。他對楚宣王說：「有個人很喜歡他的狗，但他的狗喜歡在水井裡撒尿。鄰居看見了，想去給這個狗主人說。那狗也知道鄰居要告狀，於是堵在門口，看見鄰居來了，就撲上去咬。這樣，鄰居就找不到機會告狀，那人也始終不知道狗撒尿的事。邯鄲之戰的時候，本來楚國完全可以一舉攻占魏國首都大樑的。可是昭奚恤受了魏國的賄賂，於是阻止進兵。這事發生時，我還在魏國，知道得一清二楚！現在，大王您知道為啥昭奚恤經常對我不滿了吧？」

江乙的這種攻擊，當然完全是信口雌黃。邯鄲之戰，楚國只派出少數部隊伐魏，這是根據大司馬景舍進言確定的國家戰略。實際執行中，楚國幾乎以零損失，奪取了魏國睢水、濊水之間的土地，所得大於所失。如果楚國真的派大軍進攻大樑，那就等於逼得魏國集結殘餘兵力和楚國決一死戰。就算真能滅掉魏國，楚國必然也會有所損失，最後讓秦國、齊國漁翁得利。所以，楚宣王對這種攻擊，也就聽聽而已，一笑置之。

江乙不但瘋狂攻擊昭奚恤，而且還想方設法拉幫結派。比如，魏國有位貴族山陽君，也在楚國做官。江乙打算拉攏這個老鄉一起來攻擊昭奚恤，可是山陽君比較老實，和昭奚恤無冤無仇。於是，江乙先向楚宣王請求，可以給山陽君一塊封地，這樣，天下各國的賢人，不都願意來楚國了嗎？昭奚恤反對道：「不行，山陽君雖然是魏國的權貴，他對楚國可沒有功勞，怎麼能給封地呢？」封地的事就這麼過去了。

　　這事論起來，昭奚恤的說法完全沒錯，他是一位秉公執法的好令尹。然而毀人爵祿，不亞於深仇大恨啊。當初吳起落得個亂刃分屍的下場，不也是因為壞了貴族們的爵祿嗎？這以後山陽君可把昭奚恤給恨上了。江乙趁機輕而易舉地拉攏山陽君，成為自己共同反對昭奚恤的盟友。

　　史書中記載昭奚恤與江乙的這些故事，活脫脫塑造出江乙暗箭傷人的形象。這些故事，在某種程度上還原了戰國中期楚國宮廷的政治氛圍。我們從中也可以瞭解到幾條重要資訊。

　　首先，楚宣王是一位比較開明的君主，能夠容許臣下發言。在他的朝堂上，魏國來的大臣江乙拼命攻擊令尹昭奚恤。可是楚宣王並沒有為此給江乙什麼懲罰，也沒有讓昭奚恤打擊江乙。

　　其次，楚宣王也比較有主見，沒有聽信江乙的一面之詞而真的打壓能幹的令尹昭奚恤。若是換成另一個沉不住氣的君主，只怕江乙和昭奚恤鬥不了幾個月，就至少會有一個被砍頭或者逃亡。同時期魏國朝廷上的公叔痤和吳起，還不是公開矛盾，只是潛在競爭，都弄成那

樣一個局面。相比之下，楚宣王在朝政上還算比較開明的。

此外，江乙也代表戰國時期的一種流派。他們唇槍舌劍，口若懸河，面對每個不同的對象，都能說出一番道理來，看似客觀理性，條條都在為對方考慮，然而背後卻有不可告人的秘密。必要時刻，撒謊不皺眉，翻臉如翻書。這些被稱為「辯士」的人，後來部分發展為「縱橫家」，是中國歷史上「外交戰略」的開創者。遺憾的是，他們逐漸走入歧途。江乙還好，他的這些話，無非用於朝堂上的爭寵，或者挑昭奚恤的錯，楚宣王也沒有被他迷惑。但等到楚宣王的孫子楚懷王時代，卻吃了「辯士」嚼舌頭的苦頭。這是後話了。

4. 齊威秦孝成鼎立

　　西元前三五四年的桂陵之戰使得魏國遭遇重創，楚國從中獲利，也贏得了一段和平時光。數年之後，魏國恢復了部分元氣，再度蠢蠢欲動。西元前三四七年，魏國大將孫何入侵楚國的三戶（在今河南淅川西北）。作為報復，楚宣王派兵攻打魏國佔有的徐州地區。西元前三四六年，魏將魏章、孫何又攻取了上蔡及灈水以北的地區。到西元前三四四年，魏惠王更狂妄地自稱為「王」。這是戰國七雄中除了楚國，首個稱王的國家。

　　魏國的這種反撲只是迴光返照。西元前三四一年，魏國大將龐涓再次率軍攻打韓國。韓國向齊國求救，齊威王又派田忌、孫臏帶兵救韓。孫臏再次用「圍魏救韓」之計，直撲魏國，又用「增兵減灶」之計，引誘龐涓率輕銳部隊勇猛追擊，最後齊軍伏兵馬陵道，龐涓被亂箭射死，全殲魏軍十萬，俘虜了魏國太子申。

　　戰國初期的霸主魏國，在短短十餘年之間，兩次遭遇「全軍覆沒」級別的打擊，從此一蹶不振，淪為中等國家。這個過程中，楚國並沒有出太大的力氣，只是「敲邊鼓」似的出兵進行了幾次小戰役。最終結果，魏國破敗，楚國解除了來自北方的威脅，並趁機奪得中原的不少土地。

但是，中原魏國的衰亡，對楚國並非是完全有利的消息。因為兩個更加可怕的強敵正在崛起。

一個是東邊的齊國。齊國從西周開始就是諸侯之首，春秋時期齊桓公更是第一個稱霸，壓得當時的楚成王喘不過氣。此後齊國因內部爭權，淪為晉楚之下，實力在第三四名的大國，更因「田氏代齊」的波折，在戰國初期一度低調。然而在齊威王的統治下，齊國日益強盛，成為魏國霸權的掘墓人。

對楚國來說，齊國也算老對手了。春秋時期就曾爭戰過多次，桂陵之戰後不久，立下大功的田忌遭到了大臣鄒忌（就是《鄒忌諷齊王納諫》中的那個美男子）的嫉妒，被污蔑造反，最後田忌走投無路，只好投奔到楚國。

楚宣王很高興，田忌是幹掉龐涓的名將啊，到楚國來，咱楚國太有面子了！他吩咐給田忌特級待遇。這下鄒忌在齊國可緊張了，心想田忌受到楚宣王的重用，楚國可是天下一等的大國。要是田忌憑藉楚宣王的支持，再重新回到齊國來，自己就沒有迴旋餘地了。於是他派說客杜赫來到楚國，對楚宣王道：「大王，現在齊國丞相鄒忌對楚國很警惕，這是因為擔心田忌靠著您的支持，回到齊國和他爭位。我倒有個主意。您不如把田忌分封到江南之地去。這樣，鄒忌知道您不會支持田忌回齊國，他一定會不與楚國為敵；而田忌不過是一個流亡的人，他能得到江南的封地，自然也會對大王感恩戴德。如此一來，無論齊國是鄒忌執政，還是日後田忌回國奪權，他們都感激大王您，楚國也就可以安然無慮了。」

楚宣王大喜，就把田忌封在江南之地（大致在今天湖南、江西一帶）。果然，這樣一來，田忌也感激，鄒忌也放心，落了個皆大歡喜。順便，楚宣王也得到一位人才，幫助他治理江南之地。那裡在數十年前是楚國邊境的不毛之地，所以吳起專門把宗室遠支「發配」過去開發。現在則有了田忌的經營。

小貼士：田忌逃楚時間分歧

根據《資治通鑑》的記載，田忌逃到楚國是在馬陵之戰後，而《史記·齊世家》則記載田忌在桂陵之戰後逃到楚國，馬陵之戰前夕齊威王又把田忌召了回去。本書以《資治通鑑》為準。

在楚宣王在位期間，齊國雖然聲威大振，對楚國卻比較友好。而另一個對手，開始崛起了。這就是西邊的秦國。

前面說過，秦國和楚國的關係長期不錯，在戰國初期還攜手對抗魏國的入侵。後來因為秦獻公在魏國支持下奪位，秦楚關係惡劣了一段時間，等到秦獻公跟魏國翻臉，兩家又恢復了友好關係。

在戰國早期魏文侯四處舉兵時，被魏國壓制得最狠的就是秦國，基本上通往中原的路都被魏國切斷了。秦國還遭到其餘各國的鄙視，大家都把秦國人當作「蠻夷」。但即便如此，秦國也始終不依不饒地和魏國爭鬥。

後來，秦孝公任用商鞅變法，秦國徹底走上「獎勵耕戰」的道路，實力大增。魏國兩次被齊國打敗，國力一落千丈，秦國趁機接連

擊敗魏軍，奪取了大片土地。西元前三四二年，也就是馬陵之戰的前一年，秦孝公被周天子封為「伯」（諸侯之長），諸侯都向秦國朝賀。這表明秦國正式擺脫了「蠻夷」的形象，成為天下強國之一。

秦國對魏國的攻擊，運用了各種謀略。當初魏惠王自稱為王，就是被秦國派去的商鞅遊說的。等到魏國在馬陵兵敗，龐涓戰死之後，秦國丞相商鞅更是於西元前三四〇年大舉伐魏。兩家正要開打，商鞅又假裝要和談，邀請魏國主帥公子卬赴宴，然後在宴會上埋伏刀斧手，俘虜了公子卬，趁勢攻打群龍無首的魏軍，魏軍再度慘敗，魏惠王只好把河西之地割讓給秦國求和，為此還把首都搬遷到了大梁（今河南開封）。

齊國打敗魏國，最大的好處卻被秦國占了。齊國只是兩次殲滅了魏國的主力部隊，而秦國卻趁機搶佔了一大片魏國的土地。從中，已經可見秦國的厲害了。

而秦國在打敗魏國之後，居然南下入侵楚國。

這一次入侵，史書上的記載非常簡略，戰爭的原因、兵力的規模、最終的勝敗都沒有細述。考慮到在此之前，秦楚雖然曾聯合抵抗魏國，但有江乙、山陽君等魏國人在楚國做官。那麼推斷起來，可能是秦國擊敗魏國後，信心進一步膨脹，決定對南面這個昔日的友好國家開戰。也可能是楚宣王出面發聲，制止各國對魏國的進一步宰割，犯了秦孝公和商鞅的忌諱，從而引來報復。

而戰爭的結果，大約是朝氣蓬勃的秦國占了上風，秦國從楚國奪

取數百里的丹鳳和少習關（大致在陝西南部、河南西南）。這些地方並不是什麼繁華地帶，對楚國而言，也稱不上慘重的損失。然而，這預示著秦國過去與楚國長期友好的關係終結，此時秦國已經成為楚國新的威脅。

西元前三四○年註定是多事之秋。就在秦軍撤退之後不久，楚宣王熊良夫病逝。其子熊商繼位。楚宣王在位三十餘年，總共只打過幾次仗，而且大半是防守戰役。但他對魏國的蓄勢一擊，卻又為楚國贏得了較為實際的利益。楚宣王不像齊威王那樣，他沒有把楚國帶上國力巔峰，卻奠定了國力和軍力的強大基礎。「宣威盛世」，花開於宣，果成於威。

5. 楚威王滅越臨海

西元前三四〇年，楚宣王熊良夫去世，繼承王位的是他的兒子熊商，史稱楚威王。楚威王在位時間還不到楚宣王的一半，然而站在父親積累的實力基礎上，他大展拳腳，很是威風了一陣。

小貼士：楚威王問良臣

《戰國策》記載，楚威王繼位不久，就詢問他的莫敖子華說：「從先君楚文王，到現在，這幾百年，楚國真有不追求個人的爵位和俸祿，而憂國憂民的大臣麼？」子華說：「當然有。憂國憂民的良臣很多。有的人爵位雖高卻清廉守法，安於貧困；有的人不怕斷頭剖腹，視死如歸；有的人勞碌愁苦；還有的人既不為了爵位，也不為了俸祿。這些人都是咱們楚國的脊梁。」接著，子華講了楚國歷史上五個賢臣的故事：廉潔奉公，輔佐楚成王爭霸的令尹子文；聲名顯赫，平定白公勝之亂的葉公子高；在吳軍入郢戰爭中陣前拼死，殺身成仁的莫敖大心；忠心王事，奔赴秦國求救兵的棻冒勃蘇（即申包胥）；還有在吳軍入郢時保存楚國律法文書，事後謝絕楚王封賞的大臣蒙谷。楚威王又問：「這些都是古人，現在的人還能這樣嗎？」子華說：「以前楚靈王喜歡細腰的人，於是楚國的士人都紛紛節食，個個餓得骨瘦如柴，靠著牆才

能站立，手撐著才能起來。他們連食物這種本能欲望都能克制，連餓死這種可怕的結局都能承受。所以，大王喜好什麼，臣子們自然會去做什麼。說實話，大王您現在並不是真的喜歡賢臣。如果您真的喜歡賢臣，上面這幾種賢臣，都可能招來的。」

楚威王繼位的前幾年，國內安定，天下百姓都看著秦國的崛起。秦孝公在西元前三三八年去世，繼位的是其子秦惠文王（當時還沒稱王）。正如吳起在楚悼王死後被殺，商鞅也在秦孝公死後遭到清算，被秦惠文王五馬分屍。然而，秦惠文王處死商鞅籠絡貴族的同時，卻把商鞅變法的內容幾乎全部保留下來了。這一點，就比楚肅王做得要徹底得多。此時的秦國，國力已然發生質的飛躍。

西元前三三七年，韓國變法家申不害去世。申不害本人兼具道家與法家思想，他的變法比商鞅和吳起都要溫和。戰國七雄中最弱小的韓國，能夠屹立在四面受敵的中原這麼久，申不害功不可沒。

小貼士：屈宜臼評韓侯

西元前三三五年，秦惠文王進攻韓國，失去申不害的韓國無力抵擋，被秦國奪取了重鎮宜陽。西元前三三四年，韓昭侯開始修建很高大的城門。楚國大臣屈宜臼（幾十年前在吳起變法時持反對意見的貴族）評價說：「去年秦國奪取了宜陽，今年大旱，韓侯此時不撫恤民眾，救濟貧苦民眾，居然還修這種勞民傷財的工程，我看他是沒好下場的，估計等不到這個城門建好了。」果然，第二年城門快要建好的時候，韓昭侯就去世了。

之後，列國戰爭更加激烈，一貫偏向保守的楚國，也被捲入其中。

促使楚國參加諸侯大戰的，是在楚宣王時代由盛轉衰的魏國。原來早些年魏惠王接連遭遇齊國重創，西邊又被秦國趁火打劫，國力一落千丈，魏惠王非常悲憤，他和相國惠施商量，準備豁出去跟齊威王拼了。惠施建議魏惠王別這麼衝動，並給魏惠王出了個主意：不如卑躬屈膝地侍奉齊國，故意以齊國為尊。這樣一來，楚國一定會不滿。然後魏國就可以借楚國的手報仇了。

魏國這位丞相惠施是宋國人，戰國名家，也是道家莊子的朋友。然而在《莊子》中，他經常被莊子辯駁得啞口無言。實際上惠施這一招相當毒辣。魏惠王依計而行，在接下來的幾年不斷拍齊威王馬屁，送禮供奉。果然，在戰場上打不倒的對手，卻倒在糖衣炮彈之下。齊威王在魏惠王的奉承下，越發自大狂妄。

到西元前三三四年，這種戰略效果達到極致。齊威王和魏惠王在徐州聚會，齊威王公然接受了魏惠王的「好意」，自稱為王。這樣，戰國七雄中的第三個王出現了。據說，魏惠王還與齊國大臣們站在一起，朝拜新「晉級」的齊威王！

消息傳到郢都，楚威王勃然大怒：「好個齊國，竟敢做出這種大逆不道的事。楚國非得教訓你不可！」

楚威王當即命令整頓軍馬，準備北伐齊國。同時，他還派人與趙國聯絡。趙國也對齊國、魏國這種舉動相當反感，表示一定配合楚

國。

齊威王聽到消息，也清醒了幾分。當時齊國雖然如日中天，但論整體國力，恐怕還要遜於楚國。若是被楚威王全力攻擊，齊國只怕也沒有勝算！

恰在這時，東邊又傳來另一個不幸的消息：越王無彊也準備出兵北伐齊國！

越王勾踐在春秋晚期攻滅吳國，一度稱霸。勾踐深知越國武力雖強，尚缺乏文化內涵，過於窮兵黷武反而容易招致敗亡，因此臨終前囑咐子孫安守東南，不與中原國家為敵。勾踐的後人恪守了他的吩咐，但到了勾踐的玄孫無彊擔任越王時，他仗著多年休養生息積累的強大軍力，準備進軍中原，重建高祖勾踐在一百多年前的霸業。

無彊的首個目標，放在同為沿海國家的齊國。他聽說齊威王最近打敗了魏國，連魏惠王都向齊國稱臣了。無彊此時就想一鳴驚人，於是把矛頭直指齊國。

齊威王這回徹底慌了。楚國和越國，任憑其中哪一國，自己也沒有必勝把握，何況兩國夾攻！不過，齊威王畢竟是一代雄主。他很快從危局中找到了最好的破解方法：挑動二虎相鬥，自己坐收漁利！

齊國的使者跑到越國，對越王無彊一番鼓動：「如果越國不敢攻打楚國，那麼您就不能成就霸業！相反，只要您能攻打楚國，那麼，秦國、韓國、魏國還有我們齊國都會出兵配合，楚國的國土那麼大，東西南北綿延幾千里，哪裡守得過來？這樣一來，大家就可以瓜分楚

國，而您就足以重現越王勾踐時期的榮光了！」

當時的越國屬於文化欠發達地區，加上越王勾踐晚年，楚國來的賢臣如范蠡、文種等人不是退隱，就是被殺，越王無疆身邊沒有幾個有眼光的大臣輔佐。越王無疆心性不堅，容易動搖，被齊國使者遊說，當即下令停止北伐，轉戈向西，攻打楚國！

楚威王聞訊，更是大怒：「區區越國蠻夷，也敢欺負楚國。看來老虎不發威，真當我是病貓啊！」

於是，楚威王也下令楚軍轉戈東向，迎擊越軍！

繼百餘年前楚惠王和越王勾踐的試探性交鋒之後，長江流域兩大強國再度展開了激戰。這一戰，將決定誰才是真正的長江之主。

齊威王在臨淄，望著南邊的滾滾戰雲，笑而不語。

然而，齊威王打的如意算盤，雖然算准了開始，卻沒有算中結局。楚國和越國確實是自相殘殺，但並沒有兩敗俱傷。

無論從土地面積、經濟條件、人口數量、軍隊規模、裝備等各方面比較，楚國都全面碾壓越國。越國唯一的優勢，大約是士兵的勇悍不畏死。然而這種單純的血氣之勇，即使在百餘年前，由一代梟雄越王勾踐統帥，也無法對抗楚惠王時代的楚軍。更何況此時的越王無疆，論才略完全沒法和自家高祖相比，而楚國經歷了吳起變法，實力進一步提升。戰爭的結果，當然更沒有任何懸念了。

氣勢洶洶的越軍，在楚軍面前很快兵敗如山倒。越王無疆在戰場

上表現出超凡的勇氣，身先士卒，奮力砍殺。但這種勇氣也無非讓他死得更有尊嚴，越國依然難逃敗局。

越王無疆戰死後，失去統帥的越軍更是一潰千里。楚軍乘勝追擊，短短幾個月，席捲千里，把越國的江東地區（今江蘇南部、安徽東南、浙江省等地）全部吞併。越國殘餘的王族成員，有的向南退到福建、兩廣地區，有的向東逃到海島。他們在這些沿海地區建立起不少大大小小的國家，這些小國多數都向楚威王臣服。

曾經橫行東南，威震天下的越國，至此四分五裂，再也不能恢復當年的霸業。這些大大小小的「百越」地方政權，在百餘年後被秦始皇的軍隊完全征服。

楚威王滅越，是戰國時期楚國最大的一次擴張，奪取了相當於今天兩個省的土地，楚國基本一統長江流域，勢力範圍直達東海。此舉不但消除了楚國在東部的潛在威脅，也讓楚國獲得了一塊很重要的土地。雖然江東地區在當時經濟落後，文化欠發達，然而其他民風彪悍，更有長江天險。佔領這個地區，讓楚國成為一個沿海大國的同時，也獲得了重要的根據地。在秦始皇死後的反秦戰爭中，以項梁、項羽為首的楚國反秦勢力，就是從江東地區率先起兵的。項羽手下的「八千江東子弟」，是當時令天下戰慄的精銳部隊。

站在中華文明發展的角度，楚國滅越亦具有重要的價值。相對中原，越國所在的江東，在當時素來是「蠻夷之地」。儘管春秋時在晉楚爭霸的大背景下，楚國進行了一些文化輸出，越國得到發展，但那主要是為了牽制吳國而進行的軍事輸出。越王勾踐死後，越國君主固

守國內，江東地區與中原文明交流減少。

此次楚國滅越，把江東地區完全納入楚文化的框架中。而當時楚文化本身已是華夏文明的重要分支。這使得江東地區與華夏文明地區的交流更加密切。

從這個角度說，越王無疆的妄進，雖然毀滅了一個曾經輝煌的越國，卻加速了文化的融合。

<table>
<tr><td>小貼士：滅越時間分歧</td></tr>
<tr><td>　關於楚國滅越的時間，各史書記載不一。有的說是在楚宣王時代，還有的說是在楚懷王時代。本書以《資治通鑑》為准。</td></tr>
</table>

滅亡越國後，楚威王並沒有放下干戈。他淩厲的目光投向齊國：

「齊國，別以為我不知道，越國入侵楚國都是你攛掇的！現在，接招吧！」

6. 徐州大戰挫強齊

　　楚威王原本就看耀武揚威的齊威王不順眼，打算北伐齊國。齊威王挑唆越王無疆伐楚，哪知楚威王只用幾個月的時間，居然就把越國滅了。這是齊威王始料不及的。雖然齊國多獲得了幾個月的準備時間，可楚威王滅越之後，軍隊士氣高漲，楚國將士們都情緒激昂，迫不及待地要跟齊國人決一死戰。

　　先前被齊國打敗的魏國，在本次戰爭中也有自己的打算。魏惠王當初之所以結交齊國，本身就是以「屈身侍齊」作為迂迴戰略，目的是向齊國報仇。因此在齊楚兩家調兵遣將之際，大臣公孫衍（犀首）就給魏王獻計，讓他表面上和齊國結盟，共同對抗楚國，實際上暗中聯絡楚國，挑唆齊、楚互鬥，不管誰勝誰負，魏國都可以從中拿到好處。魏惠王依計而行。因此魏國、齊國這種盟約，原本就是貌合神離。就在魏齊同盟達成之際，魏惠王派遣大臣惠施到楚國，派遣公孫衍到齊國，兩邊溝通。其中，惠施正是當初向魏惠王獻計「屈身侍齊」以挑動齊楚互鬥的主謀，他到楚國，當然會和楚威王坦陳實情。於是齊楚兩國都對即將到來的戰爭充滿信心。值得一提的是，公孫衍還長期在秦國擔任高官，那麼他一門心思利用魏國來挑唆齊楚之間的戰爭，是為了魏國利益還是為了秦國利益也值得深思。

戰爭開始前，齊、楚兩國紛紛拉攏盟友，爭取建立攻守同盟。

中原國家中最強大的宋國，位於齊楚交界處，齊楚之戰很可能就在宋國邊境進行。宋國本來打算中立。齊威王威逼利誘，迫使宋國答應和齊國結盟。這樣一來，楚軍在未作戰時，側翼和後方便有可能被宋軍威脅。楚威王為此專門派出使者子象前往宋國，對宋君說：「楚國對宋國比較厚道，齊國一再威脅你們宋國，結果你們反而倒向齊國一邊，這麼下去，楚國也會效法齊國，給你們點顏色看。而齊國這次嘗到甜頭，以後必然經常威脅你們，宋國難道很喜歡被人威脅的滋味嗎？再說，你們跟著齊國打楚國，也沒什麼好處。如果齊國打贏了，回頭必然進一步威脅你們宋國；如果齊國打輸了，宋國就得嘗嘗楚國的鐵拳，輸贏對宋國都不利。所以，你們最好還是有點骨氣，別讓其他大國覺得可以通過欺壓你們得到好處，對不對？」宋君聽子象這麼一說，覺得有理，就拒絕了出兵配合齊國，重新嚴守中立。

齊國近鄰的魯國，長期與齊國敵對，和楚國關係不錯，魯國打算配合楚國夾攻齊國。齊威王派大臣張醜（一作張丐）出使魯國，曉以利害，終于說服魯侯不參與到兩個超級大國的戰爭中，嚴守中立。

由於齊威王擊敗魏國後過於囂張，對齊國不滿的還不只是楚威王一家。趙國這些年和楚國算是比較友好的國家，趙肅侯也派出軍隊聲援楚軍。還有北邊的燕國，因為軍力弱，長期被齊國欺壓，如今燕後文公抓住機會，也派兵進入齊國的北境。一度威風八面的齊國，就這麼陷入了和當初魏國差不多的境地。

趙、燕、魏三國畢竟力弱，只能打打太平拳，真正起決定性作用

的還是齊、楚之間的大戰。當時齊宣王已然年邁，齊國的相國是宗室貴族田嬰（即孟嘗君田文的父親）。田嬰派出申孺（一作申縛）擔任主將，率領齊國主力南下迎戰。

畢竟齊國是天下強國，楚威王也有點擔心。他就請來齊國叛臣田忌，問他申孺的根底。田忌回答道：「申孺對賢能的人不夠尊重，對於普通的人也很輕視，所以無論賢愚之輩，都不會被他所用。這樣，怎能團結人心呢？齊王用他帶兵，那是自取滅亡。大王您只要派一位大將帶幾萬人馬，生擒申孺易如反掌！」楚威王這回放心了，派大司馬景舍（子發）率領楚軍主力，迎戰齊軍。

西元前三三三年，齊楚兩軍在泗水流域展開大戰。果然不出田忌所料，申孺帶領的齊軍全無鬥志，戰場上一個個左顧右盼，彼此不能配合。沒多久，就被楚軍打得大敗，連主將申孺都被活捉了。殘餘齊軍退到徐州，楚軍繼續北進，把徐州團團圍住。

小貼士：子發用賊

《淮南子》記載，楚國大司馬景舍喜歡招攬一些旁門左道之士。某天，有一個善於偷盜的人來到景舍府邸，自薦為門客。景舍高興得衣帽都來不及穿戴好，就跑出去接見。左右都說，您怎麼對盜賊這麼客氣？景舍說：「這個你們就不懂了。」後來齊軍攻打楚國，景舍擔任楚軍主將，接連戰敗，楚國的謀士大臣們用盡辦法，齊軍進攻還是越來越凶猛。這時候盜賊挺身而出，趁夜色偷了齊軍主將的蚊帳，白天景舍派人給齊軍主將送回去。第二

齊楚兩大強國之間的這一次交鋒，再次以楚國的大獲全勝告終。聞知楚軍得勝，原本圍著齊國猛攻的趙國、燕國士氣大漲，兩國添兵加將，繼續猛攻齊國。一代霸主齊威王想不到短短幾年，自己就落到如此窘境，又氣又急，一命嗚呼。其子田辟疆繼位，即齊宣王。

齊威王去世，倒是拯救了齊國。因為按春秋時的禮儀，有「不伐人喪」「聞喪則止」的習慣，就是說不能進攻正處在喪事中的國家，甚至出兵途中，如果聽說對方國君病故，往往也趕緊撤退。這在軍事上雖然顯得迂腐，卻是禮儀文化的一部分。儘管戰國時禮崩樂壞，很多國家漸漸都不遵守禮樂制度了，但楚國相對還是比較傳統的，加上在泗水之戰中，已經把齊國打得大敗，又圍困了徐州，也算凱旋。於是兩國暫時休兵。

齊宣王趁機派人向楚國求和。楚威王回答道：「齊國丞相田嬰是個小人，前番讓魏君遵奉齊君為王，後來還挑唆越國進攻我國。齊君要求和，須得把田嬰罷免了！」齊宣王和田嬰都很為難。聽楚威王的吧，太沒面子；不聽的話，楚軍再打過來怎麼辦？

幸虧齊國有個大臣叫張丑，雖然名丑，人卻很睿智，當初就勸齊

王和田嬰不要得意忘形得罪楚國。如今他自告奮勇，到楚國見楚威王，勸說道：「大王啊，之所以貴國能這麼容易大獲全勝，很大原因是齊國沒有重用名將田盼，田嬰嫉妒田盼，排斥打擊他，反用了申孺。申孺這個人，大臣和百姓都不服他，所以被大王您輕易給活捉了。您真要齊國把田嬰給罷官了，那麼田盼必然得到重用。真到了那一步，只怕對大王您也不是好事啊。」

楚宣王聽張丑這麼說，就不再要求田嬰罷官了。同時齊宣王又派人到趙國、燕國去和談，並在國內曉諭百姓，安撫人心。此外，齊宣王還把先前遭受鄒忌陷害，被迫流亡楚國的田忌也召回齊國。田忌在楚國當了多年官，回到齊國，自然也大力促成齊楚和解。齊國的危機這才得到解除，楚宣王的大軍也南撤回國。

小貼士：齊魏重新結盟

魏惠王在齊楚大戰前揚言要聯齊抗楚，背地裡卻和楚威王暗中勾結，在戰爭中不發一兵一卒增援齊國，使得齊國陷入楚、趙、燕的夾擊中。齊宣王秋後算帳，打算殺掉魏國的人質董慶，還想討伐魏國。但有謀臣勸告齊宣王，說目前魏國和齊國至少名義上還是同盟，如果齊國殺掉董慶，等於宣佈齊魏同盟破裂，齊國將陷入徹底孤立。那麼楚國一定會趁機聯合魏國攻打齊國。還不如厚待董慶，一方面，向天下宣告齊魏聯盟牢不可破，以此來嚇退企圖進犯的敵人。另一方面，在齊楚之戰時，楚國的盟友趙國趁機攻打魏國，魏惠王也需要重建齊楚聯盟。於是魏惠王收買了齊宣王的寵臣淳于髡，淳于髡向齊宣王進言，如果此時齊國攻

發生在西元前三三三年的齊楚泗水、徐州之戰，幾乎可以認為是從齊桓公與楚成王爭霸以來，齊楚兩家主導的第一次大規模戰爭（春秋中後期齊國曾多次參與對楚國作戰，但多數是跟隨晉國）。這也可以看作戰國初期霸主魏國衰落後，齊楚兩強的霸權爭奪戰，並有多個諸侯國參與其中。從軍事上看，這是一次大規模的對決，戰前的人事調動、敵情評估、外交斡旋也各有特點。

從戰前的形象來看，齊國表現得鋒芒畢露，楚國則要內斂得多，然而從兩家的真正實力對比來看，其實齊國更加忌憚楚國。雙方的外交運作上，齊國以「威脅」居多，最終連一個真正的盟友都沒找到；而楚國對外相對寬和，卻反而說服了宋、魏保持中立，而拉攏趙、燕一起參戰。戰爭的結果，楚威王挾前一年一舉滅越的威勢，再次憑藉實力大獲全勝，驚死齊威王，成為淮泗之地當之無愧的霸主。

這也標誌著楚國的國勢達到巔峰。所謂「郢為強，臨天下諸侯」是也。

小貼士：紀南城遺址

楚國紀南城遺址，位於湖北江陵城北五千米，為全國重點文物保護單位。該遺址呈長方形，城垣周長一五五〇六米，面積約十五平方千米，城牆夯築，城外有城壕護城河，並與城內三條水

系和城外的長湖相連，通往長江。城門八座，城高約十四米，寬約八米。城中發現制陶、冶鑄手工業作坊遺址及水井四百眼以上，已發掘大批珍貴文物。據估計，當時的紀南城約有六萬戶，人口約三十萬。

然而同時我們也可以看到，楚國對齊國的這次勝利，追求的依然是類似春秋爭霸中的「道義之勝」。它既沒有讓齊國因此戰遭到太嚴重的削弱，也沒有讓楚國自身在領土、人口上得到多少擴張。而在攻城掠地、吞並地盤為先的戰國，這種勝利最多只具有「附贈品」的意義。更別說，這次齊楚戰爭，本身就有可能是身為縱橫家的公孫衍挑動起來的。

齊楚大戰，得利的卻是西邊的秦國。此時的天下，出現了一批極為活躍的縱橫家，他們依靠唇舌，將諸侯大國挑弄於舌尖之上。威風八面的楚國，也很快遭遇到這樣的蠱惑。

7. 撲朔迷離遇縱橫

　　根據《史記》《資治通鑑》等史書的記載，就在楚宣王大破齊軍的同一年，也就是西元前三三三年，一個洛陽人來到楚國，他叫蘇秦，是戰國著名的縱橫家，也是鬼谷子門下高足。

　　所謂「縱橫」，指的是「合縱」「連橫」兩種政治聯盟。其中「合縱」指合眾弱以抗衡一強，在戰國中後期特指關東的六國聯合起來對抗西邊的秦國，有時也指燕、趙、韓、魏、中山、衛、宋等中原和北方的弱國，聯合對抗秦、齊這些大國。而「連橫」則是指大國聯合起來宰割弱國，在戰國中後期特指秦國聯合關東的某幾國，對付其餘幾國。

　　蘇秦是「合縱」一派的代表人物，其得意之作便是「關東六國共同對付秦國」。《資治通鑑》《史記》記載，蘇秦最早提出的並非合縱，而是連橫。他最早到秦國，想輔佐秦惠文王征戰中原，還給秦惠文王描繪了一張一統天下的藍圖。然而當時秦惠文王剛剛殺了商鞅，正致力於安頓秦國內政，對這些口若懸河的辯士並不欣賞，沒有接受蘇秦的建議。

　　蘇秦在秦國碰了釘子，只好跑到趙國。蘇秦在趙國準備的一套說

法，肯定和在秦國截然不同。趙國的丞相奉陽君（趙肅侯的弟弟）同樣不待見蘇秦，蘇秦只好又跑到燕國。

這時候，蘇秦才研究出「合縱」的戰略。對於實力在戰國七雄中幾乎墊底的燕國而言，一直擔心的就是被西邊的趙國、南邊的齊國入侵吞併。燕後文侯對於「合縱各國」非常感興趣，因為這樣燕國就可以減少風險。於是，他全力支持蘇秦的合縱策略。

得到燕國支持後，蘇秦再次來到趙國。這時候，奉陽君已經去世，蘇秦對趙肅侯說了合縱六國的規劃，被趙肅侯接受。之後蘇秦繼續遊說，勸說韓國、魏國，希望兩國君主不要再和秦國結盟，免得最終被秦國宰割滅亡。兩國很痛快地答應了。

接著蘇秦遊說強大的齊國，建議齊國無須害怕秦國，可以加入聯盟，聯合中原國家和秦國爭戰。

最後，蘇秦南下楚國，說服楚威王對抗秦國。這樣，六國抗秦的局面正式形成，蘇秦興高采烈地當上了「縱約長」。《史記》甚至說蘇秦「佩六國相印」。蘇秦北上到趙國時，各國都派人跟隨，車馬輜重的聲勢比一般諸侯還要浩大，連周顯王都嚇得派人專門迎接蘇秦。在個人地位上，蘇秦達到了巔峰。而秦國感受到關東六國聯盟的力量，十五年不敢出函谷關。

此外，蘇秦在建立合縱的過程中，還專門安排自己的同學張儀去了秦國，擔任秦惠文王的重要謀士。兩人一縱一橫，彼此搭檔，都實現了各自的人生價值。後來，蘇秦在齊國當官，遭到齊國大夫的嫉

妒，於西元前三一七年被刺殺身亡，距離合縱達成大約十六年。

以上是《史記》《資治通鑑》記載的關於蘇秦的主要事蹟，長期以來也被主流史學界認可。然而仔細研讀，我們也可以看出其中的一些矛盾之處。

首先，在西元前三三三年這個時間點上，秦國通過商鞅變法，實力已然大增，但對東方的征戰並沒有開始。基本上，主要是針對魏國，捎帶打一下韓國。秦國對趙國、燕國並沒有表現出嚴重威脅。至於齊國、楚國，就更不會害怕秦國了。那時候，戰國七雄，大致秦、楚、齊為第一等，趙、魏為第二等，韓、燕為第三等。秦國並沒有強盛到需要其他六國聯合起來抵抗的地步，此時七雄中實力最強的，應該是楚威王領導的楚國。

這種情況下，蘇秦大力鼓吹六國抗秦，還能得到齊、楚這種大國的支持，不是有些奇怪麼？尤其《史記》中蘇秦對楚王的說辭，還有「割地事秦」等語。楚威王時代的楚國，怎麼會割地給秦國？同時齊國剛剛被楚國打得灰頭土臉，他沒有必要也沒有精力聯楚抗秦。

其次，《史記》說蘇秦達成六國合縱，致使秦國十五年不敢出函谷關。然而《資治通鑑》記載，蘇秦達成合縱是在西元前三三三年，而就在三年後的西元前三三〇年，秦國進攻魏國，包圍焦、曲沃，迫使魏國把少梁、河西之地割讓給秦國。此後，秦國基本上每隔幾年都要入侵魏國一次，哪來「十五年不敢出函谷關」一說？這又是一個矛盾。

還有，《史記》和《資治通鑑》都說蘇秦故意刁難自己的同學張儀，把張儀激得跑去秦國，然後又暗中安排人送盤纏給張儀，幫助張儀在秦國掌權，還把原本在秦國幹得風生水起的公孫衍（犀首）逼去了魏國。這麼一看，倒好像張儀去秦國，是蘇秦為了促成合縱的一盤大棋。可是從後來的歷史看，張儀在秦國，不遺餘力地推行連橫之策，輔佐秦惠文王、秦武王、秦昭襄王，計謀頻出，多次破壞關東諸侯的聯盟，尤其楚國受害最深。這哪裡是在幫蘇秦的忙，分明是在拆蘇秦的台！

在長沙馬王堆出土的西漢墓葬中，發現了漢初謄寫的《戰國縱橫家書》，裡面記載了一些蘇秦的言談內容，涉及西元前三世紀初的一些事件。這說明，蘇秦並未在西元前三一七年去世，至少到西元前三世紀初還在各國奔走。

據此，部分史學家認為，蘇秦並非如《史記》《資治通鑑》所說，是在西元前三三三年左右登上歷史舞臺，與張儀同時代，甚至還曾幫助張儀到秦國為官。相反，他們考證蘇秦的時代應比張儀晚三十年左右，他大致在西元前四世紀末到西元前三世紀初活躍，最後死於西元前二八四年左右。

所以，楚威王是不可能接受蘇秦「合縱」主張的。當時主張合縱的是公孫衍（犀首），其主要思路是把中原和北方的小國家團結起來，對抗秦、楚、齊這幾個大國。換言之，「合縱」是在給楚國唱對臺戲。

對楚威王來說，打贏了齊國，只是在諸侯間抖了一次威風。但周

邊的麻煩一點也沒有減少。

就在齊楚之戰的次年，也就是西元前三三二年，魏國一邊把陰晉（今陝西省華陰市東）割讓給秦國，另一邊和齊國聯合出兵，圍攻楚國的盟友趙國。趙國只好挖開黃河，水淹齊、魏軍隊，這才免除了亡國之禍。

之後，齊國更趁燕文公去世的當口，北上進攻燕國，奪取了燕國十座城市。

趙國、燕國都是楚國的盟友，齊國、魏國如此欺負盟友，讓楚威王很是不滿。他在西元前三三〇年調動軍隊，向魏國發動進攻。

按理說，這一戰不應該有啥懸念，在當時楚國的實力最強，連齊國都被打敗了，區區一個魏國，何足道哉？

然而，這時卻有一個人站出來，給了楚威王迎頭一棒。

這人就是張儀。

蘇秦的活躍年代存在前面說的分歧，那麼張儀，基本公認他是西元前四世紀晚期活躍的人物。張儀的主要舞臺在秦國，他主要幫助秦國實現連橫。他的主要對手不是蘇秦，而是公孫衍（犀首）。

面對楚魏大戰的局面，張儀勸秦惠文王道：「大王，現在楚國實力最強，是大秦未來稱霸的最大威脅。我們必須想辦法削弱楚國。您可以派遣精兵良將支援魏國，鼓動魏國跟楚國拼戰。這樣，魏國若是打贏了，感激秦國，就會把河西之地給我們。如果打不贏，那我們秦

國也可以趁機繼續擴張。」

秦惠文王深以為然，派出了一萬精銳部隊和一百輛戰車，增援魏軍。前幾年，秦國對魏國步步蠶食，如今居然一反常態派來援軍，魏王高興極了，他激動地把全國軍隊召集起來，讓公孫衍為主帥，和楚軍大戰。而出現在魏軍陣營中的秦軍，表現更是讓人意外。他們上陣格外拼命，仿佛嗜血的狼一般衝鋒陷陣，砍殺著楚軍將士，他們是為了獲得那統計軍功的人頭——砍下越多的人頭，意味著秦國士兵能夠提升更快，獲得更高的爵位，獲得更好的待遇。這種從個人的根本利益所激發出來的貪欲和進取心，再加以嚴刑峻法的制度保證，形成的「殺戮機器」，是楚國人難以想象的。

在秦魏兩軍合擊下，楚軍吃了敗仗。這基本上是楚威王在位期間唯一的一次敗績。而在勉強獲得勝利之後，筋疲力盡的魏國，被迫向秦國繳納高昂的報酬——他們把河西之外的土地，全部獻給了秦國。從此，魏國的領土退縮到了黃河以東。次年，秦軍更越過黃河，奪取了魏國的汾陰、皮氏、焦地。魏國和楚國一番大戰，結果秦國收穫最多。張儀的「連橫」之策初見成效，楚國和魏國則一起做了犧牲品。

或許是為這次敗仗而痛心，一代雄主楚威王，在西元前三二九年去世，其子熊槐繼位。

楚威王在位僅十餘年，這十餘年卻是戰國時期楚國最輝煌的十年。在這十年中，楚國厚積薄發，滅越破齊，威震天下。楚國不但擁有戰國最廣闊的疆土，而且有著開放與包容的經濟文化。楚國不但是中國最強大的諸侯國，楚人甚至通過川滇，與當時的西方世界進行著

商貿與文化的交流。

小貼士：南方絲綢之路

通常提到的東西方絲綢之路，是從歐洲經小亞細亞、西亞、中亞，進入中國新疆、甘肅，進而與關中和中原相連。這條絲綢之路是在西元前二世紀的西漢，隨著漢武帝擊敗匈奴、張騫通西域而確立的。但在更早的時候，東西方還有另一條通道，稱為南方絲綢之路。這條路的西半段依然是歐洲—小亞細亞—西亞—中亞，但到中亞地區後，則通過印度、緬甸進入中國雲南，然後再到達貴州和巴蜀地區。這條路的開闢遠早於張騫出使西域。春秋戰國時貴州、巴蜀地區與楚國相連，而楚國又通過長江、漢水、淮泗、湘水等連接關中、中原，由此促進楚國與西方文明之間的商貿文化交流。在楚墓中出現的人騎駱駝銅燈、蜻蜓眼（西亞玻璃珠）等文物，可以看作這種交流的例證。

然而日中則昃，月盈則虧。在「宣威盛世」的晚期，楚國缺乏高效決策與執行機制的弱點暴露無遺。西邊崛起的秦國，連同秦國奉行的「連橫」之策，在未來成為楚國的最大威脅。

楚威王晚期受到的這點損失，若與他後代子孫所面臨的殘酷局面相比，那又是不值一提了。

四

禍端連啟，關西虎狼逞爪牙

1. 楚懷王雄心千丈

西元前三二九年，楚威王熊商去世，其子熊槐繼位，史稱楚懷王。

楚懷王繼承的，是巔峰時期的楚國，當時楚國國土遼闊，人口眾多，軍隊強大，在諸侯中的影響力也非同小可。

因此，楚懷王雄心勃勃，意圖建立超越父親楚威王、祖父楚宣王的豐功偉績。據說，他用了一種頗為張狂的行為來彰顯自己的雄心：用銅鑄造了當時天下諸侯國君主和周王室權貴們的塑像，其中齊國、秦國的君主在馬前開路，魏王當車夫，宋君作為護衛，其他諸侯則跟在車後。這種行為對治理國家沒有任何好處，僅能滿足私欲罷了。

真實情況是，就在楚懷王在位期間，楚國開始走下坡路，並最終陷入萬劫不復之地。

楚懷王剛繼位，一場戰火就燃到了邊境。這次進犯的是老對手魏國。魏國曾在戰國初年威風數十年，最後秦、楚、齊三大國聯手才把它壓制下去。此時的魏國，按說早已淪為二流強國。然而，魏軍居然借著楚國辦喪事的當口趁火打劫，發動進攻。這種在春秋時期令人不齒的行為，在戰國卻是大家撈取利益的好時機。

據《戰國策》的記載，魏國此次來犯，背後的主使很可能是秦國。秦惠文王和魏國商量，秦國支持魏國進攻楚國，但魏國要把上洛（今陝西商洛）一帶割讓給秦國。

楚國楚威王新喪，百廢待興，遭到魏軍偷襲，猝不及防。楚魏兩軍在陘山展開大戰，楚軍吃了敗仗，楚國在中原地區的部分領土，又被魏國給占了。

楚懷王剛剛繼位就遇上這種事，心情很鬱悶。可是魏國打敗了楚國，底氣比較足，拒絕把上洛一帶讓給秦國。於是秦惠文王找楚懷王道：「楚王啊，魏國最怕我們秦國支持你們楚國。不如這樣吧，咱們兩國公開進行一次友好會晤。這樣，魏國必定害怕。然後我再威脅魏國割地給我。要是他割了地，等於你給我幫了大忙，以後我必然報答你。如果他敢不割地，那秦國打他西邊，楚國打他南邊，給他點顏色瞧瞧！」

楚懷王畢竟年輕，缺少政治談判經驗。他沒琢磨清楚，秦國得了地，對自己到底有什麼好處。只聽到能讓魏國「出血」，就心花怒放，當即滿口答應。

緊接著，秦國和楚國進行友好會晤。魏國一看嚇壞了，秦楚真要聯合，咱魏國怕要滅亡！於是趕緊在西元前三二八年把上洛之地割讓給了秦國。

楚國吃了敗仗，倒讓秦國占了一大塊地方。不但如此，秦國的相國換上了著名的連橫家張儀。張儀的政治主張，是讓秦國拉攏關東各

國，從而趁機入侵其他國家。他上任後，說服秦惠文王把之前攻克的蒲陽之地還給魏國，還讓公子到魏國做人質。西元前三三七年，更把黃河東邊的焦地、曲沃都歸還給了魏國。

這樣一來，秦魏反而建立了更加鞏固的聯盟。秦魏聯盟，標誌著秦國近百年來對魏國的不斷戰爭，到此告一段落。黃河西邊的半個魏國的土地已經全部歸屬秦國。秦國改為和魏國連橫，並不意味著他們要停止擴張。相反，秦國把目標對準了更為強大的楚國。而且魏國的背後還站著齊國，秦、魏、齊連橫成一線，切斷了楚國與北方友好國家燕、趙的連繫，楚國的危機進一步加強了。

依靠秦魏聯盟，秦惠文王和張儀漁翁得利。西元前三二七年，他們打敗了秦國西邊的義渠國，佔領義渠國大片土地。西元前三二五年，秦惠文王自稱為王。這樣，秦國成為繼楚國、魏國和齊國之後，諸侯中第四個稱王的國家。

緊接著，魏惠王拉攏韓國，邀請韓國君主稱王，史稱韓宣王。這是戰國時期的第五個諸侯王。

這幾年，楚懷王也沒有閒著。他當政之後，從初戰對魏失敗中，也看出楚國體制的一些問題。楚國自楚莊王以來，沿用的都是西周時的分封制度。到吳起變法做了一些改善。但現在吳起已經去世幾十年了，很多地方又改回去了，尤其是法令不明，權貴勢力過大，這是導致楚國資源分散，國力難以凝聚的重要原因。楚懷王想要富國強兵，就得任用賢才，制定更加嚴明的法令。

這一次，給他幫忙的是一位宗室中的才子——屈平。屈平屬於楚國王室三大支系——昭氏、景氏、屈氏中的屈氏一支，他更廣為人知的名字是屈原。

屈原博聞強識，才略出眾。他擔任楚懷王的左徒，實際權力很大。楚懷王在當政的最初幾年，國家的行政律法大事都依靠屈原。屈原也對得起楚懷王的信任。他頒布號令，整頓吏治，聯絡諸侯，使龐大的楚國一時煥發出生機。

此時魏惠王拉攏韓宣王一起稱王，這讓楚懷王大為不滿。

秦國國力強大，稱王倒也罷了，區區的韓國，也敢稱王？

推究起來，這一切的罪魁禍首都是魏國。魏國是楚國之後第二個稱王的國家，而且魏國前幾年還趁楚威王去世，進攻楚國！這個禍根不除，楚國不寧！

於是，楚懷王命令令尹昭陽，帶領軍隊，北伐魏國！

楚國實力原本就遠在魏國之上，再加上屈原的整頓革新，楚軍兵強馬壯、糧草充足。領軍的昭陽也是楚國一代名將。戰爭勝負基本沒什麼懸念。西元前三二四年，楚軍在襄陵大敗魏軍，佔領了魏國的八個城邑。

楚懷王打完魏國後，命令昭陽乘勝進軍，再進攻魏國的盟友齊國。齊宣王慌了，趕緊托大臣陳軫給楚軍主將昭陽說了個「畫蛇添足」的成語，意思是昭陽現在已經位極人臣，即使再打勝仗，也不會升官了。要論名聲，打敗魏國威風也夠了，再打齊國還有什麼意義呢，萬一敗了可就前功盡棄了！昭陽覺得有道理，於是收兵南撤。

有趣的是，在楚懷王北伐魏、齊的過程中，作為魏國、齊國盟友的秦國卻不動聲色。說不定，秦惠文王和張儀是存了「禍水東引」，犧牲魏國，引導楚國去攻打齊國的計謀。卻不料陳軫一番勸說，竟然說得楚國停止攻齊。張儀見此就給陳軫進讒言，陳軫也不含糊，幹乾脆脆地從秦國棄官而去，跑到楚國去了。

這個過程中最鬱悶的是魏國，遭到楚國的進攻，東西兩邊的齊國和秦國竟然都不來幫忙。這時候，卻又有老熟人跑到魏國，給魏惠王出主意。此人就是公孫衍。他本來是秦國的丞相，曾帶著秦軍數次攻打魏國，然而在秦國內部政治鬥爭中被張儀排擠，失去相位。公孫衍憤怒之下，決定從「連橫」改為「合縱」。

公孫衍對魏惠王說：「大王，魏國是小國，想依靠秦、齊這些大

國來保護自己，是不可能的。大國只會犧牲小國為自己牟利。您看，當初魏國和楚國交戰，秦國反而威逼利誘，割走了上洛之地。這樣下去，魏國早晚得被秦國全部吞沒！小國要想生存，只能彼此抱團，大家擰成一股繩，這樣就能和大國抗衡了！這就是合縱之策！」

魏惠王聽了，深以為然。於是在西元前三二三年，由公孫衍牽頭，魏國、韓國、趙國、燕國和中山國這五個國家舉行了一次結盟。在會盟上，這五個小國彼此互尊它國為王。其中魏國早已稱王，韓國在兩年前也已稱王，這次主要是確認燕國、趙國和中山國的王者身分，史稱「五國相王」事件。不過，趙國君主趙雍（即趙武靈王）雖然參與了這次盛會，卻不想稱「王」。他回到國內，還是命令臣民稱呼他為「君」。

至此，戰國七雄全部稱王，連七雄中排不上位的中山國也稱王了。這意味著周王室的最後一塊遮羞布，也被強橫的諸侯們扯了個乾淨，也意味著西周時代的禮法徹底崩壞。

同時，這又是戰國七雄中二三等的四個國家，加上中山國，聯合對抗齊、楚、秦三個大國的自救手段。此舉標誌著戰國時期的「合縱連橫」之爭，正式進入高潮。

面對五個小國的合縱，三大國當然不滿。秦相張儀召集齊國、楚國的大臣，在齧桑（今江蘇省沛縣東南）相會結盟，準備撲滅五國合縱。不過，正如五小國的合縱難免貌合神離，三大國更是各懷鬼胎。這次會盟，最終還是無疾而終。

楚懷王登基的前十年，除去被魏國趁火打劫一次之外，楚國還是相當威風的。對外主要戰爭中，打得魏國喪師失地，報了一箭之仇。

小貼士：田嬰封薛

《戰國策》記載，齊宣王在西元前三二一年準備把弟弟田嬰（即孟嘗君的父親）封在薛地（今山東棗莊一帶）。但楚懷王很討厭田嬰，準備為此起兵攻打齊國。齊宣王聽說後，有點害怕，就準備取消封田嬰一事。公孫閈對田嬰說：「您能不能得到封地，不在齊王，而在楚王。我這就去替您遊說。」公孫閈跑到楚國，對楚懷王說：「魯國、宋國都侍奉楚國，齊國則不侍奉楚國，那是因為魯國、宋國小，齊國大。現在齊王把齊國土地分割一部分來封給田嬰，這是讓齊國變弱，這對您是好事啊。」楚懷王覺得有理，不再糾結這事，齊宣王也就順利地封田嬰為薛君。從這則記載可以看出，當時楚國確實具有凌駕於各國之上的威懾力。

2. 入合縱徒勞無功

　　西元前三二三年「五國相王」事件之後的幾年，楚懷王繼續過著無憂無慮的日子。然而到西元前三一八年，一個頗有誘惑力的方略，擺在了他的面前。

　　這個方略是：關東六國合縱，西征秦國。

　　按照《史記》和《資治通鑑》的記載，這已經是第二次六國合縱，主要策劃人還是蘇秦。但根據其他一些史料推測，這其實是關東六國第一次合縱，而策劃人應該是公孫衍。

　　公孫衍曾擔任秦國丞相，但和張儀爭權落敗後，憤而投奔魏國，為魏國謀劃，建立了最早的合縱組織—— 五小國聯盟。然而這個聯盟並不能阻止魏國受到威脅。相反，魏國合縱的做法激怒了秦惠文王和張儀。接下來的幾年，秦軍連續進攻魏國，先後攻占了陝地、曲沃、平周、鄢地。一時之間，魏國局勢岌岌可危。魏惠王情急之下，一命嗚呼，其子繼承王位，史稱魏襄王。

　　為了拯救魏國，公孫衍不遺餘力，奔走列國。他一方面拉攏了五小國聯盟中的韓、趙、燕等國，積極自救；另一方面，還跑到齊國、楚國，說服齊宣王和楚懷王共同參加伐秦。

公孫衍的說辭非常直接：戰國七雄中，秦國最是貪婪。這幾十年來，已經佔領了魏國大片土地。其餘各國雖然也侵吞土地，但從沒有這麼囂張過分的！如果魏國被秦國完全吞併，關東各國如何能阻擋這頭虎狼？大家必須聯合起來，對抗秦國。不然，受害的絕不僅僅是韓、趙、魏、燕這些小國，齊楚大國早晚也會被秦國吞併。

　　應該說，在那個年代就能看出這一點，公孫衍的眼光還是很獨到的。

　　楚懷王接到邀請，躊躇不決。以他的政治智慧，看不出這有什麼必要。楚懷王認為秦國近些年確實從魏國掠奪了不少土地，但這和楚國有什麼關係呢？

　　魏國不是楚國最大的敵人麼？前些年還趁楚威王的死進攻楚國呢！現在又建立五國聯盟，一些巴掌大的小國也敢稱王，這不分明是故意和楚國作對麼？

　　那秦國，雖然在商鞅變法後確實強大了不少，然而比起楚國，也未必多厲害啊。

　　再說，秦國和楚國是幾百年的好朋友、好親戚啊。雖然近些年他們確實有不地道的時候，但秦王和楚懷王關係不錯，楚國的公主羋八子，論起行輩來算楚懷王的妹妹。

秦國宣太后羋八子，是秦惠文王的妾，秦昭襄王的母親。史書僅提到其為楚國王室之女，並未確認其如電視劇《羋月傳》設定那樣，是楚威王的女兒，楚懷王的親妹妹。從羋八子還有個同母異父的弟弟魏冄來看，羋八子的父親有可能早逝（一如楚威王在位十餘年而死），母親改嫁魏氏。考慮到秦惠文王和楚懷王年齡大致相當，本書姑且認為羋八子與楚懷王同輩，為其同族姐妹。

抱著這些想法，楚懷王對合縱伐秦並不太感興趣。

不過，以屈原為代表的國內有識之士，卻積極贊成。他們告訴楚懷王，秦國現在的實力雖然和齊、楚差不多，但他們佔據關中之地，易守難攻，擴張起來有著天然的優勢。而且秦人生性貪婪彪悍，只用了短短二三十年，就把魏國西邊半壁江山全部佔領，這也是很驚人的。在佔領魏國西部之後，秦國和楚國接壤，下一步必然會把楚國當作侵吞的目標。因此，應該趁這個機會，聯合其他各國的力量，打垮秦國，剷除這個禍根。這樣，楚國才能坐穩天下霸主的地位。

楚懷王被他們煽動，同意加入合縱。齊宣王也表示同意。這樣，公孫衍的合縱成功建立，包括關東的一流強國齊楚、二流強國魏趙、三流強國燕韓。中山國本來也在「五國相王」之中，但齊宣王對中山國稱王非常討厭，因此這次合縱，中山國沒有參加。除此之外，秦國西邊的義渠國也起兵回應。反秦各國中，以楚國實力最強，所以楚懷王當之無愧地擔任了「從約長」。

《戰國策》記載了一個故事，說中山國國君舉行宴會，大夫司馬子期沒有得到羊肉湯，大怒之下，說服楚王北伐中山國。中山國國君逃難之際，有兩個人緊跟著保衛他，原來過去這兩人的父親曾經得到中山國君施捨的一頓飯，才免於餓死，因此這兩個人來報恩。這件事未見其他史料，也未記載具體時間及人物姓名，真偽難斷。如若為真，可能是中山國在「五國相王」事件後得罪了楚懷王，因此招來懲罰性的戰爭。

這一次合縱，國家眾多，聲勢浩大，眼看能一下子把秦國碾為齏粉。楚懷王身為「從約長」，威風八面，建功立業、名垂青史的機會，就在眼前。

然而，這次聯盟伐秦，各國從一開始就矛盾重重。當公孫衍描繪出「消滅秦國」這張藍圖時，大家士氣高漲，興奮了一陣。隨著戰局的深入，各種矛盾凸顯，很快顯出了頹勢。

先說東邊的齊國。齊國和秦國距離很遠，齊秦矛盾並不突出。齊宣王自己也有稱霸的野心，他對中原小國之間的合縱聯盟心懷不滿，認為這會阻止自己稱霸，同時也對楚國懷有戒心。現在楚懷王擔任了「從約長」，齊宣王自然不願意為他「增光」。

相反，齊宣王想拆散三晉的聯盟，也打算侵吞齊國北面的燕國。於是乎，齊國只是在最初同意加入伐秦聯盟。等到真出兵時，齊國沒有派出一兵一卒，反而在北部邊境囤積重兵，一副要入侵燕國的架

勢。

被齊國威脅，燕國君主燕易王也有些猶豫。燕國距離秦國也很遠，他們害怕齊國更勝於害怕秦國。燕易王心想：我若是西進伐秦，被齊國乘虛而入就因小失大了？於是燕軍主力部隊留守國內，只派出少數人馬參加盟軍。

再說楚懷王，雖然當了「從約長」，他心中其實不太願意進攻秦國。再看到齊國的態度，積極性更是打消了幾分。因此楚國雖然派出了一些軍隊，卻也是敷衍而已。

這麼一來，真正西征秦國的其實就只剩下韓趙魏三國了。這三國都緊鄰秦國，為了生存，出動了各自的主力部隊，加上一部分楚軍及少數燕軍，向西伐秦。

相對於關東各國的鉤心鬥角，秦國方面卻是團結一心，而且知己知彼。秦惠文王娶了楚國宗室羋八子為側妃，兩國都有很多人在對方宮廷裡，在楚國的不少秦人就擔任了間諜的角色。

據《韓非子》記載，秦國還送給楚懷王一個侏儒，此人善於表演各種歌舞雜耍。楚懷王非常喜歡這個侏儒，賞賜了很多金銀財寶給他，卻不料這個侏儒是秦惠文王派遣的高級間諜。侏儒趁機結交楚國權貴，掌握了大量楚國朝廷的內部決策，送到了秦惠文王的面前。對於這次合縱伐秦，盟軍內部的種種問題和矛盾，秦惠文王瞭若指掌。

《韓非子》和《戰國策》都記載了秦惠文王刻意用反間計打擊楚國賢才的故事。每次楚國大臣到秦國出使，秦惠文王都會刻意觀察來人的才能。對於出類拔萃的賢才，秦惠文王或者故意結交，讓楚國懷疑這人裡通外國；或者故意找茬，讓這賢才的事務不能順利開展，使得他在楚王那裡留下不好的名聲，得不到重用。

五國聯軍一開始聲威浩大，進逼函谷關。秦國堅守函谷關，五國軍隊彼此各懷心思，難以協力並進。在函谷關下停頓了一陣，軍心日趨渙散。等到養精蓄銳的秦軍殺出函谷關來，五國聯軍一戰大敗，敗退數十里。

吃了這一次敗仗，聯軍再沒有心氣和秦國對抗。一些國家認為，這次合縱是魏國鬧起來的，現在大家兵也出了，敗仗也吃了，這損失應該由魏國承擔！他們打算進攻魏國的市丘，劫掠一番，作為補償。魏國大臣魏順趕緊跑去見楚懷王，拍了一頓馬屁，說服楚懷王以「從約長」的名義，下令聯軍不許進攻市丘，魏國這才逃過一劫。

魏國雖然避免了被「盟軍」劫掠的命運，然而在攻秦之戰中出動的主力傷亡半數，眼看再也頂不下去了，只得向秦國求和。轟轟烈烈的第一次合縱伐秦，就此結束。關東六國寸功未建，反倒是西邊的義渠國趁著秦國對付關東聯軍的機會，在秦國背後點火，大敗秦軍。這反襯出關東諸侯的無能，然而義渠國的攻擊對秦國來說卻只是點皮毛之傷。

這一年，趁著戰國七雄打得不可開交之際，位於中原商丘的宋國君主也稱王了。

次年（西元前 317 年），齊宣王背棄盟約，進攻趙國、魏國。秦惠文王也出兵攻擊韓國，在脩魚大破韓軍，斬首八萬。三晉遭到齊秦兩大強國夾擊，全面潰敗。魏襄王眼看所謂的合縱根本保不住自己的安全，於是聽從張儀的話，重新歸附秦國。魏國本是合縱的發起國，現在反而成了秦國的跟班，這也標誌著合縱完全失敗。公孫衍黯然離開魏國，前往韓國。

合縱失敗的同時，楚國的改革派屈原也在國內失勢。屈原奉行的改革，本來就會損害楚國權貴階層的利益。他在國際戰略上堅持合縱反秦，也遭到楚國內部親秦派的反對。再加上木秀於林，風必摧之，屈原才華橫溢，心性端正，眼裡揉不得沙子。這樣的性格，讓他遭受守舊派的攻擊。

《史記》記載，屈原失勢，主要是因為上官大夫嫉妒屈原受到楚懷王的信任，在楚懷王面前進讒言說屈原居功自傲，這激怒了楚懷王，因此他疏遠了屈原。這樣有才能又有個性的大臣，要麼需要一個氣魄非凡的明君來包容，要麼需要一個善於用人的宰相來協調，可惜屈原面對的楚國，卻不具備這樣的大環境。加上他大力贊同的合縱伐秦失敗。於是，屈原只能黯然停止改革，離開中樞，把自己滿腔委屈和悲憤，寄託在文字中，流傳千古。

這對楚國來說，是不幸的。

3.「施厚黑」張儀欺楚

西元前三一八年，合縱伐秦失敗後，楚國繼續過著相對平靜的日子。楚國國力強大，也沒人來招惹。

但秦國則繼續擴張。西元前三一六年，秦王趁著巴國、蜀國相互攻擊的機會，令司馬錯為主將，攻滅了位於今天成都平原的蜀國，隨後又將巴國納入囊中。這樣，秦國佔有了富饒的天府之國，作為它的後方。此時秦國的經濟實力比起關東六國有了很大的優勢。

對楚國而言，這更是赤裸裸的威脅：巴蜀位於楚國的上游，歷史上，一個二三等的巴國，都曾數次入侵楚國。如今，這個關鍵的位置，卻換上了超級大國秦國。楚國的核心區域——江漢平原，現在幾乎直接暴露在秦國的刀口下。

除了南吞巴蜀，秦國還向西打敗了義渠國，佔領了義渠國二十多個城池；向東繼續討伐魏國、韓國，攻城掠地，迫使韓、魏屈從。秦國威脅天下的預言，正一天天變成現實。

面對秦國的崛起，曾經擔任「從約長」的楚懷王也有點擔心。就像旁邊挨著一隻不斷長大的老虎，誰也睡不好安穩覺。從第一次合縱

的失敗中總結經驗教訓，楚懷王認為，中原和北方那幾個中小國家是靠不住的。他聽取了屈原等人的意見，選擇齊國作為盟友。屈原也曾多次出使齊國，溝通兩國關係。

當然，齊宣王老奸巨猾，齊國宰相孟嘗君也有謀略。齊楚之間同樣是相互利用的關係，而這種利用，往往是齊國占到便宜。屈原這種耿直人，遇上孟嘗君，多半也是要吃虧的。

西元前三一四年，秦國進攻韓國，韓國向齊國、楚國和趙國求救。齊宣王表面答應，表示會全力增援，可是等楚懷王和趙武靈王出兵救援韓國，齊宣王卻趁機北上進攻燕國。當時燕國正遭遇內亂，無力抵擋齊軍。這事也讓楚懷王心生不滿，覺得齊國人和秦國人一樣奸詐不可信。

雖則如此，齊楚畢竟都是當時第一流的大國，單獨拎一個出來，國力也和秦國在伯仲之間。齊楚之間這種同盟的存在，本身就在秦國的擴張野心上打下一根釘子。對於幾個小國結成的合縱，秦國在憑藉實力碾壓的同時，也採取連橫策略，拆散他們的盟約，更何況是齊楚大國！

於是，秦惠文王和張儀開始謀劃。

中國歷史上少見的政治悲劇，即將在楚懷王身上上演。

西元前三一三年，張儀被免去了秦國丞相的職位，來到楚國。他對楚懷王說：「我們秦王最尊敬的，就是楚王您了，連帶著我張儀也最尊敬您。我們秦王最討厭的，就是齊王了，連帶我張儀也討厭齊

王。可是啊，現在大王您卻和齊王結盟，我們秦王沒法向您表達好意，我也沒法給您當奴僕。這樣吧，若是您能夠斷絕和齊國的關係，那麼我願意把商於之地六百里歸還給楚國，還讓秦王把公主嫁給您。這樣，咱們秦國、楚國繼續做兄弟之國，世代姻親；而大王您呢，既削弱了齊國，又和秦國交好，楚國還能白得六百里土地，這是三全其美啊！」

楚懷王本來就對齊國沒什麼好感，一琢磨這事真是三全其美啊！他大喜之下，設宴款待張儀，還準備任命張儀為楚國令尹。

楚懷王又把這個好消息告訴了群臣，並表示準備馬上斷絕和齊國的關系。當時屈原正在出使齊國，其餘大臣們一聽，都紛紛向楚懷王道賀。

這裡面，只有那個當初從秦國跑過來的陳軫，還保持著冷靜，陳軫是齊國人，他對秦國的政治智謀有更深刻的認識。他沒有隨著眾人去趨炎附勢地朝賀，反而向楚懷王說：「大王，您真要接受張儀的建議，不但得不到商於之地，還會遭到齊國和秦國的夾攻，楚國的大禍不遠了！」

楚懷王打個冷戰：「為什麼這麼說？」

陳軫道：「秦國之所以對大王這麼忌憚，完全是因為有齊楚盟約在，所以秦國才不惜拿六百里土地來誘惑大王。如今大王地盤還沒到手，先破壞和齊國的聯盟，那我們楚國就孤立了。秦國怎麼會為了一個孤立的楚國，舍去六百里土地？到時候張儀必然背信棄義，而大王

您血氣正盛，一定會找秦國算帳。這等於北面把齊國得罪了，西邊又得罪了秦國，楚國遭到兩國夾擊，大事不妙！」

楚懷王聽了，沉吟不語。陳軫又說：「您如果實在想拿這六百里土地，不如表面上斷絕和齊國的盟約，暗中卻繼續聯絡交好。等到秦國真把六百里土地割讓給楚國了，再考慮要不要正式和齊國斷交也不晚啊。」

陳軫這主意出得確實不錯，也是站在楚國角度的最好選擇。畢竟，先把六百里商於之地拿到手，那麼接下來是履約徹底和齊國背盟，還是反過來擺佈秦國一道，主動權就在楚國了。而且在表面上先和齊國背盟，秦國也沒話說。可見陳軫確實是誠心在為楚國考慮。

然而楚懷王不知是太急於得到六百里商於之地，還是秉持過去的春秋傳統，不喜歡玩弄花招。總之，他拒絕了陳軫的提議。這位淳樸的楚王，以最快的速度斷絕了和齊國的盟約，然後派了一個將軍，跟張儀到秦國去交割六百里商於之地。

張儀哪裡肯把商於之地給楚國？他帶著楚國將軍，剛回到秦國，就假裝從車上摔下來受傷，回家養病，三個月不出門見客。楚國將軍被晾在秦國驛館裡，找張儀又總找不到，將軍只得派人報告楚懷王。

按說，到這一步，張儀擺明瞭是不會將商於之地交給楚國的，楚懷王也該清醒了，趁著錯誤才犯，趕緊和齊國修復關係才是最好的選擇。可楚懷王卻認為：「看來，張儀是嫌我還沒有完全和齊國斷交麼？那我就再做得徹底點。」他派了一個叫宋遺的勇士，跑到齊國去

破口大罵。

當時齊宣王已死，齊湣王繼位。齊湣王也是個野心勃勃的君主，他本來就對徐州之戰耿耿於懷，哪裡還受得了這個氣。他不但對楚懷王恨之入骨，而且還主動派人到秦國，與秦國結盟。

現在，原本齊楚聯盟對秦的局面，變成了齊秦聯合對楚。楚國不知不覺之間落入了最不利的陷阱。這時候，張儀才「病癒」，接見楚國使者說：「不好意思，讓你久等了，趕緊接受土地吧。喏，從這裡到那裡，一共方圓六里。」

楚國使者大驚道：「不是說好是商於之地六百里麼？怎麼變成六裡了？」

張儀也大驚道：「您聽錯了吧？當時說的就是六里啊。秦國法律嚴峻，怎麼可能一下子割讓六百里土地給楚國，這是我張儀自己的封地六里！」

楚國使者比楚懷王明白，一看這架勢，知道多說也沒用，就回去報告楚懷王。

楚懷王這才知道自己受了騙。他勃然大怒，準備發兵進攻秦國，報仇雪恨。

這時，先前勸諫他的陳軫道：「大王您派人去罵齊王，已經把齊國完全得罪了，再要和秦國開戰，等於一打二，非吃虧不可。與其這樣，還不如乾脆再送給秦國部分土地，與秦國一起進攻齊國。這樣我

們雖然在秦國這邊損失了土地，至少還能在齊國那邊撈些回來。」

　　客觀說，陳軫這回給楚懷王出的主意並不怎麼高明，有點繼續激化齊楚矛盾的味道，可能會讓秦國坐收漁利。但無論如何，至少此時的楚國不應該急於出兵。要攻打秦國，也至少要等到周邊局勢稍微緩和再做打算。

　　可惜，楚懷王現在怒氣衝衝。他計較的不僅僅是六百里土地，還有秦惠文王和張儀如此玩弄他。在他看來，懲罰背信棄義之徒，比爭奪土地更加重要。他命令大將屈匄帶領軍隊，向西進攻秦國。

　　這也是楚國立國數百年，第一次主動對秦國發動大舉進攻。

　　然而以秦惠文王和張儀的謀略，豈能不提防楚懷王？楚懷王盛怒之下，匆忙徵集起來的大隊人馬，在秦楚邊境遭遇到早已嚴陣以待的秦軍。西元前三一二年春天，雙方在丹陽展開大戰，楚軍大敗，八萬多人戰死，主帥屈匄及七十多名高級將領或戰死或被俘。這也是楚國數百年來損傷最慘重的一次大戰。吳師入郢雖然幾乎摧毀楚國，也沒有這麼多的楚軍戰死。秦軍隨即攻占了楚國的漢中（在今陝西省南部）。楚懷王沒能拿回商於之地，反而又失去了幾百里土地。

　　楚懷王怒上加怒。此刻的他，已經完全不知道自己該幹什麼了。他如同一個輸紅了眼的賭徒，他唯一能做的，就是繼續把能聚集的力量全部拿出來，尋求再一次報復秦國的機會。他召集全國的軍隊，再次進攻秦國。這一次，楚軍走得比上次遠，一直打到了藍田。就在這裡，楚軍再度被秦軍殺得大敗。

連續兩次大敗，昔日楚宣王、楚威王積累的強國之名，完全被摧垮了。楚國國土遼闊，全國軍隊都被牽制在西邊，東邊又得罪了強大的齊國，這簡直就是任人宰割的模樣啊！甚至連實力遠不如楚國的魏國、韓國也按捺不住，出兵南下攻打楚國，兵臨鄧縣，妄圖在這饕餮盛宴中分一杯羹。

得知韓、魏來襲，楚懷王憤怒的頭腦稍微清醒了一點。他趕緊撤回軍隊，又割讓了兩座城市給秦國求和。

秦惠文王和張儀呢，他們的目的達成，也不願意和楚國繼續爭戰，免得便宜了齊國和中原其他國家。尤其現在齊湣王在東邊耀武揚威，對秦國的威脅可比楚國大多了。因此，秦國很痛快地和楚國休戰。

不但如此，秦惠文王還在西元前三一一年派出使者，向楚懷王建議，把前一年從楚國奪走的漢中之地，還給楚國一半。這當然不是什麼好心，他的目的是安撫楚懷王，好讓秦國也有休整的機會。

楚懷王，他還在為先前被張儀欺騙而惱怒，氣鼓鼓地回答：「漢中之地我就不要了，把張儀交給我處置就是！」

張儀笑笑對秦惠文王道：「我區區一個張儀，能夠抵得上半個漢中之地，那真是光榮得很啊。大王您讓我去楚國吧，不會有事的。」

張儀大搖大擺地到了楚國，楚懷王看見張儀，非常氣憤，當即下令把他抓起來，準備殺掉張儀。

可是張儀的計謀，哪裡是楚懷王能想到的啊。他來之前，早就結交了楚懷王的寵臣靳尚，又通過靳尚，結交了楚懷王的寵妃鄭袖。靳尚就對楚懷王進言說：「大王啊，先前我們已經把齊國、韓國、魏國全得罪了，之所以諸侯還不敢欺負我們，都因為秦國和咱們結盟。要是您殺了張儀，秦王一定發怒，那時候天下都知道秦楚絕交，到時候秦齊聯合韓魏一起殺來，咱們只怕抵擋不住啊！」

靳尚還對鄭袖說：「張儀是秦王最得力的大臣，聽說秦王為了贖回張儀，準備把一個最美麗的公主嫁給楚王，還捎帶贈送大批美女、金銀珠寶，以及上庸的六個縣作為陪嫁。那位秦國公主要是來了，夫人您的地位豈不岌岌可危麼？您不如對大王進言，趕緊放走張儀。這樣，秦國公主不會來和您爭寵，反而秦王和張儀都會感謝您。有了秦國的支持，您後宮之主的地位堅如磐石，子子孫孫都能當楚王，豈不兩全其美？」

對鄭袖來說，保住自己後宮獨寵的地位比什麼都重要。她趕緊對吹耳邊風，一定要楚懷王放走張儀。

小貼士：鄭袖毒計

魏惠王曾經送一個美人給楚懷王，美人頗受楚懷王寵愛。鄭袖擔心她威脅自己的地位，於是先表現出對魏國美人很友好的樣子，好的衣服首飾都分給魏國美人。連楚懷王都高興得很。魏國美人也把鄭袖當做親姐妹一般。等到準備工作鋪墊得差不多了，鄭袖才暗中對魏國美人說：「大王私下跟我說，你什麼都美，就是

鼻子不太美。以後你見到大王時候，把鼻子稍微遮掩下。」魏國美人信以為真，再見到楚懷王時，頻頻遮掩鼻子。楚懷王很奇怪，問鄭袖說：「新來這個美人，怎麼見到我就遮住鼻子啊？」鄭袖道：「聽她說，她覺得大王身上有點臭，或許魏國那邊氣候乾燥些，不容易出汗？」楚懷王大怒：「敢嫌我臭！」於是一氣之下，就把魏國美人的鼻子割了。鄭袖談笑之間除掉了爭寵的對手。

楚懷王在寵臣和寵妃的內外夾擊下，耳根子一軟，就把張儀放了。不僅如此，張儀還趁機向楚懷王誇耀秦國天時地利、軍威無敵，誰要對抗秦國，必然大禍臨頭。楚國真要跟秦國為敵，秦軍從巴蜀順流而下，三個月就能佔領楚國全境，而諸侯就算要救楚國，半年之內也沒法出兵。所以，楚國應該和秦國友好，這樣靠著秦國撐腰，楚國可以盡情向東邊爭霸。

楚懷王這時候已經完全被張儀玩弄於股掌之中了。聽了張儀的一番長篇大論，他連連點頭，同意與秦國建立長期聯盟，並且贈送厚禮給張儀和秦王。

據說，屈原當時正在出使齊國，回國來才得知消息，趕緊進宮去見楚懷王問：「張儀把您騙得這麼苦，您怎麼被他一番花言巧語又放走了？應該殺了他啊！」楚懷王一聽也後悔了，趕緊派人去追殺張儀，結果沒追上，只能懊悔無及。

但歷史真相大約不至於如此戲劇性。因為張儀對楚懷王訴說的利害關係，確實還是有說服力的。在此後數年，秦楚兩國保持了較為友

好的關系。或許屈原確實曾對楚懷王提出殺張儀的建議，但他那時已經影響不到楚懷王了。

發生在西元前三一三年到西元前三一一年這三年中秦楚之間的事件，史稱「張儀欺楚」。戰國中期的天下格局，原本是秦楚齊三足鼎立，韓趙魏等小國抱團求全。然而在張儀翻雲覆雨的謀算下，楚懷王連出昏招，不但損失了大量軍隊、土地，也使楚國一度遭到天下各國的敵視。

最終，楚懷王被迫向秦國低頭。楚國自此喪失了天下第一強國的地位。而秦國則借助楚懷王的屈服，進一步降服三晉、燕國，齊潛王也和秦國結交。張儀的「連橫」戰略，達到一個高峰。

4. 朝秦暮齊亂方寸

　　楚懷王慘遭秦國玩弄之後，命運給了他一次新的機會。西元前三一一年，秦惠文王去世，新繼位的秦武王對張儀沒那麼信任，他削減了張儀的權力，還把張儀外放到魏國當丞相。西元前三〇九年，張儀也在落寞中去世。

　　楚懷王的這兩個仇人去世，秦國的「連橫」戰略也遭遇了挫折。被秦國壓得喘不過氣的關東諸國，紛紛打起了主意。

　　東邊的齊湣王向楚懷王伸出橄欖枝：「當初秦惠王和張儀這兩個人把你騙得好慘，你怎麼還和秦國交朋友啊？現在秦惠文王和張儀去世了，不如咱們兩個國家摒棄前嫌，聯手對付秦國吧？再把趙國、魏國、燕國、韓國都拉攏過來，一起攻打秦國，恢復周王室的尊榮，還給天下和平。這樣楚國不但可以報仇雪恥，而且能號令天下，名傳千秋！」

　　楚懷王開始還有點猶豫，剛過了兩年太平日子，這要再和齊國聯合打秦國，豈不是又一番腥風血雨麼？

　　大臣們也各持所見，有的親秦，有的親齊。最後，還是親齊派說服了楚懷王，畢竟秦國前幾年給楚懷王的傷害太深了。大臣昭雎更是

直言：「大王您先前被秦國欺負得太狠了，現在必須得從秦國奪取土地，才能在諸侯面前洗雪前番的恥辱！」楚懷王與齊湣王重新建立聯盟，並拉攏中原國家，共同對付秦國。

不過從中也可以看出，楚懷王看重的依然是「雪恥」，是「面子」問題，而非利益和生存問題。楚國君臣們似乎還沒有意識到，現在各國環境的險惡程度。

齊楚聯盟戰略收到了一些成效。西元前三〇七年，秦國大將甘茂攻打韓國宜陽，圍城半年才打下來。楚國大將景翠這時率領大軍北進。秦軍已經筋疲力盡，不敢再和楚軍再戰，就把煮棗（在今山東東明縣一帶，當時是秦國佔領的土地）割讓給了楚國，同時韓國看楚軍增援自己，也贈送了很多金銀財寶。楚國沒出什麼力，就名利雙收了。

而且，秦國打下宜陽，也沒得到什麼好處。秦武王一時歡喜，跑到周朝宗廟裡面舉鼎，結果被鼎壓斷了腿，當夜就活活痛死了。

繼位的是秦武王同父異母的弟弟嬴稷，史稱秦昭襄王。這位秦昭襄王的母親，就是楚懷王的同族妹妹羋八子，史稱宣太后。

秦昭襄王繼位，宣太后掌握大權，宣太后的同母異父的弟弟穰侯魏冉成為秦國宰相，同父弟弟羋戎也掌握大權。他們把不肯服從秦昭襄王，圖謀作亂的秦國大臣、公子殊殺，連秦惠文王的王后也被逼著自殺。秦國大臣甘茂也逃亡到齊國。秦國陷入短暫的低潮。

羋八子、魏冉、羋戎等人掌握秦國大權後，內臨秦國貴族奪權，

外有齊楚合縱，內外交困之下，他們要分化瓦解強敵的聯盟，就再一次把橄欖枝伸向了楚國，他們希望楚懷王能夠與秦國捐棄前嫌，重新結盟。

面對秦國的引誘，楚懷王又一次迷失了。他覺得，害人的秦惠文王和張儀都已經死了，現在秦國新君秦昭襄王是我外甥，掌權的宣太后和羋戎都是咱們羋家的弟弟妹妹，可以考慮恢復秦楚之間幾百年的友好關係了。

楚懷王選擇了接受，重新與秦國結盟。

西元前三〇四年，秦昭襄王和楚懷王在黃棘（今河南新野縣東北）聚會，正式結盟。在會議上，秦昭襄王對舅舅楚懷王非常尊敬，還當場宣布，把先前秦國奪走的上庸之地還給楚國。

看著眼前這個外甥的孝順模樣，楚懷王臉上笑開了花。在他看來，過去被秦惠文王和張儀欺騙的那噩夢般的十年，已經成為過去。今後，他可以繼續躺在秦楚親情的基礎上，享受太平盛世。

然而，楚懷王全錯了。

戰國時期，「國家」的意識並不強烈，士人們謀求的是個人成功。各國人才為外國效命，乃至於反過來對本國造成威脅的例子比比皆是。

宣太后也好，羋戎也好，他們雖然與楚懷王的同族，但到了秦國，成為太后、國舅，那麼自然會站在秦國立場上考慮問題。至於秦昭襄王更不用說，他哪裡會真把舅甥之情當回事呢。

秦楚結盟，只是秦國破壞合縱的手段而已。秦楚聯盟，既能讓秦國免受楚國進攻的威脅，又能把疆土更廣闊的楚國拋出去吸引關東諸侯的火力。秦國，退可養精蓄銳，進能繼續擴張，立於不敗之地。

秦國把上庸還給楚國的同時，大舉進攻韓國、魏國。西元前三○三年，秦軍越過黃河，攻占了魏國的蒲阪、晉陽、封陵，又攻占了韓國的武遂。

齊湣王怒不可遏：「原本好好的四國合縱，都怪楚國率先動搖，讓秦國如此囂張！」他當即率領齊國、韓國、魏國聯軍，發動懲治楚國之戰。

楚懷王與秦國和談，原本是想要和平，反而引來了更猛烈的戰火。三國聯軍打來了，他只好派太子熊橫到秦國求救。秦昭襄王派兵增援楚國。齊國、韓國、魏國聯軍攻打楚國，但要同時對付秦國、楚國，三國既沒膽量，也沒實力，他們就收兵回去了。

這麼轉了一圈，楚國不但又回到秦國那邊，而且還變成了合縱諸侯攻擊的主要目標，和齊國的仇怨也越結越深。楚懷王這一番作為，可謂既賠了面子又賠了裡子。

楚國為了和秦國盟好，得罪了齊、魏、韓三國，這已經非常糟糕。可接下來，楚國又把秦國也得罪了。

原來齊國聯盟伐楚時，楚懷王的太子熊橫到秦國當人質求救兵。按說，熊橫到秦國也算走親戚家，畢竟秦國宣太后是他的同族姑母，羋戎是他的族叔，秦昭襄王是他的表兄弟。

可這位熊橫真夠橫。去了秦國才一年，到西元前三〇二年，他就因為一些小事，跟秦國某位大夫發生矛盾。兩個人私下裡動了武，熊橫一不留神，把秦國大夫給殺了。

這下可闖了大禍。按理說，楚國太子的地位當然比秦國大夫要高，這事說不定是秦國大夫自己挑釁。可是秦國法律，很重要的一條就是禁止私鬥，一切事情上公堂說。只要是私下武鬥，不管有理沒理，都要嚴懲。如今熊橫不但私鬥，還殺了秦國大夫，得受秦國法律的嚴懲。

堂堂楚國太子，真要押到公堂上審訊，這也太丟臉了。太子熊橫急中生智，連夜逃回了楚國。

他這一跑，可給楚國惹下了大麻煩。秦昭襄王先前和楚國結盟，本來就只是為了離間齊楚聯盟，破壞合縱。現在瓦解合縱的目的已經達到，原本就打算找機會再繼續攻打楚國。熊橫殺人潛逃，給秦國提供了絕好的藉口。

於是，秦昭襄王宣佈解除秦楚同盟，兩國處於戰爭狀態！不僅如此，秦昭襄王還轉而拉攏韓國、魏國、齊國。為此，秦國把先前侵佔的蒲阪還給了魏國。

齊國、魏國、韓國，他們現在對楚國的仇恨已經超越了秦國，毫不猶豫就答應了秦國。

西元前三〇一年，秦國、齊國、韓國、魏國四國聯軍，對楚國發動了大舉進攻。

原先處於絕佳戰略位置，受到齊國、秦國兩面拉攏的楚懷王，在秦國一番詭譎計謀下，應對失當，陷入了全面受敵的窘迫之中。

然而到了這一步，楚國的君臣居然還在內耗。

四國聯軍來犯，楚懷王認為秦國是罪魁禍首，命令昭雎率領主力部隊先迎擊來犯的秦軍。昭雎卻不願意，大約是害怕和秦軍硬碰，他派了一個說客去楚懷王那裡進言，說楚軍和秦軍打，就算最後打贏了，也是兩敗俱傷，還把秦王得罪得更厲害，最後反而便宜了齊國、韓國、魏國。

那麼應該怎麼辦呢？說客給出了一條妙計，就是多給昭雎增加兵力，但並不主動出擊，只是讓秦王知道楚軍不好惹。這樣一來，說不定秦王會害怕，會和楚國休兵停戰。這樣秦楚可以重新聯合。

這個戰略簡直是異想天開。明明這次四國圍攻就是秦國召集起來的，就算你要讓秦國覺得楚國不好招惹，也得先展現出敢於拼命的鬥志啊。像昭雎這樣坐擁重兵不敢出戰，這不是鼓勵秦國繼續進攻嗎？

同時，楚懷王還派大臣景翠去向齊國求和，願意割讓六個城池給齊國，並派剛剛從秦國跑回來的太子熊橫去當人質。從長遠來看，秦楚齊三國中，還是秦國的威脅最大，給楚國造成的傷害更深。聯齊抗秦，總歸是楚國的正確路線。

但作為楚軍主帥的昭雎又來攪局了。他對景翠說：「你到齊國去割地求和，齊國要同意了，秦國必然害怕，也會求和，說不定還會割地給楚國。這樣一來，秦國這邊割地給楚國，齊國這邊卻要楚國割地

給他們，兩邊比較，大王會怎麼看你啊？所以我認為，你不如請大王先派人去秦國求和，這樣齊國知道了，肯定不敢再要求楚國割地，於是你的功勞就有了。」

昭雎這番話繞來繞去，其實就一個邏輯：面對齊秦聯盟，先派去講和的一方可能會付出一些代價。所以他鼓動景翠為了自己的利益，別去和齊國講和，等秦國這邊先講和。表面上這話有道理，其實多半還是昭雎自己害怕秦軍，所以出了這個餿主意。

就在楚國君臣這種表裡不一的各自算計中，四國大軍逼近了。楚軍接連遭到敗績。垂沙（今河南省唐河西南）一戰，齊、韓、魏三國聯軍大敗楚軍，殺死楚國主將唐眛（一作唐蔑），他們乘勝攻占楚國垂丘（今河南省沁陽市北）、宛（今河南省南陽市）、葉（今河南省葉縣）以北的大片土地。

垂沙一戰，使得楚國的核心區域——江漢平原遭到威脅。楚軍在千里邊鏡線上東奔西走，顧此失彼，秦國趁機發動進攻。西元前三〇〇年，秦國宣太后的弟弟華陽君羋戎進攻楚國。羋戎是楚懷王的同族兄弟，可他不會替楚國著想。在羋戎的率領下，秦軍勢如破竹，再次大敗楚軍，斬首三萬，殺掉楚國大將景缺，佔領襄城。

楚懷王這才明白，秦楚之間所謂的親戚友誼根本靠不住，自家的兄弟比外人還狠。他終於下定決心，派太子熊橫到齊國當人質，恢復齊國和楚國的邦交。這樣，一方面可以把東部防範齊國的軍隊調來增援西部，危急時刻還能得到齊國的增援。

5. 中奸計客死秦關

西元前三○○年，楚懷王重新與齊國結盟。對秦昭襄王而言，齊楚同盟是他最頭疼的事情，無論如何都要拆散。他先命令前線軍隊加緊進攻，趁楚國的兵力尚未調度過來的時機，又接連攻克楚國八座城池。

接下來，秦昭襄王派人給楚懷王送了一封信，信中說：

「舅舅啊，當初秦國和楚國約為兄弟之國，您派橫太子來當人質，兩國多麼和諧啊。可您的太子卻殺了我的大臣，還潛逃回楚國，這才讓我發怒，起兵和您切磋了幾次。現在聽說舅舅您居然要把太子送到齊國去當人質，這不合理啊。秦國和楚國的矛盾，能讓齊國看笑話麼？依我看，秦國和楚國要是鬧矛盾，就沒法號令諸侯。現在鄭重邀請舅舅您來武關和我當面聊聊，咱們恢復秦楚同盟！」

楚懷王接到這封信，非常猶豫。他是不太願意和秦國打仗的，可是真要去秦國，又怕被騙；不去吧，又怕秦國更怒，難以收場。

大臣昭雎對秦國是最怕的，先前四國伐楚時他四處奔波想讓雙方和解。可是此時昭雎倒很明白，他勸楚懷王：「秦國一心想要吞併諸侯，絕對不能相信他們！大王您千萬別去，咱多調些兵馬，守住邊境

就好了。」

還有已經被楚懷王貶斥的屈原，也勸說：「秦國是虎狼之國啊，大王不能去，去了多半要糟糕！」

然而楚懷王的小兒子子蘭卻說：「父王啊，秦國這麼強大，您要是去了秦國，結交這個強鄰，楚國還能保全。不去，楚軍打過來，憑昭雎、屈原他們能抵擋麼？」

楚懷王躊躇再三，決定還是自己冒險走一趟。西元前二九九年，楚懷王進入秦國武關。

果不其然，秦昭襄王根本沒打算和楚懷王會談。雙方約定武關見面，秦昭襄王卻待在秦國國都咸陽，並沒有出發武關的跡象。楚懷王剛一進武關，就被秦國軍隊劫持，一路往西到了咸陽，秦軍逼著他像臣下一樣去咸陽面見秦昭襄王。

三百多年前，楚文王曾經背信棄義，將友好款待自己的舅舅鄧侯逮捕扣押。如今輪到楚懷王被他的外甥秦昭襄王扣押了。

看著薦薦的楚懷王，秦昭襄王笑道：「舅舅，請您來一趟不容易啊。把黔中郡和巫郡割讓給秦國吧，我就放您回去。」

楚懷王氣得渾身發抖：「你們這些人背信棄義、反復無常，說好來和談，居然這般無恥！你要殺就殺，我絕不會把楚國土地拱手讓給你的！」

這位無主見的楚王，至少在最後關頭，還要維護身為王者的尊

嚴。

秦昭襄王冷哼一聲。他想不通，楚懷王怎麼會這般固執，居然不肯交出兩個郡來換取回國為王。可是逼迫也得不到兩個郡，於是秦昭襄王下令把楚懷王軟禁起來。楚懷王自此開始了為期三年的俘虜生涯，直到最後鬱鬱而終。

秦昭襄王扣住楚懷王，又派使者到楚國，要求割地，否則就不放楚懷王回來。楚國朝廷一片慌亂。現在楚懷王的太子熊橫還在齊國做人質，楚懷王又被扣留，國內無主，如何是好？楚懷王的幼子子蘭大約是有些想法的，他也收買了一些大臣，希望大臣們扶持他登基。

關鍵時刻，還是昭睢出來主持大局，他決定還是趕緊去齊國把太子迎回來主持國政，這樣最是名正言順。如果立庶子，楚懷王的庶子又不止一個，立誰不立誰，必定會引起內亂。

楚國使臣到了齊國，請求讓太子回國。這時候，齊湣王可仗勢欺人了。他趁機向熊橫要求道：「護送你回去可以，可是你父親屢次上秦國人的當，給咱們合縱事業帶來多大危害啊！你必須答應我，回國後割讓東部五百里土地給齊國！」

小貼士：齊國之謀

楚國派人準備招回太子，齊湣王召集大臣商量。有人建議：「可以扣留楚國太子，要求楚國割讓淮北土地。」齊國丞相孟嘗君說：「不行，這麼脅迫楚國，楚國另立其他王子為王，我們平白落

　　熊橫心下躊躇。父親因為不願意割讓土地，才被秦國扣押，自己若是割讓土地，那就會成為國家的罪人。但不割地，就回不去，當不上楚王，國家也會群龍無首。他只好請教老師慎子。慎子道：「現在情況緊急，先答應再說，畢竟土地事小，國家事大。」熊橫於是同意了齊國割地的請求。齊湣王大喜，派人把熊橫送回了楚國。

　　熊橫回國後，立刻被擁立為新的國王，史稱楚頃襄王。新君已立，楚國大臣們有了底氣，回復秦昭襄王道：「托您的福，現在咱楚國有新王了，土地不會割讓給您的！」

　　三百多年前，楚成王在會盟上挾持了宋襄公，想要宋國割讓土地，宋國則立了宋襄公的哥哥為君，挫敗楚成王的陰謀。如今，楚國也採用了同樣的方式，希望粉碎秦國的陰謀。

　　不同的是，當初楚國作為道德禮法的破壞者，勒索的加害方；如今他們卻成為道德禮法的捍衛者，勒索的受害方。歷史真是開了個不大不小的玩笑。

　　當初，楚成王扣留宋襄公，沒能讓宋人屈服，就放宋襄公回去了。如今楚人面對的秦昭襄王，比當年的楚成王更加兇殘，他信奉你

不肯割讓土地，那我就打下來！

西元前二九八年，秦軍出武關，攻打楚國。楚頃襄王新近繼位，哪來得及整頓軍備？楚軍被打得大敗，秦軍斬五萬楚軍，佔領了楚國淅地（今河南淅川一帶）的十多個城池。

秦軍的兵鋒，迫近了楚國的核心——江漢平原。

禍不單行，這時東邊的齊湣王也伸出手來了：「當初熊橫可是答應我，割讓東部五百里土地的，現在別反悔！快些拿來。」

齊湣王要求的五百里淮北土地，大致相當於今天河南東南部、安徽北部，在當時是人口密集的繁華地區。這片土地是當初楚國趁越國滅吳的機會佔領的，真要把淮北的土地割讓出去，楚國受損可就大了。楚頃襄王很猶豫，召集大臣們商量。

上柱國（大元帥）子良說：「我認為應該割讓。言而不信是不好的，失去信義就沒法立足。我也知道東部土地很重要，齊王趁火打劫，但我們總不能先失信。如果大王實在心疼，那麼我們先把領土割讓給齊國，再出兵搶回來，這才是堂堂正正的君子行徑！」

大臣昭常說：「我認為不應該割讓。這塊地方要割讓給齊國了，楚國元氣損失太大！大王如果怕齊國，我願意帶領軍隊去鎮守東部！」

大臣景鯉說：「這塊地不能白白給齊國。但是，既然答應了齊王，若就不給，只怕楚國也守不住。我申請去秦國求救，秦王一定不

會甘心讓齊王白得這塊土地的！」

楚頃襄王看三個大臣說得都有理，只好再問老師慎子。慎子說：「咱們三條計策一起用。您先派子良去齊國，表示願意交割土地；然後派昭常鎮守東部，抵擋齊軍；同時派景鯉去秦國求救。這樣就三全其美了。」

楚頃襄王如撥雲見日，趕緊按老師的教導行事。子良先到齊國，表示願意交割土地，齊湣王大喜，派人去接受淮北土地。結果齊國官吏到了淮北，卻見楚國大將昭常帶兵封鎖了邊界，公然宣稱：「我昭常奉命守淮北，絕不會輕易把土地交出去！現在我已經召集了東部的全部軍隊三十萬，您要取淮北，就請從我們的屍體上踩過去吧！」

齊湣王勃然大怒，他聯合了韓國、魏國，準備出兵強行攻占楚國東部地區。真要打起來，新近換君的楚國，必然會吃大虧。

但這時候景鯉已經到了秦國，對秦昭襄王說：「大王，齊國大軍壓境，逼迫楚國割讓淮北地區。我們眼看要抵擋不住了，只好割讓淮北地區。淮北真要被齊國拿去，我看對秦國來說，也不是什麼好消息。」

秦昭襄王，欺負楚國毫不手軟，但楚國畢竟是秦國的親戚，他覺得就秦國能欺負楚國，別人不能！再說，對秦昭襄王來說，野心勃勃的齊湣王可比楚懷王、楚頃襄王父子要可怕多了，絕不能讓他占大便宜！

因此秦昭襄王趕緊叫景鯉回楚國：「土地別給齊國，我馬上出兵

增援你們！」同時秦國派大軍出函谷關，威脅齊國、韓國、魏國，道：「你們扣留楚國的太子，勒索土地！如果要打，大秦國站在楚國一邊！」

這樣一來，齊國也不敢同時與秦楚開戰，齊湣王只得放棄強行攻取淮北土地的想法。

楚頃襄王繼位之初，終於擺脫過去那種拘泥禮法的思維，楚國也嘗試著運用計謀手段，從而取得了勝利。楚國不但避開了遭到齊秦夾擊的噩運，保住了淮北土地，甚至還因此和秦國改善了關係。

然而從長遠來看，這並不是什麼好事。楚國這種手段之所以能得逞，歸根結底是因此時楚國內亂，實力弱，因此秦齊兩國都不把他當作競爭對手，反而要防止彼此從楚國那裡撈到更多好處。

再則，楚懷王在秦昭襄王的威逼下，寧肯不回國也不願意割讓土地，而楚頃襄王在齊湣王的威逼下，表現得比其父楚懷王差。雖然從最後結果來看，楚頃襄王熊橫回國了，土地也沒給齊國，仿佛比其父親的做法要更加划算。但這實際上意味著楚國開始拋棄自己恪守的信念。而這種政治道德信念，曾經是楚國各階層凝聚力的來源。

從外交戰略來說，幫楚國保住淮北的確實是秦國，楚頃襄王也感激秦國的幫助，秦楚關係又得到改善。可是秦國扣留楚懷王，才是楚國遭遇危機的最初淵源，可這事仿佛被人忘記了。親秦派的公子子蘭成為楚國新任令尹，掌握大權。而作為親齊反秦派的屈原等人，則遭到了進一步的打壓。但歸根結底，齊楚同盟才是保全楚國乃至關東各

國的基礎。楚國選擇親秦而不是親齊，最終會給自己帶來厄運。

或許楚頃襄王心中，已經不太願意楚懷王回來了。

因此可憐的楚懷王，只能繼續在秦國當俘虜。西元前二九七年，楚懷王試圖逃回楚國，可是通向楚國的道路都已經被秦軍封鎖了，楚懷王打算取道趙國，畢竟趙國是楚國的長期盟友，當初秦齊韓魏聯合伐楚，趙國也沒趁火打劫。

楚懷王逃到了趙國邊境，誰知趙武靈王恰好不在，趙國人不敢擅自接納楚懷王，楚懷王又被秦軍抓住，繼續被軟禁在秦國。經此磨難，楚懷王一病不起，於西元前二九六年去世。

楚懷王在位約三十年，他作為人質在秦國待了三年。三十多年的富貴人生，就是一部屈辱史。他單純的頭腦，壓根不適應戰國中後期爾虞我詐、奸謀橫行的格局。因此，先是被自家妹夫秦惠文王和張儀利用，此後則是被自家外甥秦昭襄王和族妹宣太后玩弄於股掌之上。在他任上，楚國從原本戰國七雄中實力最強的寶座上跌落，反而淪為秦楚齊三國中唯一一個遭遇重創的國家。

唯一值得自矜的，只有他對春秋禮法的執著和對大國信義的尊崇。雖然這種執著與尊崇，就如三百年前宋襄公的仁義一樣。面對虎狼之秦，他貿然入境當然是無謀取禍，但能不屈於威武，終究還算對得起骨子裡羋姓的熱血。

死亡，對楚懷王來說是一種無奈的解脫，但楚國的悲劇，卻還將繼續。

6. 五國伐齊自掘墓

楚懷王無謀，剛繼位時趾高氣揚，甚至塑造了天下諸侯的銅像來給自己當隨從，得罪各諸侯。可是等他死了之後，大家都覺得他太可憐了，秦昭襄王太卑鄙，連這麼個老實人都欺負。楚懷王的遺體被送回楚國時，所到之處，楚國百姓一路嚎哭。

關東各國也都心戚戚然，覺得楚懷王身為一方諸侯，被秦國這麼欺負，落得這麼淒慘的下場，太過分了。楚懷王之死，反而激起了關東各國同仇敵愾之心。而雄心萬丈的齊湣王，也有心借此打垮秦國。

就在楚懷王死去的同一年（西元前 296 年），在蘇秦和孟嘗君的策劃下，齊湣王組織了又一次合縱。參加的包括一流強國齊國、二流強國魏國、二流強國趙國、三流強國韓國和不在戰國七雄之列的宋國。這一次，五國聯軍同仇敵愾，士氣如虹，打得秦軍節節敗退。

對楚國而言，這本是洗雪舊恨，重新建立齊楚聯盟的機會。然而此刻的楚頃襄王，全然忘了國恨家仇。在令尹子蘭等親秦派的遊說下，他閉關不出，坐觀成敗。

以齊國等五國之力，雖然能逼退秦國，卻沒法對函谷關以西的秦國本土造成威脅。秦國等盟軍的鋒銳稍微減少後，把武遂割讓給韓

國，把封陵割讓給魏國，拉攏韓、魏，瓦解了這一輪合縱。

待到合縱大軍撤退，緩過這一口氣之後，秦國再度開始對韓、魏的打擊。偏偏此時，關東六國中最具雄才大略的趙武靈王又死於國內政變。秦昭襄王則在丞相魏冉的輔佐下，重用了一位出類拔萃的名將——白起。

西元前二九三年，白起帶兵在伊闕（今河南洛陽南的龍門）大破韓、魏聯軍，生擒魏軍主帥公孫喜，佔領五座城池，斬殺韓、魏軍兵高達二十四萬，刷新了戰國時期有史以來單次戰役中殺人數量的新紀錄。

趁著這讓天下震怖的血腥勝利，秦昭襄王再度發兵南下攻楚，輕而易舉奪占了楚國的宛、葉之地。

宛、葉位於今河南省南部，是連繫江漢平原和中原地區的樞紐。春秋中期，楚國幾位君王頻繁北進，就是為了打通這一要隘。如今，這塊要地被秦軍佔領，楚國的防禦已經岌岌可危。

面對秦昭襄王的淫威，楚頃襄王完全失去了鬥志。他忙不迭地跟秦國講和，又為自己的兒子迎娶了秦國公主。

不費吹灰之力降服了楚國，秦國更加囂張地蹂躪韓國、魏國。西元前二九○年，秦國迫使魏國割讓河東之地四百里，韓國割讓武遂之地二百里。西元前二八九年，秦國大將白起和司馬錯又攻占了魏國軹地（今河南濟源一帶）的大小城池六十多座。秦國勢力已經對中原地區形成了包圍。

西元前二八八年，秦昭襄王自稱「西帝」，並派舅舅魏冉出使齊國，尊齊湣王為「東帝」。

按照中國古代的稱謂，皇比帝大，帝比王大。周天子也不過稱王，秦昭襄王這等於是公然不把周天子放在眼裡。當然，齊湣王聽了謀臣蘇代的勸諫，只稱帝兩天，就恢復了王號，秦昭襄王不久也取消了帝號。

即使如此，秦國擴張的趨勢一點沒變，之後兩年它又攻占了趙國的杜陽，魏國的新垣、曲陽、安邑等地。

楚頃襄王這段時間在幹什麼呢？他不敢參合到秦昭襄王的帝王遊戲中。讓他頭疼的，是宋國。

宋國在春秋中期，一度是楚國北上爭霸的眼中釘。戰國前期，宋國和楚國保持友好關係。然而這時宋國君主換上了彪悍的宋康王。他窮兵黷武，編制成一支大軍後，居然四面出擊。東邊打敗了齊國，西邊打敗了魏國，南邊更入侵楚國。楚頃襄王被秦國壓得喘不過氣來，此時又遭宋康王的攻擊，宋國一舉奪占了楚國三百里土地。

西元前二八六年，齊湣王邀請楚國、魏國一起合攻宋國。楚頃襄王欣然而從。區區一個宋國，論整體實力，比魏國尚且差上一檔，哪裡擋得住三大強國的圍攻？加上宋康王為人殘暴，國內臣民眾叛親離，三國大軍一到，宋國很快土崩瓦解。沒多久，傳承七百年的商王朝後裔統治的宋國被滅了，年邁的宋康王死於逃亡途中。

這樣，春秋時的「中原八國」，只剩下魯國和衛國了。

宋國的滅亡，並不能讓楚頃襄王鬆一口氣。齊湣王滅亡宋國後，比宋康王更加驕橫，他不但將宋國土地全部吞併，而且不惜向昔日的盟友三晉和楚國大打出手。

這時，屢次遭受齊國入侵的燕國站了出來。燕昭王任命樂毅為主將，聯合秦國、趙國、魏國、韓國和楚國，合兵伐齊。

楚頃襄王猶豫了，他在位這十多年來，總是遇上各種棘手的問題。齊湣王當然是很可惡的，但是秦昭襄王也不是善茬。現在燕昭王要聯合伐齊，看這架勢，恐怕要把齊國完全打垮。問題是打垮了齊國，真的對楚國有好處麼？

思前想後，楚頃襄王表面上和燕國使者敷衍答應結盟，卻並沒有派兵參加聯軍。

西元前二八四年，燕、秦、韓、趙、魏五國聯軍正式伐齊。即使沒有楚國出兵，五國對齊國也占絕對優勢。尤其齊湣王飛揚跋扈，導致國內臣民離心離德，而燕軍主帥樂毅又是戰國時的一流名將。短短幾個月，齊國損兵折將，大片土地被聯軍佔領。

慌亂之下，齊湣王向楚頃襄王求救。

歷史的選擇權，又一次放在楚國面前。

是趁機落井下石，把齊國滅掉，分一些好處；還是出兵救援齊國，抵抗五國聯軍，穩定齊楚聯盟？前者能得到實際的好處，而後者，則可以換來齊國長久的支援。

楚頃襄王躊躇再三，最後他決定派遣大將淖齒帶領軍隊，北上救援齊國。

齊湣王被打得灰頭土臉，一看楚國來援，高興不已，心想不枉我當初護送楚頃襄王回國繼位！他任命淖齒為齊國丞相，希望依靠楚軍守住剩下的土地，進而光復國土。

然而深受齊湣王信任的淖齒，卻在打著別樣的主意。沒有人知道，楚頃襄王當初是怎樣和淖齒描述任務的，這到底是淖齒的自作主張，還是楚頃襄王的授意。總之，淖齒暗中和燕國方面通了消息，表示願意和燕國裡應外合，滅掉齊國，平分齊國土地。

然後，淖齒發動政變，把猝不及防的齊湣王抓起來殺了。

淖齒這個舉動，與楚國自楚莊王以來數百年的「仁義」作風完全相反，可悲的是，淖齒此舉並沒有獲得任何好處。他對齊湣王的弒殺，反而激起齊國臣民的極大反感。等到次年（西元前 283 年），齊國宗室王孫振臂一呼，帶著四百多個齊國百姓衝進王宮，把淖齒殺了。

齊國人驅逐了楚軍，擁立齊湣王之子田法章為新王，即齊襄王。此後，燕軍繼續攻占齊國土地，齊國人則在齊襄王和名將田單等人領導下堅持抵抗。數年之後，田單終於用反間計使新繼位的燕惠王換下樂毅，隨後以火牛陣大破燕軍，恢復了大部分國土。

西元前二八四年開始的各國伐齊之戰，對戰國格局影響巨大。曾經雄踞東方，與秦國並稱二帝的齊國，經此一戰，遭遇重創，實力一

落千丈，再也無力與秦國正面對抗。齊國本身遠離秦國，既然不存在競爭，自然在秦國的連橫策略下，逐漸轉為親秦。這樣，關東各國再也找不到任何一個核心，來對抗秦國的侵吞了。秦國成為此次事件的最大受益者。

對燕國而言，一度佔領齊國大半國土，不但國威赫赫，還報復和削弱了身邊這個最大的威脅者。趙國、魏國在攻齊中獲得了部分土地。這幾個國家，雖然從長遠看為自己埋下了禍根，但短期收益還是有的。韓國作為戰國七雄中的墊底者，沒有撈到實在好處，卻也沒什麼損失。

而楚頃襄王，在這次事件中，卻成了一個很不光彩的角色。楚國不公開參與伐齊，淖齒卻在「救援齊國」的旗號下，做出了弒君作亂的舉動，使得齊國人對楚軍的仇恨超過了對燕軍的仇恨。最終，楚國雖然出了兵，也占到一些土地，卻落下一身罵名，而更嚴重的後果是：失去了齊國制約，秦昭襄王很快可以騰出手來，再度對楚國動武了。

7. 失江漢落葉秋風

伴隨著西元前二八四年齊湣王臨終前的慘叫，齊國被打得一蹶不振，退出了戰國爭雄的行列。數十年間，秦國對楚國的蠶食，乃至對天下的鯨吞，最忌憚的就是齊楚聯盟。為此，秦國君臣不遺餘力地要拆散齊楚聯盟。如今，齊國被燕國打得幾乎滅亡，齊王又死在楚國將軍手上。無須再「拆散」，齊楚聯盟已經不可能再存在了。

齊楚失和，最利於秦。此後數年，秦國恣意地對三晉展開攻伐。西元前二八三年，秦軍攻克魏國安城，兵臨大梁；西元前二八二年，攻克趙國兩城；西元前二八一年，攻克趙國石城；西元前二八○年，斬殺趙軍二萬，攻克光狼城……

這期間，楚頃襄王似乎完全沒有風險意識。他寵倖著州侯、夏侯、鄢陵君和壽陵君這些權貴，整日遊山玩水，奢靡腐化，一邊還做著繼續建立合縱，打敗秦國，稱雄天下的美夢，甚至他還想取代周天子的地位。大臣莊辛勸他，他也不聽，全不知大難將至。

等到秦國把三晉打得無還手之力，秦國左翼不再存在風險，明晃晃的刀劍開始向楚國劈來。

西元前二八○年，秦國大將司馬錯率領軍隊，從蜀地順流而下，

攻打楚國的黔中（今貴州北部）、巫郡（今重慶東部、湖北西部），楚軍大敗，黔中、巫郡很快被秦國佔領。當初秦國扣押楚懷王就是要求割讓這兩郡作為交換，楚國不讓，現在還是給吞併了。

秦軍順勢東進，楚頃襄王無奈，只好把二十多年前秦楚結盟時，秦國贈送給楚國的上庸之地割讓給秦國。然而秦國依然不滿足，楚國只好又把漢水以北（今陝西東南、河南西南及湖北西北部）的大片土地，也都割讓給秦國。

這一刀下來，等於斷掉了楚國的左臂，位於江漢之間的楚國核心地帶，已經處在秦國北面、西面的兩路軍隊的威脅之下。

小貼士：莊蹻入滇

據史載，楚國大將莊蹻是楚莊王的後代，他在楚頃襄王在位時率領軍隊從黔中西進，征服今天貴州西部和雲南的廣大地區，直達滇池（今昆明一帶）。莊蹻正準備回報楚國，卻發現秦軍已經攻占黔中和巫郡，通往楚國的道路斷絕。無奈，莊蹻只能留在當地，建立了滇國，自稱為王。楚將莊蹻是最早把華夏文明傳遞到雲南的人。滇國東接蜀地，西達印度等地，進而連通中亞、西亞、歐洲，比絲綢之路更早實現東西方的交流。《史記》《漢書》記載莊蹻在楚威王時西征，但楚威王距離秦國攻占黔中有幾乎半個世紀。此外，有典籍記載莊蹻曾起兵反楚，導致楚國四分五裂。這可能是作為楚國宗室遠支的莊蹻，在楚懷王被扣留，太子（楚頃襄王）尚未歸國時，參與到了楚國各勢力爭鬥的內戰中。

楚頃襄王還沒回過神來，秦國的第二刀又砍下來了。前一年的割地沒有起到絲毫作用，只要秦國想打你，隨時都可以打。割地越多，他打得越狠。所謂「割地事秦，如抱薪救火，薪不盡，火不滅」就是這個道理。更別說楚國割讓漢北的土地，就相當於自撤藩屏，讓秦軍可以更容易直指楚國的心腹之地。

這一次，來犯的秦軍更加可怕，由戰神白起親自帶兵。

西元前二七九年，白起殺入江漢平原中部，攻克了鄢（今湖北宜城）、鄧（今河南鄧州）、西陵（今湖北宜昌市西陵區）等地。秦軍的爪牙，完全咬入了楚國的心臟之地。在秦軍戈甲之下，荊楚大地發出無力的呻吟。

就在這一年，齊國的孟嘗君田文去世。作為「戰國四公子」之首的孟嘗君，並不是一個堅強的反秦鬥士。他既曾組織五國合縱伐秦，也曾在魏國為相，組織過五國伐齊，把得罪他的齊湣王打得神魂俱滅。但畢竟，孟嘗君是超越國家層面的一股強大政治勢力。他的去世，使得天下又少了一個制約秦昭襄王的人物。

西元前二七八年，白起率秦軍再次發動進攻，攻克了楚國首都郢城，焚燒了夷陵（今宜昌市夷陵區）。秦軍將楚國心臟整個噬咬下來。楚頃襄王帶著臣子倉皇向東奔走，逃到了陳地（今河南淮陽一帶）。

短短三年時間，秦軍三勝，楚軍三敗。楚國喪失了幾乎三分之一的土地。楚國當初崛起於江漢之間，如今，這「鳳舞之地」，完全淪

為了秦國的疆土。

在秦軍的兵鋒面前，楚國軍隊一觸即潰，不是四散奔逃，便是被秦兵砍下首級，成為敵人記功的籌碼。原本繁華的郢都一帶，也淪為秦人刀尖上的戰利品。

楚國立國已然七百多年，這是第二次被人攻占都城。上一次，還要回溯到距此二百多年前的吳師入郢之戰。那次，數萬吳軍在楚國待了不過一兩年時間，就遭到楚軍、秦軍的聯合打擊，加之楚地民眾的奮起反抗，從而被迫撤退。然而這次來的秦軍，背後卻有一整套嚴酷的法家制度作為支持，他們吞咽下去的東西，是不會那麼容易吐出來的。

秦國把楚國這一塊核心區域設置為南郡，並在當地迅速推廣秦國的耕戰制度和嚴刑峻法。一開始，當地居民習慣了楚國原先儒道結合的統治方式，對秦國的機制很不適應。但不久之後，他們中的很多人，就在秦國官吏的嚴刑之下開始守規矩了。同時，秦國還把一批關中的囚犯搬遷到楚地，這塊地區漸漸被秦人同化了。一九七五年在湖北雲夢縣發掘出的一處墓地，其中陪葬了兩封竹簡書信，是墓主「衷」的弟弟「驚」和「黑夫」寫來的。這兩封信大致寫於秦王朝統一戰爭時期，寫信的驚和黑夫，正以秦國士兵的身分，參與對楚國的戰爭。儘管他們所處的地區，之前還是楚國的核心地帶。

郢都的陷落，還讓一位先秦著名的詩人肝腸寸斷，他就是屈原。屈原一心報效楚國，希望洗雪楚懷王之仇。可是楚頃襄王昏庸，屈原滿腔熱血，卻遭到令尹子蘭等人的陷害，最後屈原遠離楚國的決策

圈。他眼睜睜地看著楚國參與重創齊國的戰爭，又眼睜睜看著秦國一步一步，把楚國疆土鯨吞蠶食。當得知秦軍佔領郢都時，屈原終於支持不住。他抱著石頭，跳入了汨羅江中，以死殉國。

曾經威震南天的鳳凰，在狼牙的威逼下，羽毛零散，發出哀鳴。雖然龐大的身量，使得其一時不至於被盡數消滅，然而這哀鳴，已然預兆了難以挽回的悲慘命運。

8. 再親秦苟延殘喘

西元前二七八年，白起率秦軍攻克楚國首都郢城，楚頃襄王遷都到陳縣（今河南淮陽），這本是陳國的地盤，兩個世紀前楚惠王攻滅陳國，如今卻成為楚國躲避秦軍的新都。

楚國人繼續保持著傳統，把他們的每一個國都都叫作「郢城」，陳縣也不例外，史稱為「陳郢」。

雖然勉強建立了新的都城，然而數百年的故地一朝淪亡，楚地臣民都人心惶惶，軍隊士兵也死的死，散的散。楚頃襄王回憶起幾年前莊辛的勸諫，這才感到懊悔。他派人把莊辛招來，向他賠禮道：「我沒有聽先生的忠言，落到如此田地。現在楚國還有救麼？」

莊辛回答：「看見兔子再找獵狗，也不算晚；羊跑丟了再修補羊圈（亡羊補牢），也不算遲。當年商湯、周武王只有百里之地，卻能君臨天下；夏桀、商紂擁有天下，卻身敗名裂。現在楚國雖然損失了不少土地，但取長補短算起來，還有幾千里土地，怎麼也該比當年商湯、周武王的百裡之地要好吧？」

莊辛這話，主要是為楚頃襄王打氣。不過也可以看出，楚國疆土確實遼闊。儘管丟失了一大片江漢之地，還能有數千里土地。當時的

楚國，還擁有相當於今天江西、安徽、江蘇、浙江等省的大部，以及河南東南部、湖北東部、湖南東部、福建北部、兩廣北部等大片土地，面積僅次於秦國。

楚頃襄王得到莊辛的鼓勵，打起精神，重整旗鼓。正巧，秦國佔領楚國大片土地後，也需要時間來加以消化整合。於是楚頃襄王趁機在東部地區徵集軍隊，很快編成十多萬大軍，並在西元前二七六年向西攻取了長江南部的十多個城池。

然而這主要是因為秦國又把注意立轉移到了中原。西元前二七五年，秦國丞相魏冉（宣太后的同母異父弟弟）攻打魏國，斬殺韓魏聯軍數萬，迫使魏國割讓黃河兩岸的大片領土。西元前二七四年，魏冉再次伐魏，佔領四城，斬首四萬。西元前二七三年，魏冉、白起等斬魏軍十三萬，趙軍二萬，迫使魏國把佔據的南陽部分地區割讓給秦國。至此，韓國、魏國完全被秦國征服，乖乖表示願意跟隨秦國。

打敗韓魏，秦國再次把目光轉向南邊。秦昭襄王命令白起率領秦軍，與附庸的韓軍、魏軍一起，準備再度進攻楚國。

楚頃襄王那些七拼八湊的軍隊，哪裡是秦國白起的對手。真要打起來，非吃虧不可。

幸虧，危難關頭出了一位救星，他就是春申君黃歇，也是楚國在戰國晚期出類拔萃的俊傑。當時，黃歇擔任楚國的左徒，和屈原當年的官職一樣，也是楚王的左膀右臂。

小貼士：黃歇考釋

　　楚國王室以羋為姓，以熊為氏。春申君既以黃為姓氏，則存在兩種可能，一是他並非楚國公室，例如，有人認為他是春秋中期被楚國滅亡的黃國（今信陽市潢川縣）的後裔，世襲貴族。二是他的家族是楚國公室中受封黃地的分支，以封地為氏。《史記·遊俠列傳》記載「近世延陵、孟嘗、春申、平原、信陵之徒，皆因王者親屬」，則春申君應為楚王的同宗。加之楚國一貫的政治風格，通常只有王室同宗才能掌握大權。《韓非子》記載「楚莊王之弟春申君」，「楚莊王」固然是時代錯亂，「之弟」也未必可信。不過，春申君確實可能是楚頃襄王的堂弟或侄兒，楚威王或楚宣王的後裔，因其父輩受封黃地而以黃為氏。

　　春申君黃歇位居戰國四大公子之列，善於「養士」，就是收養大批或文或武、各有所長的門客，關鍵時刻發揮門客的價值。門客的一個作用，就是了解天下各國的情報資訊，據此做出正確的判斷和決策。秦昭襄王准備伐楚時，黃歇正好作為使者來秦國，他從非官方管道得知了這個消息。得知消息後他趕緊跑去見秦昭襄王，勸阻秦昭襄王。他說：「現在天下各國，秦楚最強。大王要進攻楚國，就好比兩虎相爭，反而讓野狗撿了便宜。與其這樣，不如和楚國交好。」

　　開篇立論之後，黃歇步步跟進，他先吹捧了一番秦昭襄王的威風，讓秦昭襄王心花怒放。

　　接著，黃歇告訴秦昭襄王，如果能保持已經建立的威望，謹慎處

置，則夏商週三王、春秋五霸都比不上秦王！但如果想一味憑藉武力壓制天下，就會重蹈智伯和吳王夫差的覆轍，被韓國、魏國坐收漁利。韓國、魏國這麼多年被秦國打得這麼慘，怎麼會安心跟隨秦國呢？他們分明就是秦國的死敵，大王您反而想支持他們攻打楚國，這不是給自己身邊安刀子麼？

此後黃歇又幫秦昭襄王分析，如果秦國出兵攻打楚國，要麼得經過韓魏，這樣秦國後方不穩，而且攻下的土地全是魏國的。否則就得翻山越嶺，就算打下地盤，也是窮山惡水，沒有用處。相反，如果楚國被打垮了，齊國反而會趁機奪得淮北的膏腴之地。這樣一來，把楚國打垮了，卻反而讓齊國、魏國得利，這對秦國有好處麼？

最後黃歇還給秦昭襄王出主意道：「您與其攻打楚國便宜齊、魏，不如和楚國交朋友，依靠秦楚合力，繼續威脅韓、魏，這樣韓、魏必然投降，秦國可以盡占中原。之後，秦國再從中原進攻齊國，直達大海。到那時，根本不需要出兵，齊、楚、燕、趙四國也將束手歸順，秦國就可以統一天下了。」

秦昭襄王聽了黃歇這番話，覺得很有道理，於是召回白起，遣散韓、魏兩軍，並和楚國建立了友好關係。

黃歇憑藉三寸不爛之舌，說服秦王停止攻楚，展現出相當驚人的口才和局勢分析能力。然而深究他的說辭，對秦王奉承、投其所好，通篇表達的意思是「秦國攻打楚國沒什麼好處」，給秦王出的主意是「聯合楚國威脅韓魏」，給秦王做的遠景規劃是「秦國可以不戰而征服齊楚」。

總之，這時候的楚國人，已經不再以與秦國對等的地位自居，而是放低姿態，作為秦國的潛在征服對象和忠實跟隨者說話。想起數十年前楚國的「宣威盛世」，轉眼淪落至此，不禁讓人感慨。

西元前二七二年，楚頃襄王把太子熊完派到秦國做人質，黃歇隨同輔佐。數十年前，楚頃襄王也在秦國當人質，後來因爭鬥殺秦國大夫而逃亡歸國。如今，他把兒子派去秦國當人質，卻再也沒有和秦國較量的底氣了。就在同一年，楚國還跟隨秦國一起，北上攻打燕國。

此後數年，楚國老老實實侍奉秦國，不曾捲入戰亂。

這幾年中，原本實力二流的趙國，依靠廉頗、藺相如等人的治理，慢慢崛起。西元前二七〇年，趙國將軍趙奢在閼與之戰中大破秦軍。

同時，秦國內部也發生了政治鬥爭。魏國人范雎說動秦昭襄王，向宣太后一黨奪權。西元前二六六年，秦昭襄王任命范雎為丞相，廢宣太后羋八子，驅逐舅舅魏冉、羋戎，還有同母兄弟高陵君和涇陽君。西元前二六五年，楚頃襄王的姑母秦宣太后病故。不過，秦國朝廷中依然有大批楚人勢力，畢竟兩國世代聯姻，迎來送往都很頻繁。

秦國的內部權柄更替並不曾影響擴張。范雎擔任丞相後，繼續對韓國、趙國展開攻勢。趙國有一批名將，還有齊國作為盟友，勉強能抵擋。戰國七雄中最弱小的韓國則繼續無還手之力。西元前二六四年，白起攻克韓國九城，斬首五萬。西元前二六三年，又攻占韓國的南陽地區，並切斷了太行道路，將韓國在今天河南和山西的連通之道

完全切斷。

這一切，倒真是符合黃歇前幾年給秦昭襄王的建議「先打韓國」。而楚國，則作為「秦國的好朋友」，享受了幾年安生日子。然而這種戰略在緩和秦楚衝突的同時，也讓秦國得以一邊對付韓國，一邊消化剛從楚國得來的江漢之地。長遠來看，等秦國攻占了韓、趙，完全掌控江漢之地，照樣會東進，還會更加猛烈。黃歇「禍水北引」的策略，若是能配合楚國的自強，趁秦國進攻韓趙之際，果斷出兵抗秦，那還存在借力的好處。否則，就這麼坐看秦國吞併韓趙，無非是慢性自殺而已。

西元前二六三年，楚頃襄王熊橫病逝，其子熊完繼位。

楚頃襄王在位三十多年。他繼承父親楚懷王的事業，使楚國從足以抗衡秦國的天下一流強國，迅速淪落到只能在秦國兵鋒下苟延殘喘的境地。

他父親楚懷王，恪守西周禮法和貴族精神，雖然數次被秦國玩弄，最終客死他鄉，但至少還保留了大國君主的尊嚴，在秦王面前也能分庭抗禮，至死不屈。相比之下，楚頃襄王似乎想學習戰國時的詭詐之術，用過幾次計謀，結果在秦國的虎狼之師面前毫無意義，雖然得以壽終正寢，卻使楚國國土大片喪失，實在是一個很窩囊的君主。

楚頃襄王之後，秦國虎視東方。楚頃襄王的子孫們的日子更艱難了。

五

狂瀾既倒，壯士挽天終乏力

1. 春申君護主立功

西元前二六三年，楚頃襄王熊橫染病，眼看將要病亡。這時，他的太子熊完還在秦國當人質。當年楚頃襄王也曾在齊國作人質，楚懷王被秦國扣押時，他耗費了很多精力才從齊國回來繼位。可如今的秦國，比當年的齊國兇狠何止十倍，太子熊完能回國麼？

幸好熊完身邊有一位能人，他就是左徒黃歇。黃歇自從來到秦國，就潛心結交秦國的高官權貴。尤其是秦國相國范雎，是黃歇重點結交的對象。黃歇深知，范雎本是魏人，對秦國的利益，未必能看得超越自身的利害得失。同時，范雎從地位較低的士人到執掌秦國國政的大臣，功利心較重，會更在意旁人的尊崇禮遇。

在黃歇的安排下，楚太子熊完多次向范雎表達善意，讓范雎非常滿意。經過數年的禮尚往來，范雎已經成為熊完和黃歇的好朋友。

在楚頃襄王即將病逝之際，黃歇就對范雎說：「相國大人，現在楚王得了重病，說不定過幾天就去世了。貴國不如趕緊把太子送回去，太子繼位，一定會繼續侍奉秦國，尤其對相國您感恩戴德。這樣您在一個強國當相國，又對另一個強國的君主有大恩，豈不美哉？若是楚國另立了一個君王，那您的好友熊完就只是咸陽城的一個普通老百姓了，對秦國和您都沒好處。」

范雎深以為然，就向秦昭襄王進言放回熊完。但深謀遠慮的秦昭襄王卻沒有立即答應。他吩咐：「先讓太子的老師回去看望下楚王的病情，回來再說。」

太子的老師又不是妙手回春的名醫，回去也起不了作用。秦王這個態度，分明就是不打算放回楚太子。熊完緊張了，黃歇卻不慌不忙，與他計劃，說道：「秦國留下太子您，無非想獲得好處。但您不繼位，就沒法給秦國好處啊。要是大王去世，您不在國內，被陽文君（估計是楚頃襄王的兄弟）的兒子繼位，那就麻煩了！」

熊完道：「那我該怎麼辦？」

黃歇道：「現在沒別的辦法，太子您只能跟使者一起，悄悄逃出秦國了。我留在秦國，為您周旋！」

熊完感動得熱淚盈眶：「全虧您了。我若能回國繼位，必有厚報！」

於是，黃歇讓太子熊完裝扮成楚國使者的車夫，趕著車離開秦國回楚國。黃歇自己則留在住所裡，對外宣稱太子生病了，有人來探訪就由黃歇阻擋斡旋。過了好些天，居然也沒人懷疑。

等到黃歇估計太子已經走遠了，這才對秦昭襄王坦白說：「大王，楚國太子熊完已經回國。我黃歇欺騙了您，特來請死。」

秦昭襄王勃然大怒，想不到自己威震天下，居然被黃歇騙了。他憤怒地說道：「那我就成全你吧！」正要下令殺掉黃歇，丞相范雎卻

出來給好友說情：「黃歇作為臣子，為了自己的主公，不惜捨命。這樣的忠臣，如果楚國太子繼位，一定會重用他的。現在殺了黃歇也沒好處，不如放他回去。這樣，秦國和楚國的關係也就更親密了。」

秦昭襄王覺得有理，就把黃歇也放回去了。等黃歇回到楚國三個月後，楚頃襄王就去世了。太子熊完繼位，史稱楚考烈王。

楚考烈王登基後，想到自己能有今天，得先感謝黃歇！他拜黃歇為令尹，分封給黃歇淮北十二縣的土地，號「春申君」。春申君大權在手，招攬門客，門下很快聚集了三千多人，單論人數，在戰國四大公子中最盛的。

在當時，楚國雖然被秦國奪走了江漢之地，依然還是關東六國中僅次於秦的大國。而春申君又是楚國大權獨攬的風雲人物。楚考烈王和春申君，這一回博命，一個順利當王，一個拜相封君，算是各取所需。

但這只是他倆的短期收益而已。楚考烈王和春申君回到楚國之後，懾於秦國的積威，對秦國唯唯諾諾，不敢有絲毫反抗。就在西元前二六二年，剛繼位不久的楚考烈王就把州地（今湖北省洪湖市一帶）割讓給秦國。

這種「割地賂秦」的方法，就和割肉餵老虎一樣，只會越發削弱自己的實力，刺激秦國的胃口。用這種模式來維持和平，註定是行不通的。可是楚考烈王和春申君也沒有找到更好的方法。

就這麼渾渾噩噩過了幾年，一件大事震撼了天下。

2. 遇毛遂出兵救趙

　　楚國以割地屈膝換來短暫和平的同時，北方的韓國、趙國正拼命抵抗著秦軍的進攻。

　　西元前二六二年，秦國白起攻占了韓國野王。這樣，韓國位於今山西的上黨郡，與位於今河南的韓國本土之間的連繫，完全被切斷。上黨太守馮亭不甘心向秦國投降，轉而投奔趙國，想促進韓趙聯合抗秦。

　　秦昭襄王大怒，加緊攻擊韓國。西元前二六○年，秦將王齕攻占上黨，馮亭帶著上黨軍民撤退到趙國境內。王齕順勢攻入趙國，直取長平地區。趙軍在長平連連敗退，老將廉頗只能堅壁不出。秦王又用反間計，讓趙孝成王換上了「紙上談兵」的趙括。秦國則換上名將白起，更調集大批援軍。這年秋天，趙括率趙軍主力貿然出戰，被白起率領的秦軍斷絕後路，團團包圍，最後四十餘萬趙軍全軍覆沒，趙括死於亂箭之下，投降的趙軍也被盡數坑殺。這就是震驚天下的長平之戰。

　　長平之戰前，關東六國只有趙國對秦的抵抗最激烈，如今趙國被打敗。秦昭襄王乘勝追擊，於西元前二五八年包圍了趙國首都邯鄲。

趙國見形勢危急，派遣使者到楚國求救。可是秦昭襄王揚言：「如今秦國要收拾趙國，是朋友的，就別來管閒事，誰要管閒事，我打了趙國就打他！」楚考烈王和春申君都沒這個膽略，想到秦軍如此可怕，四十萬趙軍幾個月就全被滅了！楚國雖然地大人多，又能拿出幾個四十萬？

　　此時的楚國，已經全然沒了楚宣王、楚威王時的霸氣，甚至連楚懷王的倔強也涓滴不剩。在橫掃天下的秦軍面前，他們只求能多一份安寧，比其他國家多掙扎一會兒。

　　但正受到圍攻的趙國人不這麼看。沒多久，趙孝成王的叔父──平原君趙勝親自到楚國，請求楚國救援。

　　楚考烈王勉強接見趙勝，在殿上擺開清茶點心，聽他暢談。平原君身為戰國四大公子之一，自然口才非常，他滔滔不絕地大講合縱抗秦的好處。從早上太陽剛升起時，一直講到中午。楚考烈王很有禮貌地聽平原君高談闊論，卻並不表態。

　　他心中早已打定主意，任你說得天花亂墜，我只不發言表態。趙國得罪了秦國，楚國絕不會被你們拉下水！

　　這時候，平原君的隨從中一個人站出來了，一步一步走上臺階。

　　周圍的衛兵愣住了，甚至沒來得及阻止他。楚考烈王和平原君也愣住了。那隨從來到楚王和平原君身邊，對平原君道：「主公，合縱的利害，兩句話就能說清楚，為什麼現在從大清早說到中午還沒決定下來？」

楚考烈王見此人氣度不凡，心中也有點猶疑，便問平原君：「這位是誰？」

平原君道：「這是我的門客毛遂。」

楚考烈王這下可不高興了，呵斥道：「原來是個小小的門客，趕緊下去！我和你家主公討論國家大事，你有什麼資格上來？」

毛遂面無表情，一手按著劍柄，又上前兩步，對楚王朗聲道：「大王，您之所以敢這麼呵斥我毛遂，是仗著楚國土地遼闊，軍隊眾多。可是現在我和大王的距離不到十步，楚國兵再多也沒用了，您的生死，全在我毛遂手中！我的主公就在一邊，您有什麼資格呵斥我？」

這時周圍的楚軍紛紛包圍上來。毛遂面無懼色，又朝前逼近三步，手中寶劍微微出鞘三寸。楚考烈王早已不復春秋時歷代楚王的熱血豪情，看毛遂煞神般的架勢，早就退縮了，再聽毛遂口中說得有理，忙道：「先生您別緊張，咱們有事好商量。衛兵們，先退下！」

毛遂繼續對楚考烈王說：「昔日商湯靠著七十里地就成為天下共主，周文王以百里之地讓諸侯臣服，他們哪裡是靠軍隊多呢？分明是能夠佔據有利的局勢，奮發出威風！楚國現在擁有五千里土地，百萬大軍，這是可以稱王稱霸的資本。以楚國的強大，縱橫天下，誰能抵擋？可是白起帶著幾萬軍隊和楚國打仗，居然一戰就攻克了鄢地、郢城，兩戰就焚燒了夷陵，三戰就侮辱了您的先人。這是百世的仇怨，連趙國都替您感到羞愧和憤怒，您自己卻覺得無所謂麼？」

楚考烈王聽毛遂這麼一句句述說，也覺得羞憤難當，不禁低下了頭。毛遂又道：「所以，今天我們合縱抗秦，並不只是為趙國，也是為了楚國啊！

楚考烈王的身體裡，畢竟流著歷代雄烈之主的血液。被毛遂這麼一激，頓時起了三分豪情。他大聲道：「先生說得對。我願意用整個楚國來支持您！」

毛遂道：「那麼，咱們趙楚兩國合縱的事，算是定下來了吧？」楚考烈王點頭：「定下來了。」

毛遂便吩咐楚國的侍衛們送上雞血、狗血和馬血，裝在銅盤裡，雙手捧著，跪下送到楚考烈王面前。楚考烈王、平原君和毛遂三人相繼歃血為盟，確定了合縱抗秦的大事。

這就是有名的「毛遂自薦」的故事，他促成了戰國後期的又一次合縱，並且給秦國造成了一定打擊。在這個事件中，毛遂是功臣，楚考烈王完全被動，而春申君在此事中甚至沒有出場。毛遂在促成這件事後，曾經嘲笑平原君的其他門客，說他們是「因人成事」，其實楚國的君臣何嘗不是如此？楚國先輩的進取精神，確實已經很難從這些身居高位的王侯將相身上找到了。

楚考烈王確定抗秦，派春申君黃歇率領大軍北上，救援邯鄲。同時，魏國的信陵君魏無忌，也從魏安釐王那裡盜竊了調兵的虎符，率領八萬精兵救援邯鄲。

秦軍在邯鄲城下圍攻了一年，不能得手，士氣低落。趙國、楚國

大軍來救，內外夾擊，秦軍頓時招架不住。到西元前二五七年春天，魏、楚、趙聯軍大破秦軍，秦軍主將王齕敗退，大將鄭安平率兩萬人投降。

魏、楚、趙聯軍不但挫敗了秦國奪取邯鄲、滅亡趙國的企圖，軍事上的戰敗還引發了秦國政治上的內鬥。秦國第一名將白起因為對兵敗一事說風涼話，遭到丞相范雎的陷害，被賜死；范雎自己也受到波及，兩年後辭官。

邯鄲之戰是戰國三百年中，諸侯合縱抗秦取得的少有的輝煌勝利，也是戰國四大公子中的魏國信陵君、楚國春申君、趙國平原君三人合力的結果。這次勝利，史書中記敘得更多的是信陵君魏無忌的功績。楚考烈王和春申君，雖然出兵有些不情不願，畢竟楚國大軍還是對勝利貢獻了不少的力量。

邯鄲之戰時還有一個小小的插曲。

在秦軍包圍邯鄲時，憤怒的趙國軍民準備殺死秦國之前派來的人質——秦昭襄王的孫子嬴異人。幸虧嬴異人的一個好朋友，洛陽商人呂不韋重金賄賂守軍，嬴異人才得以逃出城，回到秦國。

嬴異人按照呂不韋的計謀，拼命討好——秦太子安國君的寵妃華陽夫人。華陽夫人是楚國公主，嬴異人為此把自己的名字改成「子楚」，還穿著楚國的衣服拜見華陽夫人。這樣，嬴異人被華陽夫人收為養子，又在華陽夫人的支持下，從二十多個兄弟中脫穎而出，成為安國君的嗣子。

嬴異人逃出邯鄲時，將呂不韋送給他的美女趙姬，還有趙姬生下的兒子嬴政都留在邯鄲城中。當時，無論是嬴異人自己，還是邯鄲城內外的秦國、趙國、楚國、魏國各位高官權貴，都想不到，這個當時虛歲才三歲的孩子，在未來會帶來如此巨大的衝擊。

3. 東滅魯國西避秦

西元前二五七年，楚國與魏國、趙國合力打敗秦軍，標誌著楚國在之前數十年一路走低的曲線上，忽然來了一個上升勢頭。春申君也開始大展拳腳。此時西邊有秦國步步緊逼，北邊的魏國是合縱盟友。春申君就有了往東邊擴張的想法。

西元前二五五年，春申君北伐魯國。魯國在戰國時期跟楚國關係還不錯，但現在虎狼當道，昔日的交情也煙消雲散了。魯頃公那點兵力，哪裡是楚國的對手？沒怎麼抵抗就投降了。楚考烈王把魯頃公封在莒地。數年之後（西元前 249 年），更將其廢為庶人，魯國社稷滅亡。春秋「中原八國」至此只剩下衛國了。算起來，其餘七個國家，鄭滅於韓，宋滅於齊，曹滅于宋，陳、蔡、許、魯四個國家都被楚國覆滅。至於衛國，雖然疆土只剩下一丁點，淪為魏國的附庸，名號也從「侯」貶為「君」，但卻直到西元前二〇九年，才被秦二世完全廢除。

滅魯之後，楚國勢力進一步向今山東擴展。春申君任命儒家學派的荀卿（荀子）擔任蘭陵令（在今山東臨沂），管理新打下來的這一塊土地。這位荀卿，雖然是儒學大家，但思想中頗有不少法家的色彩，而且在軍事方面也自有見地，堪稱戰國時期一位文武雙全的俊

才。他在蘭陵上任後，發揮才能，管理軍政，很快在蘭陵做得風生水起。

這時有門客給春申君進讒言道：「主公，當初商湯和周武王，都是憑借百里大小的土地，就成為天下之主。如今的荀卿也是天下賢才，您交給他百里的土地，真讓他發展起來，對您也沒有什麼好處啊。」

春申君一聽：「有道理啊。」他派人給荀卿送了很多禮物，好言說：「蘭陵之地朝廷另有安排，請您另謀高就吧。」荀卿倒也痛快，卸任之後就投奔趙國。趙國平原君大喜，趕緊拜荀卿為上卿。

這時又有一個門客對春申君說：「主公，昔日伊尹離夏投商，結果商朝興起，夏朝滅亡；管仲離魯到齊，結果齊國強盛，魯國衰弱。要富國強兵，最重要的是人才啊！荀卿是天下賢才，您為什麼把他辭退了？」

春申君一聽：「對啊，我錯了。」於是，他又派人去趙國請荀卿回來。荀卿認真地回了一封信給春申君，舉了歷史上好幾個大臣殺害君主的例子，警告春申君，現在您身為楚國執政，一定要端正心態，切不可隨便聽信讒言，混淆忠奸賢愚！

當然，最後荀卿還是回到了楚國。但從這一件人事任命上，也可看出春申君搖擺不定的性格。這種性格，將在未來給他帶來極大的傷害。

通過敗秦滅魯，楚國和春申君個人都處在沾沾自喜中。楚地遼闊

富庶，加上連通百越，各種奇珍異寶層出不窮，春申君的富貴也堪稱天下第一。有次趙國平原君派出門客拜訪春申君，幾個趙國使者為了向楚國人誇耀富貴，在刀劍上裝飾了許多珠寶。結果到春申君的宴會上一看，春申君門下三千多門客，其中上等門客連鞋子上都綴著珍珠，見到此情景，趙國使者耳根子都羞紅了。

在這場「鬥富」中，楚國大獲全勝。然而，春申君和門客們的出息也就僅限於此了。楚國的富強，在他們身上就體現為穿戴得珠光寶氣。從這些服飾華貴的高級門客中，沒有出現一個如信陵君門下侯生、朱亥那樣有勇有謀的人物，沒有出現一個孟嘗君門下馮瓘那樣深謀遠慮的人物，也沒出現一個平原君門下毛遂那樣當機立斷的人物。春申君的富貴養活了大群門客，唯一可言說的就是某門客先進言將荀卿趕走，然後另一門客再進言將荀卿召回。

三位公子的合作讓秦昭襄王吃癟，但此後楚國和趙國兩大公子忙於門客誰佩戴珠寶多，魏國的信陵君又因為竊符救趙得罪了魏王，留在趙國。這麼一來，邯鄲之戰取得的一點合縱的良好態勢也很快消散了。

相反，在邯鄲遭到挫敗的秦國，並沒有停止擴張的腳步。就在邯鄲之敗的次年，也就是西元前二五六年，秦軍攻韓，斬首四萬，佔領陽城、負黍；又攻趙，奪取趙國二十多個城池，斬首九萬。接著，秦軍把周朝最後兩個封國中的西周國攻滅，俘虜了周朝末代天子周赧王。

八百年的周王室至此滅亡。楚國在早期，曾是周王朝的挑戰者。

如今，他們卻同為秦軍的獵物。

西元前二五四年，秦軍攻打魏國，奪取吳城。韓國、魏國重新屈從秦國。

面對秦軍的擴張，楚考烈王和春申君採取的應對方式是：把國都從陳縣（今河南淮陽）朝東南搬遷到了巨陽（今安徽阜陽）。這樣，楚國國都距離邊境遠了一點，距離秦軍也遠了一點。然而，江漢千里之地都被秦國奪取了，這麼一點距離，能有多大意義呢？

這時關東六國，還在不斷自相殘殺。燕國想趁趙國長平之戰後兵力不足之機入侵趙國，結果被趙將廉頗打得大敗。齊國和燕國還在糾結當初五國滅齊的舊怨，為了一個聊城你爭我奪，反復廝殺。

同時韓、魏屈服秦國，真正能抵抗秦國的，只剩下趙國和楚國。偏偏禍不單行，趙國平原君趙勝在西元前二五一年去世。趙勝是四大公子之一，交友廣泛，在列國間頗有威望。趙勝一死，諸國之間又少了一個可以居中聯絡的人，春申君也少了一個志同道合的戰友。

西元前二五一年，秦昭襄王去世，其子秦孝文王繼位。西元前二五○年，秦孝文王正式登基三天后即暴斃，子楚繼位，即秦莊襄王——楚國公主華陽夫人被尊為華陽太后，子楚的親娘夏姬被尊為夏太后。

最讓楚國及其他國家膽戰心驚的秦昭襄王死了，但秦國還是那個秦國。秦莊襄王固然稍顯昏庸，他的丞相呂不韋卻是個厲害的人物。

西元前二四九年，呂不韋率秦軍攻滅東周國。周王朝最後的殘餘勢力，也在秦軍的鐵蹄下灰飛煙滅。同年，秦將蒙驁奪取了韓國的成皋、滎陽，置三川郡。次年，蒙驁又攻打趙國，奪取榆次、狼孟等三十七城。

春申君目睹秦國這種攻勢，心中焦慮。可是他確實拿不出一個可行的辦法。他手下那幫錦衣玉食的門客，也只能大眼瞪小眼。在天下有識之士看來，這幫尸位素餐的傢伙把持著楚國國政，楚國實在看不到什麼希望了。

荀卿的一位學生李斯，就認為楚國重整旗鼓的希望渺茫，秦國才是成就霸業的國家。他辭別老師，前往秦國求官。後來，李斯輔佐秦王嬴政掃平六國，建立了大一統的秦王朝。

倒是趙國來的一位名士虞卿，給春申君提了個醒：「丞相，現在楚王年齡也漸漸大了，你應該慎重考慮下封地問題。您的封地現在在淮北，距離楚國的國都（已經搬遷到今天安徽阜陽）太近。這種格局，既讓君王覺得害怕，也讓您容易被君主惦記。您最好還是把封地搬遷得遠一點。歷史上商鞅、魏冉雖然高居相位，但在秦孝公和秦惠文王死後，都分別遭到了清算。而西周初年的太公、召公封在齊國、燕國，遠離國都，所以能傳承幾百年。正好現在趙國是楚國抗秦的盟友，而燕國在入侵趙國。您不如帶兵北上攻伐燕國，這樣既能讓趙國對您感恩戴德，順勢還可以在燕國獲得您的封地，兩全其美，子孫的傳承穩固。」

虞卿作為趙國大臣，這番話固然在替春申君考慮，同時也在借機

挑動楚國北上攻打燕國，解除趙國的威脅。而春申君聽了虞卿的話，覺得關於封地要遠離國都的言論，挺有道理。不過，此刻要春申君帶兵越過中原，北上攻打燕國，有點超出他的能力範圍了。好在春申君在政治方面應變力不錯，不能北上攻打燕國，他就另作打算，他對楚考烈王說：「大王，現在我的封地淮北靠近齊國，是國防重鎮，最好還是收回來由國家統一管理。我的封地改在江東即可。」

楚考烈王感動得眼淚直流：「丞相，您為了國家，真是大公無私啊！」於是他把春申君的封地改在江東，即今天的江蘇南部、浙江北部一帶。雖然該地屬於楚國的邊遠地區，但論面積，卻比淮北十二縣大了不少。

春申君改封江東後，大刀闊斧地經營這一大片封地。春申君畢竟是戰國四大公子之一的俊傑，手下三千門客，雖然對付不了秦國，治理地方那還是很有經驗的。在春申君的治理下，江東地區一步步繁榮起來了。

春申君更料想不到的是，正是他今日的營建，為楚國在江東地區保存了幾分元氣，江東地區不但成為楚國末期抵抗秦國入侵的後方基地，更為日後推翻秦朝奠定了基礎。

4. 再合縱貽笑大方

　　春申君為自己封地操心的時候，天下局勢繼續向著難以逆轉的方向發展。

　　西元前二四七年，秦國大將王齕攻克趙國的上黨諸城，設置太原郡。蒙驁攻打魏國，奪取高都、汲等地。魏安釐王無奈，只得從趙國請回信陵君無忌。信陵君振臂一呼，號召合縱，趙國、韓國、燕國紛紛響應，春申君也派了一支人馬前往。信陵君率領五國大軍，在黃河邊打敗秦將蒙驁，一路追擊到函谷關。此後，聯軍圍攻函谷關，雖然沒有能攻打下來，秦軍卻也不敢像前幾次一樣出關來襲。

　　這是關東各國合縱後又一次少有的勝利。此戰後，秦莊襄王去世，其子嬴政繼位。這個少年就是「千古一帝」的秦始皇。

　　然而秦國的厲害之處，就在於即使打了敗仗，也能不斷反撲，不單用軍事，也用權謀，讓你防不勝防。秦國丞相呂不韋看信陵君如此厲害，就使出反間計，污蔑信陵君要篡位，讓魏王疏遠信陵君，剝奪了信陵君的兵權。信陵君遭此挫敗，心灰意冷。四年之後（西元前243年），信陵君、魏安釐王先後去世。

　　信陵君是戰國四大公子中出類拔萃的一個。他失去權勢後，戰國

四大公子便只剩春申君了。

秦王嬴政繼位後，用韓國工匠鄭國，在關中大修鄭國渠，一時顧不上東征。好比一隻老虎吃飽後，暫時停下來舒展筋骨。而關東六國，相當於老虎洞外的豺狼狐狸們，在這個時候他們在做些什麼呢？他們在自相殘殺！

先是趙國派廉頗攻打魏國，接著趙國換了君王，改用樂乘為將軍，廉頗大怒，居然發兵攻打樂乘，打了一陣，逃到魏國。接著趙王又派名將李牧攻打燕國，燕國則派老將劇辛攻打趙國，卻被趙國老將龐煖擊敗。

大家就這麼彼此攻伐，秦國坐收漁翁之利。

楚國的春申君，雖然沒有參與到這種自取滅亡的混戰中，可也沒有發揮出四大公子的威名，出來調和各國矛盾，他只顧著楚國東部的大開發。說不定，他心裡還盼望著燕、趙、魏這些國家相互削弱，讓楚國地位更穩定呢。

過了兩年，秦國騰出手來，再度出關攻伐。西元前二四四年，秦將蒙驁奪取韓國十二座城池。西元前二四三年，又攻取了魏國的暘等城池。西元前二四二年，秦國再從魏國奪取了酸棗、燕、虛、長平、雍丘、山陽等二十座城池，設置為東郡。

目睹秦軍如狼似虎的攻伐，關東各國終於醒悟。他們又一次組織了合縱，聯兵抗秦。這也是戰國時期最後一次合縱。參加的國家包括戰國七雄中的楚國、韓國、魏國、趙國、燕國五雄，還有春秋「中原

八國」中僅存的衛國。當然，以衛國當時的國土面積，根本出不了多少兵，它只是加個旗號進來罷了。

六國之中，以楚國實力最為強大，合縱長由楚考烈王擔任，春申君負責實際的組織工作。而東邊的齊國，依然不參加。自從五國伐齊，楚軍殺齊湣王之後，齊國對天下爭鬥完全是一副「事不關己」的態度，加上范雎用「遠交近攻」之策，秦齊之間相對和諧。然而對關東各國而言，齊國不參加合縱，那就意味著合縱的五國不但少了一支盟軍，楚國還可能遭到齊國的攻擊。

盟軍好歹是組織起來了，誰來指揮？春申君還是有自知之明的，他不會帶兵打仗，不像信陵君擅長兵法，所以盟軍需要一位元軍事專家領導。

一開始，他想用趙國的將領臨武君。但趙國使者魏加不同意。魏加給春申君講了「驚弓之鳥」的故事，然後告訴春申君：受過箭傷的鳥，再次聽到弓弦響，就會嚇得瘡口崩裂，墜落而死。臨武君過去曾被秦軍打得大敗，面對秦國，他心驚膽戰，派他帶兵和秦軍打仗，不是合適人選。

於是，春申君選擇了另一位趙國老將——龐煖。

西元前二四一年，六國大軍在龐煖的指揮下，向秦國發動進攻。一開始，大軍氣勢如虹，擊敗秦軍，攻克了壽陵（可能在今山西恒山一帶）。

接下來，龐煖針對過去數次合縱，聯軍都是屯兵函谷關下，無法

攻克的狀況，果斷地提出了一條新的戰略：繞過函谷關！聯軍先轉從黃河北岸繞道蒲阪（今山西永濟西南），然後再南渡黃河，這樣，就迂迴到了函谷關的後方，然後殺奔秦國腹地。這也是數百年來，秦國腹地第一次遭到直接的威脅。

不過，秦相呂不韋也非等閒之輩。他立刻調動軍隊，前往攔截。兩軍數十萬人馬在蕞地（今陝西臨潼北）相遇。對秦國而言，此地已經是國都咸陽的門戶，若是蕞地有失，則咸陽動搖。而對諸侯聯軍而言，他們跋涉數百里，到達此地，成敗也在此一舉。天下的命運，就將以此戰為定。

呂不韋與秦國諸位將軍商議，決定抓住諸侯聯軍各不相屬的短板，各個擊破。其中，楚國是大國，也是合縱長，但同時楚國在東遷之後，軍隊士氣低落，加上行軍距離最遠，士兵疲憊，戰鬥力已經不如其他幾國。只要能搶先打垮楚國，那麼其他諸侯國也會軍心動搖，不戰自潰。

打定主意，呂不韋與眾將立刻開始佈置夜襲。

然而秦國人沒想到，春申君擁有近乎奇蹟般的情報系統。秦軍剛一調動，春申君的偵查人員立刻回報主公：「秦軍調動頻繁，看樣子打算集中攻擊我軍！」

這樣重要的資訊到手，若換成春秋時的楚莊王，簡直是天賜良機，他會讓楚軍做好戒備，伏擊來犯的秦軍，再通知其餘各國前來包抄，那不是大獲全勝麼？

就算為穩妥起見，通知各國兵馬，聚集到楚營，對秦軍迎頭痛擊，也是一種不錯的戰術啊。

然而，春申君卻沒有楚國祖上諸位王相的勇氣。或許這數十年來，秦國的淫威已經使他聞風色變。魏加說的「驚弓之鳥」，不但臨武君如此，春申君自己也是如此。聽到秦國可能集中兵力攻打楚軍，他的第一反應是：糟了，打不過，必須走！

當初，春申君身在強秦，可以為了保護太子，不惜直面死亡。但那是在朝堂之上的抗爭。而如今在數十萬大軍的環繞之中，他對於秦軍的畏懼，卻成為摧毀軍隊鬥志的毒藥。

惶恐之下，春申君傳令，楚軍連夜拔寨而走。為了保密，他甚至沒有通知其他幾國盟軍。

當夜，秦軍疾進，逼近楚營。正待發起衝鋒，前面的哨探卻報，楚軍營寨空空如也！

秦國將軍們大驚。看來楚人早有防備，莫非這次中了埋伏！

然而，周圍並沒有出現伏兵。片刻，哨探再次報告，楚軍確確實實已經完全撤走了。

秦國將軍們長出一口氣，也不知道是慶倖還是懊惱。

天亮之後，魏國、趙國、韓國、燕國和衛國的軍隊才得知盟主楚國已經撤退的消息，都是又驚又怒。楚國都走了，沒法再接著攻打秦國了。於是，各國紛紛撤退。秦軍趁勢追殺，全虧龐煖用兵有方，指

揮各國軍隊相互掩護，這才敗而不亂，不至於全軍覆沒。待到退出秦國之後，龐煖為了不無功而返，率領諸侯聯軍轉而向東攻打依附秦國的齊國，奪取了齊國的饒安（今河北鹽山西南）。

至此，戰國時期最後一次合縱，又以失敗而告終。

春申君在秦國境內的表現，遭到諸侯的恥笑。楚軍儘管損失不大，但不戰而退，在諸侯國之間威信盡失。楚考烈王也非常生氣。他對這位當初曾捨命保護自己回國的相國不滿了。

從那以後，楚考烈王開始疏遠春申君。不僅如此，楚國國內的人也議論紛紛，認為春申君無能，讓大楚國顏面盡失！

春申君正在鬱悶，他的三千門客中，終於出了一個有見識的人，這個人叫朱英。朱英安慰春申君說：「別人都說楚國多麼強大，到您手上才變弱，這是不公平的。以前秦國不攻打楚國，為什麼？主要是地理原因，秦楚接壤的地方山川險要，交通不便，若通過東周國、西周國進攻，則韓國、魏國又在背後，對它造成威脅。可是現在，兩個周國已經滅亡了，韓國、魏國也被打得奄奄一息，土地大部分都被秦國吞併。秦軍從魏國故土出發，距離咱們的核心陳地只有一百六十裡。我看啊，秦、楚之間，很快就要展開大戰了。」

朱英說這話，是在幫春申君分析當前局勢，指出隨著秦國實力的不斷增強，楚國也很快要陷入危機。

而春申君呢，他聽了這話，覺得甚有道理，就上奏楚王，提出了又一項決策：遷都。

他們把楚國國都，從巨陽（今安徽阜陽）往東南搬遷到壽春（今安徽壽縣）。這樣一來，秦軍要打到楚國國都，距離不就又遠了幾百里了麼？

在如狼似虎的秦軍面前，楚國國君和大臣不是臥薪嚐膽，富國強兵，以備一戰，而是不斷遷都避讓，這就是末代楚國權貴們想到的自救之路。

當然，楚國按照慣例，把壽春也命名為「郢」。

遷完都，春申君和楚考烈王鬆了一口氣，他們決定在新的都城，繼續坐看秦軍與其他諸侯國的混戰。

5. 獻美人血染棘門

西元前二四一年，六國合縱失敗後，秦國繼續步步緊逼。當時韓國已經被打得只剩下巴掌大的地盤，滅韓只是舉手之勞，因此秦國的主要目標放在失去了信陵君的魏國。接下來的幾年，秦國如同蠶吃桑葉一樣，一口一口地侵吞魏國土地。

楚國遷都壽春後，就不再有什麼舉動。春申君還存了吸納人才的想法，聽說趙國老將廉頗遭到奸臣郭開的陷害，得不到重用，就悄悄把廉頗接到楚國，任命其為將軍。可是廉頗對楚國的士兵很不滿意，認為他們既不夠勇敢，又不聽軍令。廉頗每次訓練完，都沒有好臉色，還旁若無人地嘟囔著：「哎，我真想帶趙國士兵啊。」

這種心態當然幹不出大事。廉頗在楚國幾年，沒有什麼功勞，最後在壽春鬱鬱而終。而曾經以彪悍的軍鋒橫行江漢、威震天下的楚國士兵，居然落到被廉頗嫌棄的地步，可見楚軍戰鬥力有多弱，紀律有多渙散。

不過，廉頗畢竟是經驗豐富的老將。他在楚國的數年，雖然未能陣前建功，卻為楚國培養了年輕一輩的軍事人才。我們在以後可以看到，在廉頗入楚之後，楚國軍隊忽然一掃數十年的頹勢，重拾昔日的

威風，並在秦統一戰爭與秦末戰爭中有驚人的表現。這其中，或許就有廉老將軍的栽培之功。

引入廉頗的同時，春申君身邊還埋下了一顆定時炸彈，那就是大臣李園。

李園是趙國人，從記載來看，他應該是趙國有一定地位的士人或低級貴族。他之所以能進入楚國為官，卻源自一樁桃色風流事。

原來楚考烈王自從西元前二六二年正式登基為王，多年一直沒有子嗣。君王的兒子，關係到江山社稷的未來。春申君頗為焦急，據說專門選取了許多適宜生孩子的女子，送入楚王后宮，然而還是未果。

總之折騰下來，楚考烈王背負了「不能生育」的帽子。整個楚國上到楚考烈王、春申君，下到百官，都為此憂心忡忡。

而趙國人李園有個妹妹叫李環，非常漂亮，他想把妹妹進獻給楚考烈王，換取自己的榮華富貴。可是，又聽說楚考烈王「不能生育」，心想自家妹妹要鞏固地位，最好還是能生個孩子為妙。這麼思索一番，李園定出一條違背人倫、卑鄙下作的奸計來。

李園旁敲側擊，先投到春申君門下當門客。李園頗有頭腦，能言善辯，又會察言觀色，很快博取了春申君的信任，成為他的心腹隨從。

某一天，李園故意遲到。春申君問他原因，李園回答：「因為齊王派使者來，想讓我妹妹進後宮。為了招待使者，所以遲到了。」

春申君一聽：「那你把妹妹送到齊國了嗎？」

李園道：「沒有，齊國人無趣，還勾結秦國，我怎能把妹妹獻給齊王？要不，請主公您看看，要是合適，就讓我妹妹來侍奉您吧。」

春申君年紀雖然不輕，但頗愛美色。於是，漂亮的李環就成了春申君的小妾。李環年輕貌美，更有哥哥李園暗中教唆，深得春申君的寵倖。沒多久，李環就懷孕了。

這時，李園讓李環對春申君說：「楚王非常信任您，比對他的親兄弟還要好。可是楚王沒有兒子，等他死了，恐怕就得立楚王的兄弟繼位。到時候，新大王一定會重用他的心腹，您就不能保有現在的地位了。再說，您當權這麼多年，聽說楚王的兄弟們對您都有些意見，若他們中一個人繼位，恐怕您就要大禍臨頭了。」

春申君何等聰明，怎會不知這事？他歎了口氣：「美人，你有什麼主意呢？」

李環道：「現在我蒙老爺您寵倖，已經有了身孕，而別人都不知道。您不如把我送進王宮吧。這樣，要是我生下的是個男孩，就可以被楚王立為嗣子，未來還能繼位成為楚王。那樣，您的親骨肉當了楚王，等於整個楚國都是您的。這比起讓楚王兄弟繼位，您去承受莫測的災禍，豈不是要好得多嗎？」

沒人知道春申君聽到這個計策，心情如何。但最終，他同意了李環的主意，他把李環送到王宮，並告訴楚王，這是他找到的美女。楚考烈王對於美女當然來者不拒。等到李環被楚考烈王寵倖數次之後，

李環宣佈其懷了身孕。再過半年多，李環早產生下一個男孩，取名熊悍。

中年得子，楚考烈王異常高興。他立熊悍為太子，立李環為王后，又把李環的哥哥李園招來，封了個大官。

李園進妹、李環懷孕、春申君獻妾、楚考烈王得子，這一系列事情，大致發生在西元前二五〇年到西元前二四五年之間。楚考烈王有了繼承人後，或許反而消除了緊張情緒，破除了「不能生育」的心理障礙，此後又連續生了好幾個兒子。

幾年下來，李園已經成為楚國屈指可數的權貴。他的一切榮華富貴，都是依靠把妹妹獻給春申君，再獻給楚王而得來的。從這個角度上說，春申君對他恩同再造。然而李園絕無報答之心，相反，他怕太子熊悍的生父春申君洩露太子的身世，他認為只有把春申君殺了滅口才能放心。為此，李園悄悄養了一批死士，準備有機會就下手。

世上沒有不透風的牆。春申君自己當然不會洩露熊悍的身世，他還打算讓自家兒子當楚王呢。而李園豢養死士的舉動，卻被人發覺了。

西元前二三八年，楚考烈王病重，時日不多。這時，春申君門客中唯一有眼光的朱英，再次向春申君進言：「主公，世上有無望之福，也有無望之禍。如今您處在無望之世，侍奉著無望之主。這種情況下，您不能沒有無望之人啊！」

春申君聽完有點詫異，就問：「什麼叫無望之福？」朱英回答：

「您在楚國當了二十多年的令尹，說是令尹，其實國家大事都由您做主。現在咱們大王已經得了重病，等他死了，主公您繼續以令尹的身分輔佐幼君，執政楚國，等幼君長大了再交還政權，這和您自己當王也沒什麼差別了。這就是無望之福。」

春申君聽得滿面帶笑：「那麼，什麼叫無望之禍呢？」朱英回答：「就是李園。他還沒有執政當權，就已經和您結下了冤仇。他不帶兵打仗，卻暗中豢養了大批死士，這分明是為了對付您啊。等大王一死，李園必然先進入王宮，掌握大權，然後殺掉您。這就是無望之禍。」

春申君面色凝然：「那什麼叫無望之人？」朱英道：「您現在趕緊准備，把我安排到王宮中擔任護衛國君的郎中一職。等到國君去世，李園進宮安排死士伏擊您的時候，我搶先下手把他殺了。這樣，您也就安如泰山了。這就是我說的無望之人。」

春申君呢，這會兒又犯了心慈手軟的毛病。他沉吟片刻，笑著說：「多謝您替我打算。可是李園是個文弱的人，他靠著我才能有今日的高官厚祿，怎麼會這麼對我呢？這話別提了。」

朱英看春申君這麼糊塗，卻也無可奈何，只好行禮告退。退下來後，朱英心想春申君既然不肯採納我的主意，這事如果李園知道了，我必然性命難保。於是他連夜收拾行李，逃出國都。

春申君聽說朱英逃走，也不在意。過了十七天，楚考烈王熊完就駕崩了。楚考烈王在位二十多年，基本上是個傀儡。國家大事全都掌

握在春申君手裡，他唯一的任務就是為楚國王室延續香火。

春申君聽說國君去世，大模大樣地跑進宮去。結果，一切都被朱英說中。他剛進王宮的棘門，就被李園埋伏的死士亂刀砍死。曾經玩弄秦昭襄王，名揚諸侯的戰國四公子，就這樣被砍殺。接著，李園派出官吏，把春申君滿門抄斬。

戰國四大公子地位最尊貴、活得最長的一位，就此遭到了最為淒慘的下場。他的三千門客，面對李園的刀斧，也紛紛收拾細軟作鳥獸散，連一個出來保護主公家小的都沒有。

自古以來，英雄豪俊死於小人之手的例子並不少見，春申君之死卻分外窩囊。朱英不但指出李園的陰謀，更將應對的手段都替春申君策劃好了。可是春申君卻掩耳盜鈴，毫無作為，幾乎是親自把腦袋送到了李園的刀下。這與他的一貫作風倒是頗為契合。無論是面對秦國，還是面對李園，他都只是被動地應付著，敷衍矛盾，回避衝突，指望著時間能撫平一切裂痕，卻全然不想，有些事情不是你閉上眼睛就不存在的。這樣柔弱的令尹執政楚國，自然也就不能指望在強秦的威逼下楚國有迴旋的餘地了。

此外，李園雖是王后李環的哥哥，但他能輕而易舉將春申君滅族，應是得到了楚國其他權貴的支持。比如楚考烈王那些嫉恨春申君的兄弟，他們可能在其中發揮了不小的作用。從這個角度說，春申君是遭到了一個楚國權貴集團的剿殺，李園只不過是他們手中的刀。

李園殺死春申君後，擁立熊悍為王，李園成為楚國令尹。

《越絕書》記載的春申君之死與《史記》《資治通鑑》等有所不同。根據其記載，春申君並非死於楚考烈王剛死之際，而是在楚考烈王之子楚幽王（熊悍）繼位十餘年後才被處死的，春申君並非死於一次暗殺，而是朝廷政治鬥爭的結果。此外，在《越絕書》中，李環成為王后並非李園的策劃，而是李環自己定下的計策。

就在春申君死於棘門之變的同一年，秦國國都咸陽也發生了一次大規模的政變。太后趙姬的面首長信侯嫪毐，在太后支持下起兵造反。秦王嬴政則與相國呂不韋，以及昌平君、昌文君等大臣調兵遣將，圍攻嫪毐，輕而易舉撲滅了這次叛亂，嫪毐被五馬分屍。

在這次秦廷內亂中立下功勞的昌平君和昌文君，都是在秦國當官的楚國王室成員。有人說，他們是楚考烈王在秦國當人質期間（西元前 272 年至西元前 263 年），與秦昭襄王的女兒生下來的兒子，也就是熊悍的庶兄。若此事為真，楚考烈王和春申君當初何必憂心忡忡擔憂無人繼位呢？

昌平君、昌文君也有可能是楚考烈王的平輩兄弟，比如，留在秦國作人質的其他公子，或者跟隨出嫁的楚國公主一起到秦國，如同秦昭襄王的舅舅羋戎一樣。

讓人感慨的是，到秦國的楚人，無論是早些年的宣太后、羋戎，還是後來的昌平君、昌文君，都有雄才，對內能穩定社稷，對外能征

戰四方。而在楚國的權貴，卻都糊塗，得過且過。

平定嫪毐之亂後，秦王嬴政更借機把相國呂不韋罷官流放，從此他開始獨掌大權。

春申君死，秦王嬴政掌權。彈指之間，戰國的亂世進入了倒計時。楚國最後的日子也不多了。

6. 大廈將傾憂患頻

西元前二三八年，楚考烈王熊完與春申君黃歇在一天之內先後喪命，楚考烈王之子熊悍（傳說其實是春申君之子）繼位，史稱楚幽王。楚幽王的舅舅李園成為相國。一個是血緣不明的國君，一個隻會陰謀奪權的相國，楚國重新崛起的希望更加渺茫。

這時，秦王嬴政任用楚國人李斯為臣。李斯是荀卿的學生，既善於法令治國的陽謀，也善於玩弄權柄的陰謀。在他的輔佐下，秦王嬴政如虎添翼，開始了統一的進程。而關東六國在秦國面前，別說還手，連招架都很勉強了。

韓國和魏國不斷向秦國搖尾乞憐，不斷割地討好。魏國還在西元前二三五年和秦國一起進攻楚國。齊國還是繼續秉持「作壁上觀」的策略，不肯參與關東各國的抗秦戰爭。

趙國倒還硬氣，不斷跟秦國打仗。可是在秦軍面前，趙軍節節敗退，不斷丟失城池。只是靠著唯一的名將李牧，數次擊敗秦軍，才勉強保住國家不亡。

燕國方面，因為燕太子丹跟秦王嬴政有仇，他確實有心重建合縱。然而燕國同時又和趙國間隙不小。燕太子丹和門客商量，打算聯

絡楚國合縱。但燕國和楚國一在南，一在北，就連結盟會面都麻煩，如何真的能形成合縱之勢？

一盤散沙的關東各國，徹底淪為了秦國屠刀下待宰的豬羊。

西元前二三〇年，秦國大將內史騰滅韓國，俘虜韓王安。韓國最後的土地被設置為潁川郡。

戰國七雄，少了一個。

就在同一年，秦始皇的祖母，楚國公主華陽太后去世。當然，即便如此，秦國朝廷的楚人還是不少，比如昌平君、昌文君。秦王政的後宮中也有楚國公主，秦王嬴政的長子扶蘇，很可能是楚女所生。

西元前二二九年，秦王嬴政用李斯的反間計，讒言害死了趙國唯一的名將李牧。西元前二二八年，秦將王翦大敗趙軍，攻克邯鄲，俘虜趙王遷。趙國公子趙嘉跑到北邊的代（今山西北部），自立為代王，與燕國合兵抵抗秦國。

就在這一年，楚幽王熊悍病故。他在十歲左右的幼年繼位，在位十年，基本沒有任何政績。楚國這些年雖然遭遇的兵火不多，但伴隨著秦軍的不斷推進，也沒有任何回天之力。

熊悍死後，沒有子嗣，他的同母弟弟熊猶被大臣們推舉為新君。這對楚王室倒也不算壞事。畢竟熊悍很可能是春申君黃歇和李環的兒子，熊猶才是楚考烈王和李環的親兒子。這一次兄終弟及，倒是把楚王室的血緣給糾正回來了。

然而熊猶的王位還沒坐穩，他就被庶兄熊負芻發動政變殺了。熊負芻是楚考烈王和其他姬妾生的兒子，其年齡應該在熊悍和熊猶之間，當時最多也不過二十歲。雖然年輕，但對權力的渴望，促使他上演了楚國歷史上最後一次骨肉相殘的戲碼。而在他的背後，離不開楚國部分權貴集團的推動。

至於熊猶的母親太后李環、熊猶的舅舅相國李園，史書並未記載他們最後的命運。按照推斷，李環這時候也不過四十歲。可以肯定的是，如果他們活到西元前二二八年，一定不能從政變中脫身。熊負芻一派連君主都敢殺，應該不會放過太后和國舅。

這也是楚國王室在戰國時期唯一的一次血腥篡位。楚國王室內部上一次篡位奪權，還要追溯到三百年前春秋末期的楚平王時代。戰國末期的楚國，從楚懷王時放棄了早期的鬥志，到楚頃襄王時又放棄了重諾誠信的政治原則。唯一保留下來的，只有君臣之義。如今，連這個也被摧毀了。

李園當初為了自己的權勢富貴，發動政變殺害春申君，徹底打破楚國政治鬥爭的底線。現在輪到他們兄妹自己來承受這種惡果了。比起春申君，他們也不過多得意了十年而已。

熊負芻雖然登上了王位，他背後的權貴集團掌握了大權，然而這卻是一個風雨飄搖的國家。西元前二二七年，燕國太子丹派荊軻刺秦王失敗。秦王嬴政派王翦進兵，在易水一戰，大破燕國、代國聯軍。

楚國君臣能做的，似乎就是守住楚國幾千里土地，然後等待秦軍

什麼時候把矛頭指向楚國。然後，一觸即潰，束手就擒，或者坐以待斃。

　　然而，終究有人不願意如此。在尸位素餐的權貴之下，終有英雄挺身於亂世，為這個行將滅亡的國家，唱出一曲悲壯的鐵血之歌。

7. 憑血氣項燕破敵

　　西元前二二六年，天下大勢似乎無可挽回地向著秦國一邊倒。秦軍在北方繼續以摧枯拉朽之勢，掃蕩燕、趙殘餘勢力。年初，老將王翦帶領的秦軍攻克了燕國國都薊縣，燕王父子帶著軍隊退守遼東，卻被秦國小將李信緊追不捨，打一仗輸一仗。燕王喜被秦軍打得走投無路，把一肚子氣全發泄到太子丹頭上，他殺了太子丹，把太子丹的腦袋送給秦王嬴政，希望這樣能稍微討好秦王一下，保全燕國僅剩的國土。

　　眼看北方差不多平定了，燕、趙殘餘勢力都退到邊邊角角死守，一時沒那麼容易完全吞併，可也掀不起大浪。秦王嬴政把目光轉向南方，還有楚國呢。這個曾經春秋戰國時土地最遼闊、人口最多、實力最強大的國家，要統一天下，怎麼也不能放過楚國。

　　不過，瘦死駱駝比馬大，楚國還有幾千里土地，幾十萬軍隊，真要打起來，也得費一番功夫。秦王嬴政派出大將王賁，率領十萬大軍，南下攻打楚國，作為試探。

　　此時的楚國，正應了那句俗話，一蟹不如一蟹。楚考烈王並非一個出色的君主，春申君也不是一個優秀的相國，但至少他們還能夠維

護自己的國家。而如今這位剛殺死兄弟，通過政變上臺的楚王熊負芻，他對楚國的掌控都還沒能完成，哪裡還能抵擋氣勢如虹的秦軍？王賁率領的只是一支偏師，可楚國也沒料到，秦王在大舉北上的同時還能抽兵來攻打自己。楚國邊境部隊一觸即潰，王賁勢如破竹，很快打下了楚國十多個城池，王賁得意洋洋地凱旋。

秦王嬴政大喜。這樣看來，楚國果然還是那個「虛胖」的模樣，龐大而無用。他立即決定先放過北邊苟延殘喘的燕趙，把楚國這塊大肥肉先夾到碗裡！

他撤下北面攻燕趙的軍隊，然後召見了攻伐燕趙的總指揮王翦和副指揮李信：「二位，燕趙已經拿下了，咱們準備收拾楚國吧。你們說，要多少兵啊？」

李信年少氣盛，當即回答：「大王，楚國面積雖大，人口雖多，但是人心渙散，不堪一擊！您給我二十萬精兵，足夠踏平楚國！」

老將王翦皺了下眉頭：「李將軍太小看楚國了。我看，非得六十萬不可。」

秦王嬴政呵呵大笑：「王將軍，你老了啊。你看，令郎王賁帶著十萬兵馬，就把楚國打得大敗，輕而易舉占了十多個城。打這種腐朽之國，哪用得著六十萬精兵啊？」

王翦道：「楚國統治南方八百年，人才輩出，不可小看。王賁能得手，那是占了出其不意的便宜。真等楚國全部力量動員起來，豈能靠區區二十萬人就拿下？」

秦王嬴政搖搖頭：「老將軍終究是膽怯了。李信，你帶二十萬軍隊，南下討伐楚國！」

西元前二二五年，李信、蒙武率領二十萬秦軍踏上了伐楚之路。這些威武雄壯的大漢已經征服了大半的諸侯國，如今攔在他們面前的，不過是一個屢戰屢敗的楚國，何足道哉？

面對來勢洶洶的秦軍，楚王負芻繼續他「內戰內行，外戰外行」的特色。匆忙上陣的幾支楚軍接連被秦軍打敗，李信、蒙武攻占了平輿（今河南駐馬店平輿縣）、寢（今屬河南周口市沈丘縣）等重鎮，楚國數十年前作為都城的陳地也全部被秦軍佔領。隨後，秦軍渡過淮河，在楚國國都壽春城下，大破楚軍。

再這麼下去，楚國就要滅亡了。

五千里江山，寧無一個男兒！面臨亡國的危機，又一位楚國人站了出來，引導了一場對秦軍的絕地反攻。

他叫項燕。

說起來，項家也算是源遠流長，他們屬周室支流，祖先是周武王的弟弟季轂，周武王奪取天下後被分封為項國（今河南省項城）。在春秋前期，項國和楚國關係密切，因此遭到了齊桓公為首的中原諸侯的仇視。西元前六四三年，齊桓公率聯軍大舉伐楚，其陣營中的魯國趁機滅亡了項國。此後，為了紀念祖先的國家，季轂的後人就把姓氏改為「項」。又過了一百多年，項家出了一個小神童叫項橐，他年僅七八歲的時候，就曾跟孔子辯論，把孔子說得無言以對，向他請教。

再後來，項城一帶被楚國占領，項家也就成為楚國的臣民，但畢竟是周朝宗室貴冑，項氏家庭成員在楚國世代當官，雖然比不上屈氏、景氏、昭氏這些楚王室本家的大族，但也稱得上是二等權貴了。

如今，秦軍勢如虎狼，周室已亡，楚國岌岌可危。既然上位者無法挽狂瀾於既倒，項氏自然當仁不讓！尤其項燕可能還得到了趙國流亡將軍廉頗的指導。雖然廉頗把楚國士兵貶損得一錢不值，但他傳授的經驗，還是給楚軍增加了不少戰力。

秦軍大舉進攻的時刻，項燕挺身而出，把楚國朝廷的正軍和貴族世家的私兵都調集起來，又從民眾中召集兵馬，編練成伍。數月之間，項燕聚集了數十萬兵馬，但這些楚人，原先分屬不同的系統，又沒有經過統一訓練，很多人臨時上陣，缺乏經驗。再加上先前楚軍敗仗太多了，面對裝備精良、視戰場殺戮為職業進階的秦兵，他們的戰鬥力不足。

為此，項燕選擇了一條正確的戰略。他不急著與李信、蒙武進行主力會戰，而是分派兵力堅守壽春，而主力屯兵淮北之地，監視秦軍，形成「猛虎在山」之勢，等待秦軍到達「進攻的頂點」。

這時，李信已經攻入楚地數百里，打了許多勝仗，直逼壽春城下。可他帶領的士兵也非常疲憊了。楚國地方太大了，李信分不出多少兵力去佔領後方的土地。面對前方的壽春，要是全力圍攻，只怕被淮北的項燕所趁。

進退兩難，李信暫時停下腳步。可是這時，先前被他打下的幾百

里楚地中，反抗的烽煙又處處燃起，讓年少輕狂的李信非常頭疼。

然而這還不夠，項燕還要在他後面加了一大把火。

項燕選擇的火藥桶，就是鎮守陳地（今安徽淮陽）一帶的昌平君、昌文君。

昌平君、昌文君都是楚王室的公子，長期在秦國當官。就在代楚前的兩年，他們還幫助秦王嬴政平定了嫪毐之亂，稱得上是「秦楚友誼的象徵」。秦王嬴政也對這兩人委以重任。就在西元前二二六年，嬴政專門把昌平君和昌文君調到秦國新佔領的陳地，想利用他們兄弟的身分，安撫當地楚國人，從而為進一步進兵滅楚打造一個穩定的根據地。

過去在秦國的楚人，如宣太后芈八子、華陽君芈戎等，都是全力為秦國牟利，不惜打擊楚國。然而現在的情形又有些不同。國與國征戰，勝敗得失是一回事，生死存亡就是另一回事了。昌平君和昌文君儘管在秦國當官幾十年，可他們畢竟是楚王室成員。如今，秦軍氣勢洶洶，想要併吞楚國，作為楚國後裔，豈能置之不理，眼睜睜地看著自己的故國傾覆？

項燕派來的使者，沒花多長時間就說服了昌文君、昌平君。很快，他們以陳地為根據地，發動了反秦起義。陳地剛剛被秦國佔領，楚國王室振臂一呼，軍民很快回應，他們與淮北其他反秦義軍聯成一線，聲勢浩大，氣衝雲霄。

這下李信有些慌了，前方有楚國重兵，後方叛亂不斷，再繼續在

楚地，只怕要糟糕！他掉頭西進，準備先打敗淮北的叛軍，並和副將蒙武會師，然後再做計較。

項燕等待的就是這一刻，前方李信一動，他立刻率領大軍，緊隨著追襲而去。

數月來耀武揚威的秦軍，如今反而成了獵物。秦軍前方是此起彼伏的叛亂，後方則是一心復仇的楚軍。秦軍再無所向披靡的暢快，反而是歸心似箭的惴惴。然而項燕並沒有被勝利衝昏頭腦。李信麾下畢竟是精銳的秦軍，是一頭兇猛的老虎。即使老虎一心歸巢，它的爪牙依然銳利而嗜血。隨意挑釁，可能遭它反噬。因此項燕控制著追擊的速度。直到李信到達叛旗林立的楚國邊境地區，這才下令發動全線猛攻。同時，昌平君、昌文君率領的起義部隊，也聚集起來，對秦軍前後夾擊。

秦軍無愧是一統六國的雄師，而楚軍也無愧是南方地區數百年的霸主。兩強相遇，保家衛國的楚軍更勝一籌，秦軍的兩座大營都被潮水般的楚軍打破，七個都尉戰死。秦國的青年名將李信，見識了楚地軍隊的風采，先前的輕視之心早已飛到九霄雲外。他拼命率領殘部殺開重圍，逃回了國內。

面對著滿地血肉模糊的秦楚兩軍屍體，望著戰場上依然飄揚的楚軍大旗，昌平君、昌文君和項燕百感交集。

「二位公子，這一戰，我們終於是勝了！」

「有勞項將軍！秦王嬴政視我大楚為無物，今日也叫他知道屬

害！」

這是秦始皇統一戰爭中，秦軍遭遇的最後一次大敗，幾乎也可以算整個戰國時期，楚軍獨立面對秦軍取得的最大勝利。在項燕、昌平君、昌文君的衝擊下，今河南東南地區發生了劇烈震盪，連潁川一帶的韓國殘餘勢力也紛紛響應。「秦王掃六合、虎視何雄哉」的千鈞激流，在楚地打了個彎兒，激起滔天浪花。楚人對秦國的這一戰，不但重振了楚國數百年的雄武之力，也為十多年後在六國反秦戰爭中楚人的盟主地位奠定了基礎。

鳳凰鳳凰，雖老猶翔！不甘束翼，寧戰而亡！

小貼士：項燕破李信之戰爭議

關於李信攻楚，《資治通鑑》記載「李信攻平輿，蒙恬攻寢，大破楚軍。信又攻鄢郢，破之，於是引兵而西，與蒙恬會城父，楚人因隨之……大敗李信」，但鄢郢在湖北，早已被秦軍佔領，距離李信攻楚之戰位置甚遠。因此此處的鄢郢存疑。田余慶等專家認為「鄢郢」為「陳郢」之誤，即該處為楚頃襄王遷都的陳地。在昌文君、昌平君的帶領下，剛剛被秦軍佔領不久的陳地楚人發動了反秦起義。而辛德勇等則認為此處鄢郢指的是楚國新國都壽春。本書結合兩者敘述。

8. 王翦興兵楚國亡

　　西元前二二五年，項燕、昌平君、昌文君大破秦將李信，振奮各諸侯國。然而，這次輝煌的勝利，不過是久已憋屈積憤的楚軍，鑽了秦王輕敵的空子後的奮力一擊。秦國與楚國，現在無論是在整體體量，還是軍政制度方面，都已有較大差距。伴隨著勝利而來的，是更加犀利的報復。

　　就在李信兵敗的同時，秦將王賁開始滅魏之戰。秦軍竟然掘開黃河，水淹大梁城，大梁城浸泡三個月後，城牆崩塌。魏王投降，被秦軍所殺，曾在戰國初期稱霸的魏國就此滅亡，戰國七雄只剩五個。

　　西元前二二四年，秦王嬴政派老將王翦為主帥，蒙武為副將，率領六十萬大軍再度攻楚。王翦沿著李信先前的路線，從陳地向南進軍，很快就擊潰了沿途的抵抗力量，再次抵達平輿。

　　楚王熊負芻，此刻已經把項燕當作唯一的救命稻草。他糾集全國的兵力交給項燕。項燕麾下的軍隊，也達到了堪與秦軍相比的龐大規模。

　　秦楚兩軍百萬之眾，在平輿相遇。百里之間，旌旗如密林，營盤如繁星，鼓號似雷鳴。秦國有遂平吞天下之志，楚國要捍衛傳統強國

的尊嚴。兩虎相鬥，豈能並存？

　　項燕早做好了拼死一戰的心理準備，他計畫直接和秦軍主力會戰。他深知此次王翦率領的秦軍，遠勝李信帶領的軍隊。此次秦軍人數不但在數量上是前次的三倍，而且無論是戰場經驗還是計謀，久經沙場的老將，都非李信這等血氣方剛的青年將領可比。楚軍與之硬戰，實在少有勝算。

　　但項燕沒有別的選擇。楚國軍隊從訓練、軍紀和戰爭機制方面，本來就遠不如秦軍。加之在楚頃襄王、楚考烈王的數十年中，楚國屈服於秦國，對秦人的畏懼難以盡數消除。若是一味防守，等於把數千里楚地變成了任憑秦軍馳騁的樂土，到那時兵力分散，軍心渙散，更是任人宰割。唯有集結主力，趁著先前大破李信激起的鬥志，與秦軍拼死一戰。

　　然而，老謀深算的王翦，並不打算遂了楚人的心願。他下令六十萬秦軍，堅壁深壕，死守營盤不出。

　　項燕愕然。王翦帶領六十萬大軍，逼近邊境，卻不出戰，他數次挑戰，王翦依然不理不睬，帶領士兵在營中歇息，操練戰法，同時還注意士兵的伙食，作息規律。

　　眼看六十萬秦軍在營壘休整，項燕感到咽喉被人扼住了。楚軍數次強攻秦營，都被秦軍優良的防禦工事和密集的弩箭打退，平白損傷了不少士卒。他也曾考慮分兵迂迴，截斷秦軍的糧道，或者進攻秦軍的後方。但這個主意立刻被他自己否決了。楚軍素質本來就不如秦

軍，一旦分散，正好給王翦提供了絕佳的進攻機會。

項燕雖然勇悍無畏，終究還是少了一點軍事家的冒險精神。最終，他只能繼續與王翦在平輿對峙。這一對峙，就是好幾個月。秦軍一點也不著急。反正現在大半的諸侯國都已經入了囊中，從原先韓魏的中原之地，以及楚國舊地江漢地區徵收的糧食，源源不斷運入秦軍營寨，吃喝補給是完全不愁的。

項燕卻沉不住氣。他也看出，王翦採用的是疲兵之計。再這麼對峙下去，秦軍精神越養越旺，烏合之眾的楚軍，卻要被拖垮了。

和昌平君、昌文君等人商量之後，項燕下令向東撤退。

王翦等待的就是這一刻。楚軍剛剛一動，六十萬秦軍頓時如同下山猛虎，殺出營寨，直撲楚軍。

敵前撤退，即使對才略蓋世的軍事家來說，也是相當危險的事。更何況，項燕手下只有一群烏合之眾的楚兵，面對的則是打下大半諸侯國的秦軍，還有多謀善斷的王翦！

在秦軍的突然打擊之下，數十萬楚軍如同山崩一樣垮了下來，淪為秦軍追擊砍殺的對象。

是役，楚軍傷亡慘重，僥倖存活的士兵也大半潰散，昌文君死在亂軍之中。他在秦國為官多年，享盡榮華富貴，卻作為楚人將領，死在抗秦戰爭的第一線。

項燕帶著少數兵馬，潰散奔走。

王翦一戰擊潰楚軍主力，乘勝追亡逐北，先將淮北之地盡數蕩平，接著跨過淮河，直撲楚國國都壽春。

項燕率領的主力都已經被擊潰，區區壽春，區區楚王熊負芻，如何是王翦的對手？西元前二二三年，秦軍攻克壽春，俘虜楚王熊負芻。楚國大部分地區被秦國征服。

熊負芻弒弟簒位，當了五六年楚王，便被秦軍俘虜。五六年的楚王生涯，他幾乎都是在擔驚受怕中度過。他的結果和卒年，史書未曾明敘。但以秦王嬴政的風格，對於敵國君王從不手軟，連一向對秦國恭順，最早被滅的韓國君主，以及長期和秦國友好，最後不戰而降的齊王建，都在投降後幾年死於非命，作為抵抗最強烈的楚王，又豈能倖免？

早知今日下場，又何必追求這兇險四伏的王冠？當然，或許主使簒位的，本來就是熊負芻背後的權貴集團。可憐的熊負芻，不過是做了爭權奪利的傀儡而已。然而覆巢之下，安有完卵？這些楚國權貴，為富貴權柄爭鬥了數百年，最終在秦軍兵鋒之下，潰敗。

楚王熊負芻死後，項燕不甘屈服，在淮南之地擁立昌平君為王，繼續高舉楚旗，反抗秦軍。從這也可看出，昌平君想必是楚王室的近支公子，確實可能是楚考烈王的庶子或庶弟。

末代楚王昌平君，長期在秦國為官，他是楚懷王以來的幾位楚王中，軍政才能最強的一位。可惜，留給他發揮的平臺，實在已經太脆弱。摧毀了楚國主力的王翦，豈能允許這麼一支螳臂阻擋大秦統一的

轔轔車輪？

　　很快，秦軍將淮南的楚國殘餘力量全部剿滅。

　　在楚軍最後的營寨被攻占時，昌平君身先士卒，死於陣前。這位僅僅在位幾個月的末代楚王，卻如同先祖楚武王、楚文王一樣，死在了行軍的途中。當年楚王的靈柩伴隨凱旋的隊伍回到京城，今日楚王的屍體卻被得勝的秦兵繳獲。然而，至少這一腔熱血和勇氣，不負先王，不負社稷。

　　項燕見秦軍四集，昌平君殉國，自知無力回天，仰天悲嘯，拔劍自刎。

小貼士：項燕之死分歧

　　《資治通鑑》《史記・王翦列傳》《史記・楚世家》等記載王翦先殺項燕，再擒楚王負芻。而《史記・秦始皇本紀》則記載王翦先擒楚王負芻，項燕立昌平君為王，然後王翦再殺昌平君、項燕。考慮到滅國戰亂中，有時候主將的生死並不能完全確認，而項燕自從擊敗李信後，又是楚國很有號召力的一位英雄，十多年後陳勝、吳廣起義還打著項燕的旗號。那麼，無論是王翦在勝利中提前誤以為殺了項燕，還是昌平君稱楚王時打出了項燕的旗號用於號召楚人，都是可能的。

　　昌平君、項燕一死，秦國對楚國的征服才算完全鋪開。楚國自楚頃襄王以來的七十多年中，一味被動挨打，步步退讓，基本就是秦軍

刀下的魚肉。熊負芻以二十歲左右的年齡弒弟稱王，面對秦王嬴政的咄咄氣焰，更是手足無措，只能束手待斃。

然而項燕、昌平君等人的奮起一擊，不但使秦軍品嘗到失敗的滋味，更為楚國八百年的歷史，重拾舊日的血氣，獻出光輝的落幕。

關東各國中最強的楚國都已滅亡，那麼秦王嬴政的統一大業，可以說事半功倍。西元前二二二年，王翦之子王賁攻滅燕國、代國，生擒燕王喜、代王嘉。王翦則將楚國長江以南的土地全部平定。西元前二二一年，王賁攻入齊國，齊王投降之後被秦國餓死。

至此，秦國一統天下。西元前二二一年，秦王嬴政自稱皇帝，此後廢分封，改郡縣，書同文，車同軌，為華夏文明的大一統打下了堅實的基礎。

八百年歷史的楚國，做了這基礎中的一方厚重基石。

西北鐵狼與江漢鳳凰之間的這場百年爭鬥，以秦勝楚敗為結局。然而秦國之所以取得勝利，得益于西北高原上彪悍的族群性情，再加上嚴刑峻法形成的耕戰制度，將整個秦國整合成為一台戰爭機器，這才能以摧枯拉朽之勢，掃蕩六國。相反，曾經也以「蠻夷」自居的楚國，用華夏文明洗去野蠻與暴戾之氣，也在禮樂文教和儒道文化的薰陶下淡化了骨子裡的勇悍，昔日王死軍中的傳統，也逐漸為朝廷裡的權術爭鬥所取代，再加上權貴政治帶來的保守與低效，這才導致楚軍最終的敗北。

真正到了亡國之際，高層的腐朽被秦人滾滾的軍勢所掃除，反而

釋放了楚人靈魂深處的力量。項燕、昌平君等脫穎而出，領導楚地軍民進行了絕地反攻，雖歸於失敗，卻在歷史上留下光輝的一筆。

　　鳳凰集香木自焚，既是滅亡，也是新生。楚國已滅，然楚人之魂並未隨風而散。他們還將為華夏文明做出更大的貢獻。

六

火翼天翔，鳳羽狼血鑄華夏

1. 楚雖三戶必亡秦

西元前二二一年，秦始皇掃平六國，實現大一統，成為中國歷史上第一個皇帝。他將天下劃分為三十六郡（此後隨著秦繼續向南北擴張，以及行政區劃調整，秦朝郡縣增加到 40 多個）。

這三十六郡中，漢中（今陝西南部）、南郡（今湖北中南部）、南陽郡（今湖北北部、河南西南部）、泗水郡（又名四川郡，今江蘇北部、安徽北部）、薛郡（今山東南部）、九江郡（今江西大部、安徽中南部、湖北東部）、會稽郡（今江蘇南部、浙江大部）、長沙郡（今湖南大部、兩廣北部、湖北東南部和江西西部）、黔中郡（今貴州大部、湖南西部等）、陳郡（今河南東南部、安徽西北部）、閩中郡（今福建全省與浙江南部）十一個郡都是秦國在百餘年中奪占的楚國故地。而在秦朝的兩千多萬人口中，楚地舊民也占到了三分之一。

關東六國先後被秦國所滅，有人認為，楚國在其中最是無辜。

究其原因，從秦國這一方來說，三晉在戰國初年曾經多次入侵秦國，一度把秦國打得不能出關一步，可謂仇怨已久，齊國也曾與秦國互爭雄長。而楚國在戰國前期，曾多次出兵援秦，也極少向秦挑釁。因此，戰國中後期秦攻三晉，可以算是報前代之仇；攻齊，可以說是

剪除爭霸對手；唯獨對楚國，秦國可以說是無故挑釁，也可以說是忘恩負義。這一點，讓楚人切齒憤恨。

從六國一方來說，三晉和齊國在戰國早期就頻頻出擊，攻城掠地，燕國雖然因實力弱小和位置偏僻，參戰不多，但直到戰國晚期，還時常背刺趙國。相對而言，楚國國土遼闊、人口眾多，實力本不在秦之下，而對外發動戰爭次數很少，且多數時候信守盟約，算是堅持周朝禮法最正的一國。因為對外戰爭較少，加之儒道並舉的治國方針，楚國民眾的負擔也相對較輕。這樣一個國家，卻在楚懷王時遭到秦國攻擊，最終楚懷王客死他鄉，國勢衰微，最終楚國被秦所吞併。這也使得許多楚人心有不甘。

因此，在楚國的舊地裡，暗中流傳著一句話，叫「楚雖三戶，亡秦必楚」，這表達了楚人對秦征服的反感，和復國雪恥的決心。

小貼士：「楚雖三戶」之解

「楚雖三戶」中的「三戶」，歷來存在幾種不同解釋。最通俗的一種是「哪怕楚國只剩下三戶人家，依然要攻滅秦國」。第二種說法，認為「三戶」指的是楚國王室羋姓分出來的景氏、昭氏、屈氏三大家族。還有說法認為「三戶」是指「三戶」這個地名，位於今湖北省十堰市丹江口水庫一帶，是楚國的宗廟所在地。不過從語義角度，似乎還是最通俗的一種解讀最合理。

秦國能戰勝關東六國，靠的是嚴刑峻法與耕戰制度，簡單來說就是用蠻力征服。這當然是武力統一的必然。但在天下統一之後，秦始

皇似乎想繼續以這種執政風格來延續他的帝國。在楚人李斯的輔佐下，秦始皇把天下的兵器都收聚到咸陽，融化後鑄成十二座巨大的銅人，又把天下的豪傑十二萬戶強遷到咸陽。此後，秦始皇開始大肆興建工事，其中既包括長城、馳道等戰略設施，也包括宮室、陵墓等設施。為了顯示自己的威嚴，延續自己的壽命，秦始皇巡行天下，求仙問藥。為了統一，秦始皇和李斯焚書坑儒，將諸子百家的著作付之一炬，又將大批儒生活埋。

以蠻力奪取天下，還能以蠻力治理天下麼？

秦王朝內部，有人持有不同看法。比如秦始皇的長子扶蘇。這位素有賢名的公子，他的母親很可能是楚國公主。扶蘇對「焚書坑儒」就不太認同，他勸諫秦始皇，結果卻被秦始皇發配到北邊守邊疆去了。

秦始皇一味強硬高壓，令新近被征服的六國舊民更加不滿。這其中，楚人的反抗情緒是最為強烈的，被儒道文化浸染的他們，原本就對秦國的嚴刑峻法極為反感，更何況秦統一後，非但沒有因為戰火平息讓百姓休養生息，反而變本加厲地壓榨百姓，這讓人如何承受？

秦始皇巡遊四方，自以為威震天下，萬民匍匐。可是，就在他走到舊楚地沛縣時，圍觀群眾中，有一個相貌堂堂的男子，對著皇帝儀仗羨慕地發出感慨：

「大丈夫當如是也！」

這個人叫劉邦，祖上是魏國人，不過其故鄉沛縣，早在他出生前

三十餘年便已屬楚國。沛縣地處楚、齊、魏三國交界處，劉邦身上也帶有三國的文化特色。他屬於楚國士人中的底層。

當秦始皇到達楚地會稽郡時，同樣在圍觀的人群裡，有一個少年，居然滿不在乎地說：

「彼可取而代也！」

話音剛落，就被旁邊的另一個中年人一把拖走了。

這個少年叫項羽，他祖父就是曾在秦統一戰爭中大敗李信，後來兵敗自殺的項燕。當時，項羽正跟隨叔父項梁在會稽避難。項氏屬于楚國中層貴族，雖然世代為楚將，但有楚國公室權貴壓著，沒有掌握大權。直到秦國大兵壓境，楚國將要滅亡，這才讓項燕得到了一展雄才的機會。

沛縣劉邦和江東項梁、項羽，一北一南，身分地位不同，教育背景不同，但都是楚人。他們對秦始皇的態度，固然表現出超乎常人的氣魄和雄心，但也反映出楚人對秦人統治的不甘。

軍事上的征服是短暫的，文化上的同化才是長遠的。楚國文化打造出楚人的自我認同，這種意識在春秋末期的吳師入郢中，使楚國亡而複興。如今在秦朝的暴政下，這種意識將給中國歷史帶來更大的推進。

2. 陳勝舉義大楚興

　　西元前二一〇年，秦始皇巡遊途中，死於沙丘（在今河北省邢臺）。此時距離楚國滅亡十三年。李斯和趙高偽造秦始皇遺命，逼迫秦始皇長子扶蘇和大將蒙恬自殺，扶立秦始皇幼子胡亥繼位。

　　秦二世繼位後，絲毫沒學到其父秦始皇的雄才大略，他繼續勞民傷財、好殺殘暴。在趙高的慫恿下，他將數十位元兄弟姐妹全部屠戮殆盡，便自以為高枕無憂，縱情驕奢淫逸，糜爛享樂。在秦始皇興建土木的基礎上，他繼續大興土木，變本加厲地揮霍著天下人力、財力。很快，關東地區民怨沸騰，大家對秦朝的統治已然怨聲載道。

　　而秦國的虎狼之師，曾在百年間橫掃六國。連根深蒂固的六國勢力都被徹底消滅，那些曾經的公室貴權們，或喪命於戰火，或被強制搬遷到咸陽，或四散躲避，惶惶不可終日。已經歸降的普通百姓、中下士人，又如何敢在積威之下反抗？

　　自古以來，打響第一槍是最難的。出頭的人，勢必遭到強勢的反攻。誰敢為天下先？

　　楚人。

西元前二〇九年，九百名舊楚地的民眾，被徵發前往漁陽戍邊，領頭的兩個屯長，一個叫陳勝，字涉，陽城人，另一個叫吳廣，字叔，陽夏人。

陽夏即今天河南省太康縣，在曾經的楚國國都陳地北邊；陽城位置目前說法不一，但可以肯定屬於楚國。從記載看，陳勝、吳廣雖然家境貧寒，但有名有字，還能讀書寫字，應該不是普通的底層百姓，大概屬於家道中落的士人階層。

隊伍走到大澤鄉（在今安徽宿州）時，因為天降大雨，耽誤了行程。秦國律法原本嚴峻，加之秦二世登基後，以酷吏治國，眼看這九百人性命難保。

難逃一劫，不如放手一搏！

陳勝、吳廣果斷地斬殺了押送隊伍的秦朝軍官，向九百名楚地戍卒發出了那句著名的號召：

王侯將相寧有種乎！

陳勝、吳廣手下這九百人，從籍貫來看，都是在陳郡一帶。他們的故鄉，在秦始皇統一戰爭中才被併入秦國，併入秦統治之下也不過十多年，對楚國的懷念，對秦朝的憤恨，再加上死裡求生帶來的爆發力，使得這些楚人的熱血噴薄而出。

他們斬木為兵，揭竿為旗，發動了起義。這就是「大澤鄉起義」，也打響了是推翻暴秦統治的第一槍。

為了號召眾人，陳勝、吳廣打出了「大楚」的旗號。他們還推舉了兩個其實已經死去，但在很多民眾心中「下落不明」的人——扶蘇和項燕作為他們的首領。

　　選項燕是因為項燕是楚國末期的抗秦英雄。而秦國公子扶蘇之所以被推舉出來，大約不只因為扶蘇素有賢名，反對暴政，還因為扶蘇的母親是楚國人。陳勝、吳廣也並非要否定秦國的一切。在他們看來，扶蘇作為秦楚聯姻的結晶，同時兼有儒法思想，仁名遠播，這才是天下需要的統治者。

　　陳郡的楚人，在秦國的統治下已積憤十數年，陳勝的大旗揚起，旌麾所向，紛紛響應。十多年前，數十萬秦軍攻入，擊潰楚國主力，楚人們只能俯首聽命。如今，秦國派駐陳郡的軍隊分散各地，瞬間便被潮水般湧起的楚人所吞沒。不久，陳勝、吳廣攻占陳郡，殺死秦朝的郡丞，義軍發展到十萬之眾。陳勝自立為王，國號「張楚」。

　　張楚，就是光大楚國、振興楚國的意思。陳勝自己有布衣王侯的雄心，卻也深知借重楚地民眾的懷舊心理。

　　楚人發動的這次起義，在關東遼闊的土地上，點燃了第一處烽火，並迅速蔓延，六國舊貴族和軍民早已對秦國的苛政酷刑忍無可忍，楚國的旗號對他們而言就是救星。不光楚人，韓、趙、魏的許多人也都投奔到陳勝麾下。各地烽煙四起，大秦帝國看似堅不可摧的統治，短短幾個月裡便陷入土崩瓦解之勢。

　　陳勝派陳縣楚人武臣為將軍，大梁魏人陳餘、張耳為校尉，北上

渡過黃河，很快征服了原屬於燕國、趙國的數十座城池。

陳勝派出汝陰（今安徽阜陽）人鄧宗南下，進攻九江郡。

陳勝派魏國人周市北上進入魏國舊地，很快打下了二十多座城池。

陳勝又派陳縣楚人周文為將軍，率領主力向西進攻秦國腹地。周文喜歡兵法，資歷深，曾經侍奉過春申君黃歇，也當過項燕部下的軍官，負責占卜。儘管如此，他也算是起義軍中少有的專業軍事人才了。老將周文帶兵一路行進，等到逼近函谷關，已經擁有數十萬之眾。

這些陳勝派出的隊伍，沿途不斷壯大，此外還有不少六國舊人自發起義反抗秦的統治。尤其在楚國的舊地上，數千人規模的起義隊伍不可勝數。

這其中，前面提到的楚國草根劉邦就在沛縣起義。他在蕭何、曹參的幫助下，殺了縣令，聚集了幾千人馬。

而前面提到的楚國中層貴族項梁、項羽叔侄，也在會稽起義，殺死秦朝太守殷通，聚集了八千精兵，即所謂的「八千子弟」。會稽原屬越國，在楚威王時代才被併入楚國，而進一步有效開發的時間更晚。數十年時間，楚越文化的融合，尚未將越人的勇猛血性鈍化，而項氏將門世家的軍事經驗，或許再加上廉頗入楚後帶來的軍事指導，又使得他們在戰事訓練方面達到一定水準。因此，項氏家族的「八千子弟」，成為當時首屈一指的精兵，再加上天生神力、驍勇無雙又頗

具軍事天分的項羽為統帥，很快他們在反秦鬥爭中譜寫了新的傳奇。

楚人之外，還有齊國王族後人田儋，帶著堂弟田榮、田橫等人，在狄城（今山東省高青縣）起義，殺死秦朝縣令。

就這樣，秦始皇統一六國之後不過十餘年，在六國舊地上又重新燃起了反秦的戰火。而這其中的發動者和絕對主力，都是楚人。

3. 懷王再立傳薪火

西元前二〇九年七月，楚國士人陳勝、吳廣發動的大澤鄉起義，短短幾月間已經燃遍大江南北，形成燎原之勢。

然而正如當年關東六國合縱抗秦，最後因各有利害而分崩離析，這些起義軍一旦形勢稍好，立刻也開始爭權奪利。各國勢力之間的矛盾，還有同一國而不同來歷的矛盾，普通士人、下層貴族和王室權貴的矛盾，紛擾錯雜，產生了激烈的內耗。

魏人周市奉陳勝之命，北上攻取魏地。打下一塊地盤後，周市請示陳勝，立魏國王室的公子魏咎為魏王，周市擔任魏相。這算是陳勝允許下的復國，還算和諧。

陳勝最初派楚人葛嬰征討東部地區，當時陳勝還沒稱王，葛嬰在當地找到楚王室的宗親襄強，扶立襄強為楚王。後來聽聞陳勝自己稱王，葛嬰趕緊殺了無辜的襄強，向陳勝表忠心，可是，他還是被陳勝處死了。

楚人武臣佔領今河北大片土地後，就自立為趙王，以陳餘為大將軍，張耳為右丞相，邵騷為左丞相。雖然名義上還尊奉陳勝，實際上已獨立一家，而且拒絕派兵參與對秦的西征，把主力用於繼續征服河

北地區。

楚人武臣自立為趙王，他派出去的部將趙人韓廣在攻取燕國舊地後，也在當地豪傑的擁戴下，自立為燕王。

至於齊國的田儋，他佔領狄城後，直接發兵攻打陳勝部下的魏相周市，把周市趕走，然後攻占齊國舊地，自立為齊王。齊國在戰國後期，一直和秦國聯合，到如今各國舊地都反秦了，但齊國勢力依然跟楚國勢力存在矛盾。

因此，反秦起義看似如火如荼，形勢一片大好，但在這轟轟烈烈之下，其實暗流湧動，隱患重重。

相反，各地起義軍的主要對手秦王朝，還沒開始反撲。

楚人為首的反秦起義軍，與秦王朝的對決，前者的優勢主要在政治和人心上。秦朝殘暴嚴苛，盤剝天下，使得六國舊民民怨沸騰。而楚國以消滅暴政、恢復各國為口號，爭得廣大民眾的響應，得道多助。

然而具體到軍事上的戰場對決，又是秦人佔據優勢。烏合之眾的關東六國舊部，過去不是秦軍的對手，現在依然不是它的對手。

如今，關東反秦勢力陷入各自為政的分離狀態，便等於放棄了自己的優勢。

而秦朝軍隊的主力，即將投入他們所擅長的軍事戰爭之中。

最先遭殃的是陳勝的主力周文大軍。周文大軍一路逼近到戲地（今陝西臨潼東），遭遇了秦朝名將——少府章邯。秦軍正規部隊一時來不及調集，章邯就徵發在驪山修秦始皇陵墓的刑徒，發給兵器，編成一支大軍，把周文打得大敗。周文狼狽東撤，章邯徵集正規秦軍部隊緊隨追趕。西元前二〇九年冬天，章邯徹底擊潰周文大軍，周文自殺。

由於周文兵敗，加上吳廣圍攻滎陽，久攻不下，引發楚軍內訌。楚將田臧等殺了吳廣，又被章邯打得大敗，田臧、李歸等戰死，鄧說兵敗後被陳勝處決。秦二世又派司馬欣、董翳等帶兵加強章邯的兵力。章邯得到援軍，繼續東進，接連擊敗陳勝部將，斬殺大元帥房君、大將張賀等。

反秦隊伍的分裂導致戰場上的失敗，戰場上的失敗又進一步誘發了分裂。趙國人李良殺死身為楚人的趙王武臣，佔領邯鄲；楚人秦嘉、朱雞石起兵，不服陳勝的命令，反而殺害陳勝派來的監軍武平君。

西元前二〇八年初，最早反秦舉義的張楚王陳勝，被自己的車夫莊賈殺害。莊賈隨後帶著陳郡向秦朝投降了。陳勝的部將楚人宋留本已打下南陽，也降秦，最終宋留被秦二世五馬分屍處死。

楚人陳勝、吳廣的反秦起義，至此完全失敗。然而，已經點燃的反秦戰火，不會就此熄滅。各地反秦的勢力，楚人依然是絕對主力。

但同時，這些反秦勢力互不統屬，彼此爭權奪利。即使陳勝在世

時，也有很多勢力包括楚國勢力並不聽從他。陳勝死後，反秦陣營更是群龍無首。於是一邊是秦軍在大舉進攻，另一邊這些反秦勢力各自爭鬥，各地動亂不止，民不聊生。

陳勝的部將呂臣，組織蒼頭軍處死叛徒莊賈，安葬陳勝。秦楚兩軍隨後在陳郡展開爭奪戰，呂臣正抵擋不住時，南邊又來了一支楚地援軍，這支隊伍是從今江西而來，指揮官叫英布。

英布祖上是春秋時被楚成王攻滅的英國後裔，英布曾被秦朝在臉上刺字（黥刑）後送往驪山修墓地，後來逃出來了，聚眾數千，所以又叫黥布。英布的岳父吳芮也是楚人，原為吳王室後裔，曾擔任秦朝的鄱陽縣令，後來起兵反秦，號稱鄱君。他看英布如此威猛，就把女兒嫁給他，翁婿倆聚集了數萬大軍，縱橫江西。

呂臣得到英布的增援，終於擊敗秦軍，奪取了陳郡。

趙國人李良殺害武臣後，武臣的部將魏人陳餘、張耳糾集餘部，打敗李良，李良投奔秦將章邯。陳餘、張耳尋到了趙國王室的後人趙歇，扶立新趙王。

楚人秦嘉聽說陳勝兵敗，從楚國公室中選取了一位公子景駒，立為楚王。他派人聯絡自封齊王的田儋，想和齊國一起對抗秦軍。結果，田儋為了爭奪反秦聯盟領導權，不但不派兵，反而還殺了楚人的使者。

在豐、沛起義的楚人劉邦，他的部下雍齒懷有二心，趁劉邦外出，帶著豐城投靠魏國（魏王魏咎，魏相是周市）。劉邦為收復豐

城，跟雍齒打了起來，雙方交戰，劉邦兵敗，只好投奔新楚王景駒。在路上，他遇到了一位第一流的謀士——韓國人張良。

正當各路人馬打得不可開交時，陳勝的部將召平（廣陵楚人）渡過長江，找到割據江東的項梁，假借陳勝的名義，拜項梁為楚國大元帥，讓他帶兵參加對秦戰爭。

項梁立刻和弟弟項伯、侄兒項羽等一起帶兵渡江。渡江後，又有楚人陳嬰帶著幾萬人馬來投奔。隨後，剛剛幫助呂臣打下陳郡的英布，還有另一位勇將蒲將軍也先後前來。這樣，項梁佔據了今江蘇中南部、浙江北部、安徽東北部的一大片土地，擁有六七萬士兵。

楚國反秦最強大的一支力量，就此集結而成。

這時項梁打出的還是陳勝的張楚旗號，而西邊就是自立為楚王的景駒。為了爭奪名分，兩路楚軍還得先大戰一場。景駒、秦嘉哪裡是項梁、項羽、英布、蒲將軍這些猛人的對手。一番爭戰後，秦嘉、景駒兵敗身亡，其軍隊全都投降項梁。

前不久才投奔秦嘉、景駒的劉邦，也投到項梁麾下。項梁對劉邦挺好，給了他五千人馬和十員副將，幫助他收復了最初的根據地豐城，雍齒逃到魏國。

項梁吞併秦嘉、景駒的土地和人馬之後，其佔有的土地已經接近秦始皇大舉攻楚前的楚國。這時，陳勝身亡的消息也被證實。天下大計，何去何從？項梁決定召開大會商量下。

會議上，來了一位楚地的智謀之士，七十多歲的居巢人范增。范老先生對項梁說出這樣一番話：

　　「陳勝兵敗也是理所當然的。秦國攻滅六國，咱們楚國最無罪。自從當年楚懷王被秦昭襄王騙到秦國囚禁到死，已經快一百年了，現在楚國人還為他感到難過，所以才有『楚雖三戶，亡秦必楚』的說法。現在陳勝既然帶領楚人起義，就該立楚王室後裔，這才名正言順，才可以號令天下。結果他自立為王，必然會失敗。現在將軍您在江東起兵，那麼多楚國英雄豪傑都跟隨您，這主要是因為項家世代為楚國將領，而且您父親項燕為保衛楚國戰鬥到死，您才有這麼大的號召力。大家還指望您複立楚王室的後人呢！」

　　項梁聽了這話，覺得挺有道理。天下反秦，能在一年內就形成如此浩蕩的局面，楚人功不可沒。不但最先舉旗的陳勝是楚人，天下半數的義軍也是楚人，而且魏國、趙國、燕國這些諸侯勢力的復興，算起來也都是陳勝派出的幾路人馬打下來的。

　　帶頭起義的這些楚人，大部分都是中下層士人，在過去楚國時代，受到上層權貴的抑制，很難發揮出才能，甚至項氏家族，雖然「世代楚將」，其實也是到楚國滅亡前才得以進入核心決策層的。

　　後來秦軍鐵蹄摧毀了整個楚國，秦始皇為了削弱六國復辟勢力，楚國境內的王室權貴有的被殺，有的搬遷到咸陽。在天下反秦的浪潮中，這些楚人俊傑終於得以衝破門閥的制約，發揮才能，打開局面。然而，他們畢竟在名義上有欠缺，因此才會互相不服氣，彼此傾軋。項梁作為中層貴族、項燕之子，他能拿出的名號，當然比陳勝更強，

但還不足以號令天下。

這時候，選擇一個楚王室的正統後人，無疑非常重要。

於是，項梁在其控制的數千里土地上查訪，終於找到一個楚王室後人，他叫熊心。秦滅楚之際，熊心隱姓埋名，逃過了秦軍的搜捕，現在在民間以牧羊為生。

西元前二〇八年夏，項梁正式立熊心為楚王，定都盱眙（今屬江蘇淮安）。陳嬰擔任上柱國（大元帥），項梁受封為武信君。

> ## 小貼士：熊心的年齡
>
> 據史書記載，熊心是楚懷王熊槐的孫子，那麼應該和楚考烈王同輩，算下來比秦始皇輩分還高。楚懷王西元前三二八年繼位，西元前二九九年被秦國囚禁。熊心的父親就算是楚懷王去秦國前剛生下來的幼子，到西元前二〇八年也九十多歲了，熊心至少也是四五十歲的中老年人了，而非少年。從此後熊心的言行來看，他也確實頗有城府。當然，也可能這裡的「楚懷王之孫」是「後人」的意思，比如曾孫甚至玄孫，如果這樣推算熊心可能稍微年輕點。

有趣的是，為了寄託楚地民眾對楚懷王熊槐的追思，項梁他們給熊心的尊號也是「楚懷王」。於是楚國歷史上出現了兩代懷王。爺爺熊槐的懷王是諡號，是在死後再追贈的，意思是「執義揚善、慈仁短折、慈仁知節、失位而死、慈仁哲行、民思其惠」，大意來說，楚國

百姓認為熊槐是個善良、講道義、知禮節、對老百姓不錯的好君主，可惜被秦王所騙，客死他鄉，壽命也不太長，因此有此諡號。而孫子熊心的懷王，則是在位時的尊號。

在未來，熊心還有一個更響亮的尊號——義帝。

為了鼓舞士氣，楚懷王向眾將發出一條宣告：

誰能先攻占秦國本土的關中之地，就封誰為關中之王！

這也標誌著，楚國這群人不僅要恢復故國，還把「攻滅秦國」作為戰爭的目的。

大片土地，十萬雄兵，大批頗具才幹的楚地俊傑，還有一位氣度沉著、歷經滄桑的正統楚王室後人。如今的楚國，基本恢復了戰國末期的聲威，並將再次展開對秦朝的復仇之戰。

4. 劉、項破秦入關中

西元前二〇八年夏，項梁扶立熊心為楚王，楚國重振雄風。但秦朝依然是一等一的強敵。

項梁找到韓王室的公子韓成，將他立為韓王，任命張良為司徒，派一支人馬收復韓國舊地。這麼一來，關東六國基本都恢復了。

可是韓王成、張良他們打不過當地秦軍，只能在潁川一帶游擊，所謂有兵無地，有王無民。

這時，秦軍主將章邯已經把陳勝的直屬勢力殲滅殆盡，又向魏國發動進攻。魏相周市趕緊派人到齊國、楚國求救。現在楚國已立新王，關東六國勢力也能有些配合了。齊、楚從六國滅亡吸取教訓，都主動派出援軍，結果臨濟一戰，章邯大破齊、楚、魏聯軍，齊王田儋和魏相周市陣亡，魏王咎自殺，田儋的弟弟田榮糾合餘部，又被章邯圍攻，形勢岌岌可危。

秦軍威風如故，天下何人能擋？

楚國。

項梁聽說章邯攻破魏國，怒上心頭。若不能打垮章邯，那六國即

使複立，只怕最終也會被秦重新吞併。他一面給魏王魏咎的弟弟魏豹幾千人馬，讓他再收復失地，重建魏國，一面親率楚軍主力，向章邯發動進攻。

秦楚兩軍戰於東阿，項梁麾下有項羽、英布這樣的猛將，有范增這樣的謀士，有劉邦這樣才兼文武的人才，相比從前，楚軍奮勇百倍，人人當先，一戰大破章邯。

曾經擊破周文大軍，攻滅張楚與魏國，所向無敵的章邯，在楚國武信君項梁面前，第一次打了敗仗！

如同十多年前的項燕一樣，項梁打破了「秦軍不可戰勝」的神話。不同的是，當初秦軍失敗的只是李信的偏師，隨之反撲的則是王翦的六十萬之眾。而此刻，章邯已經是秦軍的頭號名將。

天下反秦的鬥志，因為楚人這輝煌的戰績而受到鼓舞。

章邯引軍撤退，項梁緊追不捨，在濮陽又打了一仗，秦軍再敗。章邯只好退守濮陽城。此後，項梁又命項羽、劉邦帶兵進攻城陽、雍丘，大破秦軍，殺死秦相李斯的兒子李由。項梁則在定陶又一次打敗秦軍。

楚軍連戰連捷，秦軍連敗，還引發了秦王朝內部的動盪。秦相李斯被趙高陷害，滿門抄斬。臨刑前，這位在秦朝官至萬人之上的楚國才子，悲歎自己落得如此下場。相對楚地道家思想孕育的文化，秦的法家機制是強大的，也是嚴酷的。借助權柄實現富貴的人，也可能被它燒成灰燼。楚人李斯，便是典型的例子。

接連擊敗章邯率領的軍隊，項梁的威望達到頂點。但在勝利之下，卻潛伏著暗流。

首先是起義軍內部的分歧。

東邊的齊國在戰國後期，便是關東各國抗秦的最大不穩定因素，如今依然。齊王田儋的弟弟田榮，本來被章邯圍攻，依靠項梁的楚軍救援才逃出。可是等楚軍追殺秦軍，田榮卻趁機直撲齊國。他的目標，是被齊國人新擁立的齊王田假（戰國末代齊王田建的弟弟）。在田榮的攻擊下，田假和兄弟田角、田間分別逃到楚國、趙國。田榮趕走同姓的競爭者，改立哥哥田儋的兒子田市為齊王，自任齊相，要求楚國、趙國把田假兄弟全部殺死，才肯一起伐秦。楚國、趙國當然不同意這種蠻橫要求。田榮帶領齊國再度走上孤立的道路，拒不出兵伐秦。

齊國不肯出兵，魏國已破，韓國只有少量軍隊，趙國一時無法應援，燕國又太遠。這樣，又形成了楚國在中原單挑秦國的局面。

更糟糕的是，項梁打了幾次勝仗後，開始驕傲自滿，疏於戒備。而章邯則得到了秦二世的後續增援部隊，兵力進一步加強。

此消彼長之下，楚軍在定陶兵敗，項梁戰死。

項羽、劉邦聽到這個消息，趕緊帶著軍隊，和陳勝的部將呂臣一起撤回楚國，又把楚國國都從盱眙向北搬遷到彭城（今江蘇徐州）。

從短期的格局來看，楚國打了敗仗，損失一位軍中頂梁柱，國都

北遷躲避秦軍鋒芒。秦將章邯也認為楚國已經垮了，於是帶著秦軍主力，乘勝渡過黃河，北上進攻趙國。

然而這時，一直作為「精神領袖」存在的楚王熊心，卻忽然展示出非同一般的帝王之術。他任命劉邦為碭郡長，封武安侯，統領碭郡的兵；封項羽為長安侯，魯公；呂臣為司徒。呂臣的父親呂青則擔任令尹。最重要的措施是熊心把項羽、呂臣的部隊收編起來，自己親自統率。

這樣一來，楚國的朝政架構不但得到調整，工作有條不紊地開展起來，而且楚王熊心也從原本的傀儡，成為手握兵權、名副其實的君王。

不僅如此，熊心還把魏豹立為新的魏王，讓他帶兵繼續在黃河兩岸征伐，很快魏豹又收復了二十多個城池，魏國也複立了。

楚國重整旗鼓的同時，北邊的趙國已經被章邯打得無還手之力，國都邯鄲淪陷，張耳和趙王歇退入巨鹿，被秦軍團團圍住。陳餘帶著幾萬人馬在城北，不敢去救，只能向楚國及其他諸侯求救。

楚王熊心當即決定，主力北上救援趙國，另派一路人馬向西略取中原，順道收編陳勝、項梁散落的部下。

熊心這一戰略，應該說相當高明，秦軍主力既然去河北了，楚軍就一面往河北增援，拖制秦軍，同時趁機吞併中原土地。

這樣，哪怕北線戰局不利，只要章邯不能迅速擊潰北上的楚軍、攻滅趙國，那麼楚國也能在西邊開疆拓土，甚至威脅秦國關中。

當然，這並不等於說西進的部隊就能撿便宜。往西這一路雖然不必抵擋章邯主力，但秦軍的偏師戰鬥力也很強。尤其楚軍主力要救援趙國，那麼西征的兵力就不可能太多。帶著一支不太多的兵，要橫穿千里之地，甚至直驅秦國的核心，風險也相當大。

考慮到這點，楚國將領大都不願意西進，寧肯跟著主力救援趙。只有項羽為了給叔父報仇，願意西進。可熊心擔心項羽過於殘暴，不放心讓項羽領兵。

最後，楚王選擇了「寬厚長者」劉邦作為西進的主帥。北上的楚軍主力，則以宋義為上將軍，他帶著項羽、范增、英布、蒲將軍、桓楚等一起前往救援趙國。

合縱抗秦，救援盟友，是天下的大義。楚王出動主力救趙，有擔當，有氣度。這種姿態，自然能收服天下人心，包括齊國的田榮。雖然田榮還是頑固地拒絕參加對秦作戰，可是他部下的田都卻違背命令，帶兵跟隨楚軍一起北上。

宋義帶領楚軍行到安陽，停留一個多月，不肯北上，想等待秦趙兩虎相爭，再來坐收漁利。然而項羽血氣方剛，不能容忍這種圓滑。他闖入營寨，殺死宋義，挾個人的勇武和項氏家族的威名，重新奪回了兵權。楚王熊心也只得承認這個既成事實。

項羽隨即帶兵北上。西元前二〇七年初，楚軍逼近巨鹿，這時，巨鹿周圍已聚集了齊軍、燕軍、陳餘的趙軍和張耳之子張敖的代軍，他們卻都畏懼秦軍，不敢出擊。項羽令全軍渡河，破釜沉舟，向秦軍

發動猛攻。秦楚兩軍交鋒，項羽衝鋒在前，楚軍無不懷必死之心，舍生奮戰，一連擊退秦軍九次。周圍的齊、燕、趙、代軍隊看到楚軍如此勇猛，也紛紛參戰，於是秦軍陷入包圍之中，大將王離被俘，蘇角戰死，涉間自殺。章邯率秦軍倉皇敗退，巨鹿之圍頓解。

雖然從陳勝起義開始，反秦陣營中楚人是絕對主力，關東六國除了齊國之外，也都是因為楚軍的征戰才得以複國，但畢竟，各國之間還是彼此平等的關係。然而此戰下來，項羽和楚軍展現的勇猛，讓各諸侯國都膽戰心驚。等到項羽大破秦軍之後，諸侯將領拜見項羽，據說都紛紛跪在地上用膝蓋蹭著進門，不敢仰視項羽。

靠著力拔山兮氣蓋世的威猛，項羽順理成章地被推舉為「諸侯上將軍」，成為天下反秦的主帥。而楚國，也自然成了關東諸侯聯盟的首領。

項羽在巨鹿血戰的同時，另一位楚人劉邦也並沒有閑著。他帶領的部隊，先在山東西南一帶轉戰兩個月，攻城掠地，擊敗秦國偏師。西元前二〇七年，劉邦匯合魏人彭越圍攻昌邑，久攻不下，轉戈向西，又得到了高陽（在今河南省杞縣，也是舊楚地）酒徒酈食其及其弟弟酈商的相助，攻占了陳留（今開封市陳留鎮，屬魏地）。

有了陳留作根據地，劉邦大舉西進。劉邦並非如一些演義小說描繪的「不會打仗，只會耍詭計」。實際上劉邦的軍事才能也相當強，同時又能誠心用人，虛心納諫，更懂得招攬人心。幾個月間，劉邦接連擊敗秦軍，奪取潁川、南陽等中原大郡。戰敗的秦朝將領，以及各地反秦義軍，很多都投奔到他的麾下。由於劉邦率領楚軍收復了韓國

舊地，韓王終於從游擊隊到擁有根據地的諸侯，韓國丞相張良知恩圖報，跟隨劉邦繼續征戰。

此時劉邦已經向西進入了丹水、析水一帶。這裡曾是楚國故地，但從楚懷王時代開始，已被秦國佔領百年，當地聚集了不少秦人。劉邦所到之處，軍紀嚴明，禁止燒殺擄掠，不但讓當地民眾欣喜若狂，也使得他的仁厚之名遠播千里。

劉邦、項羽一南一北，一個攻城掠地，一個破軍殺將，把威猛無敵的秦王朝打得大敗。秦王朝內部矛盾也尖銳爆發。趙高繼續弄權，讒害忠良，秦國大將章邯走投無路，與司馬欣、董翳等率領二十萬秦軍投降項羽。

此後，秦相趙高殺害秦二世，改立秦二世的叔父子嬰為君，取消「皇帝」稱號，重稱「秦王」。而子嬰不久之後轉而又殺死趙高。

小貼士：秦王子嬰身分

秦王子嬰在《史記》不同篇章中有三個不同身分：秦二世的姪兒（即秦始皇的孫子）、秦二世的哥哥（即秦始皇的兒子）和秦始皇的弟弟。由於子嬰繼位時，秦始皇即使在世也不過五十多歲，而史書提到子嬰曾與兩個兒子商量殺趙高，故子嬰不大可能是秦始皇的孫子。再考慮秦二世繼位後殺盡其他王子公主，子嬰也不大可能是秦始皇的兒子。因此，認為子嬰是秦始皇之弟、秦二世叔父較為合理。也有觀點認為子嬰是秦始皇的姪兒，秦二世的堂兄。

威震天下的秦王朝，在楚人的圍攻下，搖搖欲墜。

秦王子嬰登基後，派出關中最後的軍隊，前往阻攔劉邦的西路楚軍。然而大廈將傾，何人能扶？劉邦用張良的計策，先虛張聲勢，嚇得秦將求和；接著假意同意和談，卻引兵突襲，在藍田之南和藍田之北，兩次大破秦軍。

丹析、藍田，都是楚國的傷心之地。西元前三一二年，正是在這裡，被張儀欺騙而怒火萬丈的楚懷王，出動主力與秦軍交戰，結果楚人兩次大敗，血流成河，被迫割地求和。從此之後，楚國被秦國步步欺凌將近百年，直到滅亡。

如今，劉邦所率的楚軍，在丹析、藍田之地，或用仁義招降，或用計謀擾亂，大破秦軍，打垮了秦最後的成建制軍隊。

藍田之戰後，秦再無可用之兵。西元前二〇七年，劉邦一路攻入秦境，直驅霸上（今陝西西安市東）。秦王子嬰走投無路，素車白馬，出來投降，獻上皇帝的璽、符、節。

此時，距離陳勝的大澤鄉起義只有兩年多，距離秦國老將王翦滅楚，也不過十六年而已。

楚沛公劉邦與秦王子嬰，作為基本同一輩的人，共同經歷了戰國末年、秦統一，又共同迎來了秦王朝的末日。只不過，兩者的立場和心情，大有不同。

楚人亡國後的復仇之戰，也在這一刻，酣暢淋漓地取得全勝。

從楚懷王時代開始，秦人用了差不多一百年的時間，才鯨吞蠶食，滅亡楚國。而如今楚國滅秦的速度，卻快了不止十倍。

5. 尊楚帝分封諸王

「楚雖三戶，亡秦必楚」的話，終於成了現實。雖然滅秦的楚人遠不止「三戶」，單是先後參加反秦義軍的楚人，便至少有數十萬之多，再加上與楚國並肩作戰的齊、趙、燕、魏、韓各國軍民。

然而在領導滅楚的行動中，撇開犧牲在楚地的陳勝、吳廣、周文、項梁等，確有三個人居功至偉。

他們分別是楚王熊心、魯公項羽、沛公劉邦。

這三個人，都是楚國的俊傑。在舊日楚國的權力體系中，他們都無法進入權力核心，如今卻領導楚國乃至整個天下，完成了推翻暴秦的偉大使命。

楚國百年來弊政重重，死氣沉沉，既失卻立國之初的彪悍勇猛，又未能適應戰國後期弱肉強食的時代，這才陷入被秦國宰割的命運。如今大仇已報，該怎樣對待百年世仇秦人？又該怎樣學習秦的長處，享受勝利的果實，才能避免重蹈覆轍？

三人之中，楚王熊心血統最為純正，算是楚王室的代表。他在楚國末期錦衣玉食，鐘鼓笙歌。可是在亡國的數十年中，他的境遇又是

最慘的，淪為地位低下的牧羊工，還要擔驚受怕，躲避秦王朝可能的追捕。這種反差巨大的境遇，讓熊心既瞭解王室的奢華和上層權貴的鉤心鬥角、奢靡腐化，也見識過民間疾苦，知道人心所向。

之後，熊心目睹反秦戰爭中出身底層的俊傑風起雲湧，前仆後繼，擊敗不可一世的秦軍，這讓他對楚國過去的門閥政治產生了反思。當然，熊心前期沉溺於王家富貴，後期輾轉於荒野求生，這樣的際遇無法鍛煉出超人一等的政治才能。他的執政思路，大致是打破楚國舊有痼疾，任用真正有才能的賢人，爭取民心，從而延續楚王朝的統治和霸業。為此，他選用「寬厚長者」劉邦作為西進的主帥。

劉邦則正好相反。他在楚亡之前，也是平民，但沛縣是齊、魏、楚三國交界處，劉邦在秦統一後又擔任了秦王朝的基層官吏——亭長。從眼界而論，劉邦比熊心要開闊。他對秦朝制度也有深入的體會、理解和實踐，而不僅是熊心這種刻骨銘心的仇恨。

另一方面，劉邦未曾受過貴族階層的培養教育，在一些事情上可以打破陳規。因此，劉邦在智囊團的指點下，能更全面地看到秦國制度的利弊。他的政治觀點，除了反思秦王朝教訓，控制嚴刑峻法、減少民眾負擔與怨氣之外，也吸取秦朝合理的制度，以法為繩，更有效率地治理天下。

項羽，作為一個原本的中層貴族子弟，他的年紀比熊心和劉邦都小。他的少年時代，成長於江東地區，那裡是吳越故地，民風彪悍，而政治文化建設相對滯後。加上項羽本人勇猛過人，他的祖父項燕、叔父項梁又都死於秦人之手，因此項羽對秦有著發自內心的憤恨。

他身上展現的風貌，其實有點類似楚人早期的先輩，既不講求禮儀，更不在意法規，一味憑義氣行事，同時又有貴族的矜持和驕傲。早期的楚國，強調的是有力者為尊，無論是楚國對周天子的屢次挑釁，還是楚國內部的骨肉相殘，都反映出這點。同樣，項羽也並不打算做楚王室死心塌地的忠臣。熊心於他而言，也僅僅是一個政治上的傀儡而已。項羽還有著殘暴嗜血的一面。

遺憾的是，楚國這三位英雄中，卻以最年輕的項羽的實際力量最強。尤其在巨鹿擊破秦軍後，項羽擁兵數十萬，更得到各路諸侯的扈從。先入關中的劉邦無法與之抗衡，手中兵力被項羽奪走的熊心，也很難再對其加以制約。

於是復興的楚國也好，戰敗的秦國也好，乃至全天下的命運都落在了項羽手中。

最早遭到不幸的是秦人。

原本最先進入秦國本土的劉邦，所到之處招降納叛，秦人安居如故。秦王子嬰投降後，不少將領要殺他，劉邦說：「咱們懷王派我走西路，就是因為我寬容，怎麼能殺已經投降的人呢？」經過樊噲、張良的勸諫，劉邦同關中民眾「約法三章」，約束部下，甚至婉言謝絕了秦百姓的犒勞。

但隨後項羽的軍隊就打了過來。他首先在新安坑殺了二十多萬投降的秦軍，只留下章邯、董翳、司馬欣幾個將領。楚國數百年歷史中，雖然略地數千里，滅國無數，但從未出現過大規模殺降的記錄，

即使殺人數量都很有限。而項羽坑降兵二十多萬，這個殘酷的案例即使放到戰國，也只有白起在長平之戰後的表現能與之匹敵。

隨後，項羽揮軍攻入關中，試圖在鴻門宴上殺死劉邦，劉邦脫身之後，項羽在咸陽城大開殺戒，焚燒宮室，使秦人血流成河，大火三月不滅。項羽還殺了已經投降的秦王子嬰，然後把關中的財寶劫掠一空，撤軍東歸。

這麼一來，率領楚人向秦人復仇的項羽，卻做出了和秦人一樣殘暴的罪行，把自身擺放到了還不如秦人的位置。

殺夠了，搶夠了，項羽才想起，好歹名分上的領導是楚王熊心。他向楚王請示，接下來怎麼辦？

熊心對項羽和劉邦這一路的所作所為也有所聞。他很乾脆地回復：「按先前的約定，誰先打進關中，誰為關中王。我聽說是劉邦先入關中，咱們楚人一向很講信義，說話當然要算數。」

項羽自己把關中毀得七零八落，可聽說熊心要將關中封給劉邦，卻又怒了，他對自己的部將說：「楚王熊心，是項氏扶立的，他又沒有打仗，憑什麼決定分封？當初天下反秦起義，立了王室後人，不過是借他的名號。這江山，都是項羽和各位將軍一刀一槍打下來的啊！」

於是，項羽尊楚王熊心為「義帝」，並把他搬遷到今湖南株洲一帶。這個「義帝」的名分，當然比「王」更高。於是楚的地位也就凌駕在了其他各路諸侯之上。這樣一來，項羽就可以在「義帝」之下，

分封諸侯王了。

西元前二〇六年農曆二月，項羽分封諸王。項羽自己為「西楚霸王」，佔有秦統一前的魏國和楚國大片領土，相當於今天江蘇、浙江大部，河南東部、安徽北部。

小貼士：項羽為何叫西楚霸王？

中國古代將歷史上楚國的廣大地區分為三塊：南楚、西楚和東楚。其中南楚大致指長江以南的地區，主要包括今湖南、江西、湖北南部、安徽西南部等地。東楚指彭城以東，包括今江蘇、浙江、安徽東南部等地。西楚則包括江漢平原、淮西地區，大致有湖北大部、河南南部、安徽北部等。項羽給自己分封的地盤其實包括了東楚全部、西楚東部和南楚東部，還有魏國大片領土。但因為西楚的地位更重要，故稱為「西楚霸王」。

劉邦按照義帝當初的約定，應該封為關中王。可是項羽捨不得將關中地區封給劉邦，於是藉口漢中也屬於關中，將劉邦封為漢王，佔據漢中郡、巴郡、蜀郡，相當於今天陝西南部、四川、重慶等地，也就是昔日楚國舊地的上游地區。

至於本應給劉邦的秦國本土關中地區，項羽將其分給秦軍的三個降將，西邊是雍王章邯，東邊是塞王司馬欣，北邊是翟王董翳。三秦聯合，把劉邦封堵在秦嶺以南。

除此之外，因為魏地被西楚霸王自己封了，魏王豹只好遷徙到河

東（今山西南部），封為西魏王。趙王趙歇被遷移到代地（今山西北部），封為代王。原趙國的丞相，魏國人張耳和項羽關係不錯，被改封為趙王。張耳的部下申陽被封為河南王，統治洛陽一帶。趙國的將軍司馬卬被封為殷王，統治河內（今河南北部）。韓王韓成還是繼續封為韓王，留守今河南中部的韓國舊地。

燕王韓廣（趙人）被遷徙為遼東王，而曾跟隨項羽西征的燕國將軍臧荼被封為燕王。

跟隨項羽入關的一群楚國將領，被分封到了長江南部地區。其中英布被封為九江王，統治今江西一帶。英布的岳父吳芮被封為衡山王，統治今湖南一帶，共敖被封為臨江王，統治今湖北江陵一帶。

至於齊國，田榮一向和項家存在矛盾，又沒有過多地參與伐秦，因此沒有受封。跟隨項羽救趙的齊國將軍田都被封為齊王，而把原本的齊王田市（田榮的侄兒）改封為膠東王，另一位跟隨項羽攻打秦國的齊國將軍田安被封為濟北王。

此外，陳餘被封在南皮，有三個縣；吳芮的部將梅封十萬戶侯。

以上連西楚霸王項羽在內，一共封了十九個王。

項羽分封的思路是很清楚的。

首先，項羽對原有的戰國七雄，進行了分割切削。比如秦國三分，齊國三分，燕國二分，三晉六分，而且魏國東部被西楚吞併。這樣一來，這些諸侯國實力都遭到了削弱。

唯一沒有遭到削弱的是楚國。項羽統治的西楚，佔有了原楚、魏面積最大、人口最多的地區，實力相對於戰國末期的楚國有所擴張。從楚懷王時代到戰國末期這數十年中被秦國奪占的楚國土地，則分封給英布、吳芮、共敖三人。再加上占據漢中和巴蜀的劉邦，楚系封地占了天下的半數。

其次，項羽的分封，把跟隨自己一起進關的人分封到相對比較發達的地區，比如趙將張耳、燕將臧荼、齊將田都分別封為趙王、燕王和齊王；而把原先的三王都搬遷到較為偏遠的地區。這當然算一種論功行賞，同時也是打擊舊有的割據勢力，扶持親楚的力量，從而進一步擴大楚國對天下的影響力。

身為楚國的軍事貴族世家子弟，項羽對秦抱有刻骨仇恨。他無意延續秦朝的郡縣制，而恢復了周朝的分封制。但他也並不打算完全恢復戰國前期七雄並立的局面。因而在項羽的分封體系下，楚國之外的六國都大為削弱，天下形成以楚為主導的新格局。從實力對比來說，既有點類似西周初年，周王室在關中獨尊為大，各諸侯國臣服其下，又有點像春秋晚期的格局，只不過楚國是唯一的大國。「楚懷王」熊心，也成為天下的「義帝」，凌駕諸王之上。

只是，項羽太年輕了，分封天下時不過虛歲二十七，縱然在軍事方面才能出眾，在政治方面終究還是少了歷練。加之長期生長江東，對於戰國末期楚亡秦興的大勢，他看得並不透徹，他充滿仇恨的眼中，有著殘暴的一面，而背離了楚人數百年剛柔並濟、文武兼修的傳統。他既仇視攻滅楚國的秦王朝，也蔑視徒有虛名的楚王室。站在天

下權力的巔峰，他仰天長嘯，恣意妄為。他對除西楚之外的十八國的分封，基本是按照個人好惡，由此帶來了無盡的後患。

如果說，將才能平庸、功勞不顯的六國舊君如趙王歇加以削弱、遷移，分封滅秦有功的將領，還算情有可原，那麼對另一些功勳卓著或實力強大的將領一味排斥，只會給自己樹敵。

例如齊國的田榮，雖然在反秦戰爭中確實陽奉陰違，但畢竟曾一統齊國地區。他扶持的侄兒齊王田市，也是「烈士」田儋之子。項羽用一紙封文將田市從齊王降格為膠東王，而田榮則完全沒有封號，這就讓齊國王室顏面盡失。

再如魏國人陳餘與張耳，共同輔佐武臣進軍河北，平定燕趙，反秦功勞巨大，名動天下。然而僅僅因為最後張耳隨項羽入關，和項羽關係好，於是張耳得以封為趙王，陳餘只是幾個縣的侯，這待遇天差地別，也難以讓人信服。

項羽把劉邦分封在偏僻的漢中、巴蜀之地，這作為對潛在敵人的防範手段，無可厚非。但他又不願意親自管轄關中，而將其分封給章邯、司馬欣、董翳三個降將。這三人在鎮壓反秦起義時，手上沾滿了關東諸侯的鮮血，在投降項羽後，又因為二十多萬秦國降兵被殺的慘劇，使得秦本地人對他們頗有怨言。

作為楚人實際掌權者的項羽，既不能有效安撫各國諸侯，又不能正確籠絡楚國同僚，還和名義上的「義帝」矛盾重重，更用錯誤的手段對待天下軍民。這樣，在榮光萬丈的分封之下，已經憂患重重。

6. 平天下楚漢相爭

西元前二〇六年二月，項羽分封完畢，四月聚集在關東的諸侯各自回歸到封地，到五月，戰爭就再次爆發了。

這場持續數年的戰爭，最終以漢王劉邦奪取楚霸王項羽手中的江山而告終，因此被稱為「楚漢戰爭」。不過實際上，漢王劉邦和楚霸王項羽，他們都是楚人。

同時，楚漢之間的爭鬥也並非貫徹始終。項羽最初分封的諸侯王，連自己在內一共十九人，包括三晉六人，楚地四人，齊地三人，秦地三人，燕地二人，再加上巴蜀漢中的劉邦。此外還有數路沒有得到封王的勢力，大家為各自的利益，爭相謀劃。反抗項羽的，遠不止劉邦一個。

最先跳出來反對項羽的，是東邊的田榮。田榮聽說自己的侄兒田市被項羽從齊王改封膠東王，勃然大怒，帶兵襲擊項羽封的齊王田都，趕走田都。田榮又命令侄兒田市不聽項羽的命令去膠東，留在齊地繼續當齊王！然而田市懦弱，還是遷到膠東，田榮又將侄兒田市殺了。

這時，曾幫劉邦征戰中原的彭越帶著一萬多軍隊在巨野，他也沒

有得到封號。田榮就封彭越為將軍，和他聯手反抗項羽。七月，彭越擊殺濟北王田安。這樣，項羽封的齊地三王都被殺。田榮自封為齊王，和彭越一起反楚，又打敗項羽的大將蕭公角。

北邊也不太平。只封了三個縣的陳餘同樣對項羽不滿，他也和田榮勾結起來，攻打項羽封的趙王張耳。前燕王韓廣被項羽改封為遼東王，他不肯讓位，於是舊燕王韓廣和新燕王臧荼開戰，最後項羽封的燕王臧荼殺韓廣，把遼東地盤也吞併了。

接下來，西邊也鬧騰起來。漢王劉邦拜韓信為大將，起兵東征。劉邦此舉最名正言順，因為當初「義帝」熊心確實曾有言在先，「先入關中者王之」，而項羽確實違背了約定。同時，劉邦先前在關中約法三章，得到秦人的擁戴。一味倚仗武力的項羽，已然在道統上落了下風。

劉邦的大將韓信也是楚人，籍貫淮陰，少年時曾經承受「胯下之辱」，長大後卻是文武雙全。他最初投在項梁、項羽的部下，曾經幾次向項羽獻策，而項羽一概不用。

西元前二〇六年八月，劉邦從漢中北伐秦地。項羽封的三秦王迎戰，接連被打敗，章邯被圍在廢丘，司馬欣、董翳投降。劉邦幾乎以閃電般的速度平定關中。隨後，劉邦繼續東進，爭奪中原。

劉邦的起事，對項羽是最為致命的一擊。這既因為劉邦本人的才能，更因為劉邦也是楚人，並佔據關中之地，得到秦人的支持。以項羽之威，即使天下反楚，恐怕也未必能動搖其基礎。但劉邦以楚對

楚，對項羽麾下的楚系諸侯也起到了強烈的分化作用。

更何況項羽一味橫暴，失去人心，也反過來襯托出劉邦的仁義更加可貴。

韓國的相國張良給劉邦當謀士，項羽一怒之下就把韓王韓成給殺了，另立鄭昌為韓王。鄭昌在秦朝時候曾擔任吳令，也是一位楚人。

到農曆十月，項羽更密令九江王英布、衡山王吳芮、臨江王共敖，襲擊「義帝」熊心，將其殺死在長江之中。熊姓楚王室的最後一位君主，就此退出了歷史舞臺。項羽此舉，或許是惱火劉邦用「義帝之約」作為爭奪關中的大旗，或許是「義帝」在暗中密謀，與劉邦等反項羽勢力勾結。然而，熊心畢竟是楚國正統的代表。當初天下反秦，項梁擁立熊心為懷王，確立了項家軍作為楚國王師的名分；滅秦後，項羽也是借著「義帝」熊心的名義，分封天下、自立霸王。如今，項羽採取這種簡單粗暴的手段，將自己擁立的「義帝」殺害，實際上摧毀了自己作為楚人的法統。

這個法統的重要性，在數百年前已經由楚莊王驗證。秦滅楚後楚地民眾風起雲湧、前仆後繼的反抗，一半也是因為這法統的號召力。項羽既然拋棄這法統，堂堂西楚霸王，也就成為歷史上吳師入郢、秦軍渡江這樣的破壞者。就連項羽自己的部下，都開始動搖。

楚國原本就不穩固的政治體系，隨著項羽的暴行，開始土崩瓦解。

在今河北，陳餘在田榮的支持下打敗了趙王張耳，然後重新複立

代王趙歇為趙王。趙歇感激陳餘，封他為代王。

中原，河南王申陽和項羽新任命的韓王鄭昌都投降劉邦。劉邦令立韓襄王的孫子韓信（和楚人韓信是同名的兩人）為韓王。

項羽本人打仗相當厲害，可稱是橫行天下。他在西元前二〇五年初打敗並殺掉最先造反的田榮，改立聽命於己的田假為齊王。可他到處屠城、放火、坑殺降兵。這樣，齊人對項羽的仇恨，超過了對往日的秦軍。原本是親楚派和反楚派的田氏家族的內鬥，轉化為齊國軍民反抗項羽暴行的起義。田榮的弟弟田橫立田榮的兒子田廣為齊王，繼續和項羽對打。項羽的兵力被牽制在東線齊國，只能任憑劉邦在西線鬧騰。

西元前二〇五年農曆三月，劉邦渡過黃河，進攻魏國、殷國。魏王豹、殷王司馬卬先後投降。因為此事，項羽遷怒於先前曾平定殷地的都尉陳平，於是陳平也投奔劉邦。

此後，劉邦更採納董公遮的建言，為「義帝」發喪，派出使者宣告天下諸侯，討伐項羽，為「義帝」報仇。在這大義的號召下，諸侯紛紛響應。劉邦糾合諸侯聯軍數十萬，進攻楚國本土，攻克項羽的都城彭城。

項羽在一年前一共分封了十九個王。如今，齊地三王全被田榮、田橫滅了，雖然又立了田假為王，但齊地反楚已成燎原之勢；秦地三王中二人投降劉邦，一人被劉邦圍住；三晉六王中南方的四人投降劉邦，北方的趙、代也趕走了項羽分封的張耳。

這麼算來，三分之二的諸侯國已經完全失控，剩下的也就楚地四王和燕地二王了。燕地二王也有一地被吞併，好歹得勝的臧荼還算是項羽分封的。

到這一步，項羽才發現劉邦的實力。他趕緊從齊國返回攻打劉邦。單論作戰，項羽遠勝劉邦。西元前二〇五年的彭城之戰，項羽用三萬精兵大破劉邦糾合的諸侯聯軍五十六萬，殲敵三十萬，斬殺王司馬卬，還把劉邦的父親和妻子都俘虜了。塞王司馬欣、翟王董翳也再次向楚軍投降，不過這兩位基本沒有軍隊了。不久，魏王豹也反投到了項羽一邊。

項羽一戰打得劉邦損傷慘重，西邊戰局一時大好。但按下葫蘆又起瓢，東邊齊地的田橫、田廣又鬧起來，佔領了整個齊國。項羽立的齊王田假逃到楚國，被楚國人殺了，大約覺得「無用的友軍不值得留用」吧。可是這種蠻橫作風只會讓其他的盟友進一步產生二心。

而劉邦雖然在彭城敗得很慘，但他既擁有秦國的戰略縱深，又繼承楚「義帝」的法統，很快重整旗鼓，在滎陽聚合軍馬。蕭何從關中、巴蜀之地輸送新兵和糧草作為後援，劉邦又安排秦國的騎兵專家李必、駱甲負責指揮騎兵，給楚國騎兵以重創。項羽雖然頂著西楚霸王的名號，實際上卻已面臨著秦楚合力的夾擊。

此後，劉邦繼續穩紮穩打。他在滎陽頂住項羽的進攻，同時分派大將韓信，逐個攻打依附項羽的諸侯。六月，漢軍攻克廢丘，雍王章邯自殺，秦國的故土關中完全成為劉邦的大後方。九月，韓信帶兵攻滅魏國，俘虜魏王豹，又攻滅代國。十月，韓信、張耳攻打趙國，在

井陘之戰中，背水一戰，大破趙軍，殺代王陳餘，活捉趙王趙歇和軍師李左車。隨後韓信派人招降，燕王臧荼投降劉邦。

韓信攻打各國，基本大獲全勝，天下格局又大幅度改變。項羽封的十九王中，三晉六王、秦三王、燕二王的地盤，已經全部被劉邦收降。劉邦佔有過半的土地，再加上中立楚漢之外的齊國田橫、田廣，項羽只剩下楚地四國的土地（西楚霸王項羽、九江王英布、衡山王吳芮、臨江王共敖）。

更微妙的是，這些被劉邦佔領的地盤，大多數都不再由原本的諸侯統治。劉邦沿用秦朝的郡縣制對他們進行直接管理。後來劉邦的謀士酈食其曾建議劉邦分封戰國諸侯的後裔，卻被張良勸阻。

於是，在兩家對抗的格局上，是楚漢相爭，而在統合的格局上，則是同為楚人的項羽和劉邦，在戰爭過程中瓜分土地。這場大混戰，也逐漸演化為楚漢兩家的攻伐對峙。

劉邦已經將五國的土地、人口等聚合完畢，同時還分化項羽的楚系諸侯。西元前二〇五年十一月，他派使者隨何到九江，遊說英布道：「雖然從兵力來說是楚強漢弱，但楚霸王違背盟約，殺害義帝，天下共憤，即使楚軍打敗漢軍，天下人也將救援漢王。」

這一番話雖有巧辯的成分，卻也是堂堂正論。楚國能在數年中復國滅秦，依靠的不僅是武力，還有道統。現在項羽失去的恰好是道統。於是英布殺了楚國使者，起兵攻打楚國。雖然項羽隨後反攻，僅僅幾個月就攻滅了九江，英布投奔劉邦。但英布的反楚投漢，標誌著

項羽對楚系諸侯也完全失去了制約。

此後，劉邦又採用陳平的計策，對楚營大施反間計。項羽君臣失和，連最為倚重的亞父范增，也遭到猜忌，憤而身亡。

戰場上，項羽雖然一度將劉邦包圍在滎陽，卻在西元前二○四年五月，陳平用金蟬脫殼之計，讓大將紀信偽裝劉邦出東門投降，劉邦則從西門逃走。項羽得知上當後，燒死了紀信，但這種洩憤對戰局沒有絲毫的意義。

項羽依仗個人勇猛，率領精銳楚軍在戰場上所向無敵，多次殺得劉邦及其部將、盟友大敗。劉邦卻充分發揮「得道多助」的優勢，從幾個方向包圍壓迫楚軍。劉邦和英布在西線，分南北兩路，南路出武關攻打宛城、葉地，北路出滎陽攻擊河南北部地方，反復擾襲。項羽如果親自來，劉邦就堅壁不出，然後抽調兵力從另一處進攻；項羽如果走了，劉邦就攻擊他的部將。在東線，劉邦派彭越在今安徽北部、河南東部、江蘇西部展開游擊戰，攻擊楚軍的糧道。

項羽本人雖能擊敗劉邦、彭越，但他只能管一條戰線的戰事，可是他打得再好，其他戰線卻在不斷吃虧，非得他去救援；而項羽一走，其他部將就不是漢軍對手，往往損兵折將。一來二去，楚軍越來越疲憊。

西元前二○四年秋，彭越一度攻克梁地的十七座城池，迫使項羽親率大軍前往鎮壓。等到項羽把彭越的軍隊打敗，正面又被劉邦攻破了成皋，大司馬曹咎、塞王司馬欣等自殺。

同時，劉邦的謀士酈食其前往說服齊王田廣、齊相田橫，田廣、田橫本來就一直在和項羽打仗，當即決定與劉邦結盟。但劉邦的大將韓信卻不肯把功勞讓給書生的三寸之舌。他趁齊國放鬆戒備的機會，猛然南下攻齊，齊軍全無防備，頓時大敗。齊王田廣、齊相田橫大怒，把酈食其活活煮死，轉而向項羽求救。項羽派大將龍且帶兵救援齊國，卻在十一月被韓信用水攻之計擊敗，龍且戰死，齊王田廣被俘虜處死。田橫自立為齊王，又被漢將灌嬰擊敗。沒多久，漢軍將整個齊地平定。

　　與此同時，項羽在成皋與劉邦對峙，雖然用弓箭射傷了劉邦，但面對劉邦「分一杯羹」的態度和堅壁不出的戰術，項羽還是束手無策。

　　西元前二〇三年，劉邦立張耳為趙王，韓信為齊王，英布為淮南王，又下令對所有戰死的軍士，由官吏進行收斂，將遺體轉送家鄉。這種對底層士卒的人文關懷，進一步樹立了劉邦「仁義」的形象，使得天下歸心。

　　九月，項羽和劉邦和談，約定以鴻溝為界。項羽歸還了劉邦的父親和妻子，引兵東歸。然而已經佔據天下大半的劉邦卻不準備讓項羽喘息。他立刻帶領軍隊，向項羽猛撲過來。劉邦把大片領土分封給彭越和韓信，激勵他們一起圍攻項羽。十一月，楚國的大司馬周殷被漢軍誘降，江西、安徽等地也全部落入漢軍手中。

　　約定了和談，卻立刻撕毀條約，繼續開戰，這說明劉邦是狡猾的，繼承了秦人的政治謀略。然而，劉邦這種背刺的手段，僅僅限於

對待爭霸的對手和潛在的威脅；而項羽則把秦人的殘暴用於對待普通軍民。兩人的處事方式，影響了最終的人心得失，決定霸業成敗。

西元前二〇二年初，項羽被劉邦、韓信、彭越等包圍在垓下，陷入「四面楚歌」之中。楚國的地盤被劉邦等佔領了不少，即使楚霸王的軍隊沒有潰散，也難以扭轉戰局了。

楚霸王英雄末路，慷慨悲歌，在他生命最後的時間裡，他先是帶八百騎兵突破重圍，渡過淮河；隨後以僅剩的二十八騎擊破漢軍數千騎，斬殺兩個將軍。最後，項羽突圍到了烏江之畔。

當時，江東地區還忠於項羽，因為那是他的起家根據地。烏江亭長駕駛一艘小船，勸項羽渡江，說憑藉江東千里地盤，幾十萬人口，足以割據一方。項羽笑道：「天要亡我，八千子弟都已經殉難，我豈有面目再回江東？」他把馬送給亭長，帶著剩餘的二十六人下馬，面對潮水般湧來的漢軍，他拼死抵抗，最後拔劍自刎。

西楚霸王項羽一死，楚漢戰爭塵埃落定，漢王劉邦稱尊。楚系的其餘三王，九江王英布已然投漢反楚，英布的岳父長沙王吳芮也暗中和漢軍溝通。唯有佔據湖北的臨江王共敖，堅持尊奉項羽，不肯投降，最後被漢軍俘虜後處死。

7. 秦楚合一開漢朝

　　西元前二〇一年初，楚霸王項羽自刎，歷時四年的楚漢之爭結束。漢王劉邦實現統一。農曆二月，劉邦即皇帝位，史稱漢高祖。漢朝正式建立。

　　劉邦建朝之後，繼續剿滅異姓諸侯王，分封劉氏的同姓諸侯王，同時部分沿用秦朝的郡縣制度，確保劉家江山。

小貼士：西漢初期諸侯王

　　劉邦稱帝時，還有八個諸侯王，即趙王張耳、楚王韓信、淮南王英布、梁王彭越、韓王韓信、燕王臧荼、長沙王吳芮、閩越王無諸。這八個諸侯王中，張耳、英布、臧荼、吳芮都是項羽當初分封的十九王之列，只不過英布從九江王改封為淮南王，吳芮的衡山王名號變成長沙王。而彭越、無諸和兩位韓信則是劉邦在楚漢戰爭中增加的。

　　劉邦對這些異姓諸侯王非常忌憚，很快開始剪除他們的羽翼。西元前二〇一年，楚王韓信被貶為淮陰侯，韓王韓信被劉邦改封到代地，投降匈奴。西元前二〇〇年，臧荼謀反被殺，劉邦

封同鄉舊友盧綰為燕王。西元前一九九年趙王張敖（張耳之子，劉邦女婿）被逮捕後貶為宣平侯。西元前一九七年淮陰侯韓信被呂後誅滅三族。西元前一九六年彭越被以謀反罪名處死，英布起兵反漢，兵敗被殺，韓王韓信被漢軍斬殺。西元前一九五年新任燕王盧綰逃亡匈奴。至此，西漢開國八異姓王只剩下偏僻的長沙國和閩越國尚存。

剪滅異姓諸侯的同時，劉邦封了不少劉姓諸侯王。這些諸侯王后來成為中央政權的威脅。到漢景帝時，朝廷平定吳楚等七國的叛亂，漢武帝時通過一系列法令削弱諸侯國，終於確立了中央集權制的絕對優勢。

劉邦輕薄徭役，減輕刑法，使老百姓得到休養生息的機會。劉邦之後的幾代君主，皇室內部的爭鬥此起彼伏，但在治理國家方面，都沿用了「無為而治」的道家思想，使得在數百年戰亂中受盡折磨的天下民眾，得以舔舐傷口，恢復元氣。

真正的力量，不僅來自軍事上的奪取，也要來自政治人心上的施與。漢朝逐漸成為一個既強大有力，又得到民眾真心擁戴的帝國。漢朝前後延續四百年，在西元二二〇年被曹丕篡位滅亡後，又有劉備、劉禪父子建立蜀漢，繼續高舉漢朝大旗四十多年。甚至到西元四世紀初，匈奴貴族劉淵起兵反對西晉皇朝時，還再次打出漢朝的旗號，史稱「匈奴漢國」。

一個王朝，得到民眾如此長久的稱頌和認可，在中國歷史上絕無

僅有。「漢人」也被作為了華夏文明主體民族的稱謂。

在中國數千年歷史上，秦朝是第一個大一統的封建王朝。相對於夏商週三朝鬆散的「天下共主」，黃河上游的秦人，憑藉彪悍的戰鬥力和高效的軍事、政治制度，橫掃六國，首次將天下統一在一套政府機構之下，書同文，車同軌，使得華夏民族的凝合度大為提高，這是千秋之功。

然而，千秋之功，轉瞬成為滅國之禍。秦統一後短短十餘年，便覆滅。

取而代之的，是由長江流域的楚人劉邦所建立的漢朝。儘管劉邦的天下是從西楚霸王項羽手中奪取，但劉邦也是楚人，劉邦開國的功臣中，楚人比例最大。而漢朝休養民力的黃老之術，也源於楚地傳統的政治文化。

劉邦雖是楚人，但劉邦的勝利，絕不能簡單稱為秦敗楚勝。事實上，秦王朝將法家思想與西北族群的彪悍勇猛結合，一味以剛猛酷虐作為征服與統治的手段，失於殘暴。雖能掃蕩天下江山，卻不能收復天下民眾之心，因此終遭民眾反噬。

而生長於齊、魏、楚三地交界，又曾在秦朝為官的劉邦，則獲得了更為豐富的政治文化養料。秦人的法制與剛猛，楚人的雍容與信義，齊人的輕佻與浮華，中原人士的權謀與應變，還有百姓期盼的寬和統治。這些，才是他最終得以戰勝項羽，贏得天下的根本原因。

秦勝列國，是有效戰勝無效，勇武戰勝文弱。而楚勝秦，漢勝

楚，則都是華夏文明中相對更包容、更多元、更能順應民意的一方，戰勝相對更狹隘、更保守的、更不得人心的一方。

勝敗之分，也不在一方消滅另一方，或者扼殺另一方，而是在大戰之後，走向真正的統一。不僅是制度上的，也是精神和文化上的。

出身趙國的秦人嬴政試圖完成這功業，沒有完全成功。出身齊魏之間的楚人劉邦，卻得以在秦始皇的基礎上，以楚之浩瀚靈動，調劑秦之剛烈威猛，最終鑄就華夏之魂。

百餘年的秦楚之爭，到此告一段落。秦人之骨與楚人之風，在「漢」之旗號下，完成一統。

關中虎狼與長江鳳凰，在數百年中曾同甘共苦，休戚與共，又經過百餘年的紛爭，虎狼將鳳凰盡數吞噬入腹，卻被鳳凰的烈焰從體內噴發，焚盡五臟。最終，在烈焰與煙塵中，催生一個偉大的民族。

楚國八百年的歷史，楚人八百年的榮辱，也在這再次的涅槃下，以全新的形式，得到永久的傳承。

後 記

　　本套書講述楚國八百年的歷史，分為春秋卷、戰國卷。此書為戰國卷，主要講述楚昭王去世（西元前 489 年）到秦始皇滅楚（西元前223 年）這兩百多年間的歷史，同時講述了楚國滅亡、秦朝統一之後，楚人滅秦，建立西漢王朝的歷史。

　　楚國在戰國時期的歷史，大致來說可以分為兩個階段，對應兩次「由盛轉衰」的過程。春秋末期楚惠王時代，北方各國大亂，楚國穩打穩紮，數十年間擴張到黃河南岸。但到戰國初期，則遭受以魏國為首的三晉的挑戰，陷入危機。楚悼王於西元前四世紀初任用吳起變法，楚國國力大幅增長，到楚宣王、楚威王時代，楚國攻滅越國一統長江流域，更大破齊軍，達到第二個巔峰。此後，秦國崛起，楚國不敵秦國，張儀欺楚、懷王死秦、郢都淪陷……最終楚國被秦始皇攻滅。在書中您可以看到，曾經恪守春秋禮法的楚國，如何在戰國禮樂崩壞的衝擊下，受挫、變革，陷入無可奈何的衰敗。而衰敗之後，楚人又如何浴火重生，為中華民族開創一個充滿希望的未來。

　　感謝在本書寫作中提供幫助的朋友：王超君、王琳玥、王書鳳、劉寧、劉文韜、紀中亮、沈雷、張進、屈真、楊蕾煦、鄭妍、聶志勇、舒弘毅、管雯、賴偉、徐曉慧、蔡悅、李恩澤、杜彬彬、常宏

玖、金靜、秦秀玲。感謝參與本書出版的編輯團隊和指導專家,感謝洛陽聖哲天韻文化科技有限公司,感謝長壽之鄉——廣西巴馬自治縣提供的支援。

本書作者的郵箱為 peneryangyi@163.com,微信號為 peneryy,歡迎讀者交流,相互學習,共同進步。

楊益 2017 年 7 月

昌明文庫‧悅讀歷史 A0604011

鳳舞九天：楚國風雲八百年 戰國卷

作　　者	楊　益
版權策畫	李煥芹
發 行 人	陳滿銘
總 經 理	梁錦興
總 編 輯	陳滿銘
副總編輯	張晏瑞
編 輯 所	萬卷樓圖書股份有限公司
排　　版	菩薩蠻數位文化有限公司
印　　刷	百通科技股份有限公司
封面設計	菩薩蠻數位文化有限公司

出　　版　昌明文化有限公司

桃園市龜山區中原街 32 號

電話 (02)23216565

發　　行　萬卷樓圖書股份有限公司

臺北市羅斯福路二段 41 號 6 樓之 3

電話 (02)23216565

傳真 (02)23218698

電郵 SERVICE@WANJUAN.COM.TW

大陸經銷　廈門外圖臺灣書店有限公司

　　電郵 JKB188@188.COM

ISBN 978-986-496-509-0

2019 年 3 月初版

定價：新臺幣 480 元

如何購買本書：

1. 轉帳購書，請透過以下帳戶

　合作金庫銀行　古亭分行

　戶名：萬卷樓圖書股份有限公司

　帳號：0877717092596

2. 網路購書，請透過萬卷樓網站

　網址 WWW.WANJUAN.COM.TW

大量購書，請直接聯繫我們，將有專人為您

服務。客服：(02)23216565 分機 610

如有缺頁、破損或裝訂錯誤，請寄回更換

版權所有‧翻印必究

Copyright©2019 by WanJuanLou Books CO., Ltd.

All Right Reserved　　　　　**Printed in Taiwan**

國家圖書館出版品預行編目資料

鳳舞九天：楚國風雲八百年 戰國卷 / 楊益著.
-- 初版.-- 桃園市：昌明文化出版；臺北
市：萬卷樓發行, 2019.03
　面；　公分
ISBN 978-986-496-509-0(平裝)

1.春秋戰國時代 2.楚國

621.6　　　　　　　　　　108003230

本著作物經廈門墨客知識產權代理有限公司代理，由華中科技大學出版社授權萬卷樓
圖書股份有限公司（臺灣）、大龍樹（廈門）文化傳媒有限公司出版、發行中文繁體
字版版權。